한국기술혁신학회 창립 20주년 기획연구 ❷

한국 제4차 산업혁명 연구

기술·경제·사회·정책 혁신의 통합적 접근

"과학기술이 만드는
더 행복한 사람, 더 좋은 세상을 꿈꾸며"

█ 책을 펴내며

　한국 제4차 산업혁명 연구는 제4차 산업혁명이라는 전 세계적인 현상을 한 때의 유행이나 정치적 수사가 아닌 혁명적인 사회변화의 한 유형으로 인식하여 학문적 연구주제로 발전시키기 위해 수행되었다. 제4차 산업혁명은 첨단 과학기술과 이들의 상호작용 및 융·복합으로 나타나는 파괴적이고 급진적인 기술혁신이 산업과 경제, 사회와 문화, 정책과 제도에 미치는 영향과 파급효과가 과거와는 전혀 다른 모습으로 전개될 것으로 예측되기 때문이다.

　이처럼 제4차 산업혁명은 과거의 산업혁명과는 그 대상과 파급효과가 전혀 다를 것이기 때문에 성공조건도 달라져야 할 것이다. 즉, 제4차 산업혁명이 국가적 또는 전 세계적으로 성공하기 위해서는, (1) 파괴적 혁신을 이끌어 낼 수 있는 새로운 과학기술 지식의 발견과 응용(기술혁신), (2) 급진적인 기술혁신의 결과를 활용할 수 있는 산업구조와 경제체제로의 변화(경제혁신), (3) 기술혁신이 수반하는 각종 변화를 수용할 수 있는 개인과 집단 차원에서의 인식과 관련 제도의 전환(사회혁신), (4) 혁신을 지원하기 위한 관련 정책 및 제도의 설계와 정책과정 자체의 혁신(정책혁신)이 긴밀하게 연계되어야 하기 때문이다.

　이런 문제인식에서 이 연구는 제4차 산업혁명을 혁신의 전환과 통합이라는 관점에서 해석하고 발전방향을 논의하였다. 이를 위해 연구진은 제

4차 산업혁명을 광의의 관점에서 물리계, 디지털계, 바이오계의 과학기술혁신과 생산방식의 상호작용으로 나타나는 초연결성과 초지능화를 지향하는 혁명적 변화와 이로 인해 인류의 생활방식에 중대한 영향을 미치는 경제, 사회, 정치(정책) 시스템의 광범위한 변화 현상으로 정의하였다. 그리고 이를 해석하고 처방하기 위한 분석틀을 기술·경제·사회·정책 혁신의 통합모형(integrated innovation model)으로 설계하고, 기술혁신(technology innovation), 경제혁신(economic innovation), 사회혁신(social innovation), 정책혁신(policy innovation)에서 각 영문의 첫 자를 채택하여 약칭으로 〈TESP 통합혁신 모형(TESP Innovation Model)〉으로 제안하였다.

이 기획연구는 지난 20년 동안 기술혁신과 과학기술정책에 대한 풍부한 현장 경험으로 종합적인 이론체계를 발전시켜 온 한국기술혁신학회가 혁신의 관점에서 제4차 산업혁명과 관련된 여러 분야의 혁신을 연구하였다는 점에서 융·복합 연구의 새로운 시도라고 할 수 있다. 제4차 산업혁명은 혁신적인 과학기술의 출현과 이와 상호작용하는 정치·경제·사회·문화와의 관계에서 나타나는 새로운 현상으로서, 특정 학문 분야의 이론과 방법론으로는 해결이 어렵기 때문이다.

2017년은 혁신연구(innovation studies)와 과학기술정책 연구(science

and technology policy studies)의 중심인 한국기술혁신학회가 창립 20주년을 맞이하는 의미 있는 해였다. 이에 따라 학회는 과거 20년을 성찰하고 미래 20년을 설계하는 의미에서, 각각의 연구주제를 다루는 두 개의 기획연구를 수행하였다. 먼저 과학기술정책 연구를 주제로 한 기획연구는 2018년 5월에 〈한국 과학기술정책 연구: 성찰과 도전〉이라는 단행본으로 출간되었다. 그리고 혁신연구에 관한 두 번째 기획연구가 이번의 〈한국 제4차 산업혁명 연구: 기술·경제·사회·정책 혁신의 통합적 접근〉으로 결실을 맺게 되었다.

이 연구는 공학, 자연과학 뿐만 아니라 사회과학과 인문학 등의 다양한 학문적 배경을 가지고 있는 한국기술혁신학회 회원들의 자발적인 참여로 집단적 지성과 혜안을 모을 수 있어 가능하였다. 2차에 걸친 연구진 모집에 참여한 총 36명의 각 분야 전문가들이 열정적으로 연구를 수행하고 연구결과를 학회에서 발표하고 토론하는 과정을 거쳤다. 이러한 과정은 그동안 각자의 모(母)학문적 배경에서 산발적·단편적으로 수행되던 연구방법론을 통합혁신의 새로운 방법론으로 해석·발전하는 과정이었다고 할 수 있다. 그리고 이를 통해 사출된 연구결과는 혁신연구 또는 과학기술정책 연구라고 하는 융·복합의 새로운 학문 분야(discipline)로 발전할 수 있는 가능성을 확인하는 계기가 되었다.

한국 제4차 산업혁명 연구가 학문적·정책적으로 의미 있는 결실을 맺게 된 것은 자발적으로 연구에 참여한 학회 여러 전문가들의 학문적 열정이 있어 가능했다. 특히, 분석틀과 각 혁신분과장인 이장재, 고영주, 최병철, 황규희, 황병상 박사님은 참여 연구진의 초고를 종합·정리하여 최종 원고를 마련하는 핵심적인 역할을 하였다. 연구총괄책임자로서 참여 연구진 한분 한분께 깊은 감사를 드린다. 그리고 정책혁신 분과장을 맡으면서 총괄 간사 업무를 헌신적으로 수행하여 주신 황병상 박사님의 노고에 진심으로 감사한다. 황 박사님은 처음의 연구기획부터 총 6차례에 걸친 학술 토론회를 주관하면서 전체적인 연구의 방향과 구체적인 내용을 조율하는 쉽지 않은 일을 맡아 주셨다. 또한 2년여 가까운 연구기간 내내 참신한 아이디어를 제안하고 연구결과를 종합하는 어려운 일을 수행한 충남대학교 국가정책연구소의 김은미 연구교수에게도 감사의 말을 전한다.

한 해의 결실을 준비하는 2018년 10월 초순
대한민국 혁신의 발원지 대덕에서

참여 연구진의 열정에 감사하며, 이찬구

차 례

"

Integrated Approach of Technology,
Economic, Social and Policy Innovation
for the Fourth Industrial Revolution

"

제 1장

제4차 산업혁명의 통합적 접근

이찬구 · 이장재 외

* 이 장의 내용은 총괄연구책임자인 이찬구와 분과장인 이장재가 권기석, 김유빈, 김은미, 문영호, 박성욱, 오세홍, 이성국과 공동으로 수행한 연구결과를 종합·정리한 것이다.

제1절 혁명적 사회변화로서의 제4차 산업혁명

제4차 산업혁명의 개념과 실체 등에 관한 논의는 지난 몇 년 간에 걸쳐 전 세계적으로 지속되어 왔고, 2018년 현재 시점에서도 이러한 논쟁이 확실하게 정리되었다고 보기는 어려운 상황이다. 특히, 우리나라에서는 제4차 산업혁명을 둘러싼 혼란이 연구자의 학문적 배경과 이념적 성향에 따라 정치 쟁점화되는 경향마저 나타나고 있는 실정이다.

이러한 혼란의 시기에 혁신연구(innovation studies)와 과학기술정책연구(science and technology policy studies)의 중심인 한국기술혁신학회 등의 학문 공동체는 제4차 산업혁명을 정치적 수사가 아닌 학문적 관점에서 혁명적인 사회변화(societal change 또는 social trend)의 한 유형으로 인식하고 연구하는 것이 필요하다. 즉, 첨단 과학기술과 이들의 상호작용 및 융·복합으로 인해 나타나는 파괴적이고 급진적인 기술혁신이 산업과 경제, 사회와 문화, 정책과 제도에 미치는 영향과 파급효과가 과거와는 전혀 다른 모습으로 전개될 것으로 예측되어 문명사적 측면에서도 중요한 전환점으로 인식되고 있기 때문이다.

따라서 이제는 기존에 수행되어 왔던 연구자 개개인의 관련 연구성과를 비판적으로 계승·발전하여 체계적이고 종합적인 연구주제로 발전시키기 위한 학문 공동체의 노력이 필요한 시점이라고 판단된다. 즉, 한국기술혁신학회 등의 관련 학회는 향후 소위 제4차 산업혁명을 추동하게 될 핵심적인 과학기술 지식의 특성과 이를 바탕으로 전개될 기술혁신을 학문적 관점에서 1차적으로 분석하고 규명해야 할 것이다. 그리고 이러한 파괴적(disruptive)이고 급진적인 기술혁신이 새로운 환경변화로 작용함으로써 나타나게 될 파급효과를, 사회 전 영역(societal)인 정치, 경제, 사회, 문화 등에서 '혁신의 확산과 이전'이라는 관점에서 분석하고 이를 뒷받침하기 위한 우리만의 정책기획과 정책개발이 이루어져야 할 것이다.

다른 한편으로, 제4차 산업혁명을 체제론(system theory) 또는 정책과정론(policy process) 관점에서 해석한다면, 제4차 산업혁명의 성공과 정착을 위해서는 사회 각 분야에서의 다양한 혁신활동이 뒷받침되어야 할 것이다. 즉, 과거의 산업혁명과는 그 대상과 파급효과가 전혀 다를 것으로 예측되는 제4차 산업혁명이 성공하기 위해서는, (1) 파괴적 혁신을 이끌어 낼 수 있는 새로운 과학기술 지식의 발견과 응용(기술혁신), (2) 급진적인 기술혁신의 결과를 활용할 수 있는 산업구조와 경제체제로의 변화(경제혁신), (3) 기술혁신이 수반하는 각종 변화를 수용할 수 있는 개인과 집단 차원에서의 인식과 관련 제도의 전환(사회혁신), (4) 혁신을 지원하기 위한 관련 정책 및 제도의 설계와 정책과정 자체의 혁신(정책혁신) 등이 긴밀하게 연계되어야 하기 때문이다.

즉, 제4차 산업혁명에서는 기술혁신의 단순한 성공을 넘어, 기술혁신이 출발점이 되어 경제혁신, 사회혁신, 정책혁신으로의 순방향 또는 역방향의 환류로 이어지는 혁신정책의 전환과 통합이 필요하게 되었다. 이런 관점에서 제4차 산업혁명에 대한 연구는, 개별 분야에서의 혁신과 확산을 달성하기 위한 기존의 단편적이고 독립적인 연구를 넘어 기술·경제·사회·정책 혁신의 통합화를 이루기 위한 학문간·영역간의 융·복합 연구로 발전되어야 할 것이다.

제2절 혁신 관점에서의 제4차 산업혁명 해석

1. 산업혁명의 출현과 개념

산업혁명(Industrial Revolution)이란 새로운 과학기술과 기술혁신으로 인해 나타난 경제와 사회 등에서의 큰 변화를 가리킨다. 산업혁명은 1844년 엥겔스(Engels)가 '영국에서의 노동계급의 조건(Condition of the Working Class in England)'에서 사용한 용어로, 과학사학자인 버널(J. D. Bernal)은 산업혁명을 제조업 분야에서 생산성의 혁명적인 증가로 정의하였다(Bernal, 1954). 이후 벤자민 조웻(Benjamin Jowett)이 1884년에 발간한 18세기 영국의 산업혁명에 대한 강의(Lectures on the Industrial Revolution of the Eighteenth Century in England)를 통해 광범위하게 알려지게 되었다. 또한 1906년에 프랑스의 역사학자 폴 망뚜(Paul Mantoux)가 18세기의 산업혁명-영국의 근대공업 시원론이라는 저서를 출판하면서부터 산업혁명은 보편적 용어로 사용되기 시작하였다.

여기서 말하는 산업혁명은 18세기 중엽에서 19세기 중엽에 걸쳐 영국에서부터 시작되었던 제1차 산업혁명을 가리킨다. 전문가들 사이에서 이견(異見)이 있으나, 제1차 산업혁명 이후 두 번의 산업혁명이 더 출현한 것으로 논의하고 있어 산업혁명이라는 용어 자체는 최근 일반명사로 사용되고 있다. 따라서 현 시점에서 출현하고 있는 새로운 산업혁명은 제4차 산업혁명으로 명명할 수 있을 것이다.

1760년경 영국에서의 산업혁명은 산업에 과학기술이 결합하여 나타난 새로운 생산수단과 함께 경제적 변화가 동반된 현상이다. 이러한 변화는 새로운 사회적 현상으로 진화하여 당시를 지배했던 신권주의 또는 전제주의에 영향을 미쳐 자연법칙을 중시하는 뉴턴적 자유주의 사상이 득세하게 되는 계기가 되었다. 이는 훗날 다윈의 진화론이라는 새로운 과학적 사상의 출현을 가능하게 했다. 1790년 프랑스 혁명이라는 정치적 사건도 이러한 맥락에서 발생한 사건으로 해석할 수 있다.

인류의 역사가 변화·발전하는 중심에는 새로운 과학기술의 등장과 이를 통한 기술혁신이 있었고, 기술혁신과 경제, 그리고 사회가 상호작용하면서 인류의 삶에 큰 변화를 가져왔다. 이러한 현상을 통틀어 산업혁명이라고 한다. 산업혁명은 역사적 관점에서 볼 때 짧은 기간 동안 발생하였으나 영향력은 개인의 일상생활에서부터 인류의 과학과 기술, 산업, 경제 및 사회를 뒤바꾸어 놓을 만큼 거대하였다.

따라서 산업혁명은 과학기술혁신과 경제·사회의 상호작용 및 혁명적 발전이 인류사에 지대한 영향을 미친 일련의 관련된 사건들을 총칭하는 현상이라고 정의할 수 있다. 즉, 시대적 상황이 혁신적인 과학기술의 등장을 야기하고, 과학기술이 산업 및 경제와 상호작용하여 산업이 급변하며 그로 인해 나타나는 조직과 제도 그리고 경제, 사회, 문화시스템의 변화 등을 가리키는 개념이다. 또한 우리가 1차, 2차, 3차 등으로 구분하는 산업 혁명기는 산업혁명이라는 사건을 기술혁신 현상을 중심으로 구분한 일정한 기간을 의미하는 것으로 이해할 수 있다.

과거 3차례의 산업혁명이 가져온 파급력을 경험한 우리는 현재 출현하고 있는 제4차 산업혁명이 어떠한 과학기술로 인해 시작되고 추동되고 있으며, 이로 인해 나타나는 경제·사회적 상호작용은 무엇이며, 결과적으로 어떠한 경제·사회·정치적 변화로 귀결될 것인지에 대해 촉각을 세울 수밖에 없게 되는 것이다.

2. 제4차 산업혁명의 대두

제4차 산업혁명에 대한 논의는 2016년 1월 제46회 세계경제포럼(WEF; World Economic Forum)과 함께 시작되었다. 스위스 다보스에서 열린 이 회의는 제4차 산업혁명에 대한 이해(Mastering the Fourth Industrial Revolution)를 주제로 4일간 개최되었다. 한편, 스위스 글로벌 금융그룹 UBS도 다보스포럼을 맞아 백서 극단적 자동화와 연결성: 제4차 산업혁명의 글로벌, 지역적, 투자적 함의(Extreme Automation and Connectivity : The Global, Regional, and Investment Implications of the Fourth Industrial Revolution)를 발표하였다. 2016년 1월을 계기로 마치 세계가 제4차 산업혁명의 시대로 진입한 것과 같았다. 하지만 세계는 이미 제4차 산업혁명기로 접어들었다는 것이 세계경제포럼의 메시지였다. 이 포럼의 회장인 클라우스 슈밥(Klaus Schwab)은 오늘 날 우리는 삶과 일, 인간관계의 방식을 근본적으로 변화시키는 혁명의 문 앞에 서 있으며, 제4차 산업혁명은 과거 인류가 겪었던 그 무엇과도 다르다고 언급하였다(이장재, 2018). 그는 인공지능, 로봇공학, 사물인터넷, 자율주행자동차, 3D 프린팅, 나노기술, 생명공학, 재료공학, 에너지 저장기술, 퀀텀 컴퓨팅 등 폭넓은 분야에서 새롭게 부상하는 과학기술의 약진을 예를 들었다. 이러한 혁신의 대부분은 아직 초기단계이지만 물리학, 디지털, 생물학 분야의 경우 기술 융합을 기반으로 서로의 분야를 증폭시키는 발전의 변곡점에 이미 도달해 있다고 그는 선언하였다(송경진 옮김, 2016).

제46회 세계경제포럼이 주제로 다룬 4차 산업혁명의 아이디어는 이웃 국가인 독일이 2012년부터 추진하고 있는 인더스트리 4.0(Industry 4.0)에서 빌려온 것으로 해석되고 있다. 인더스트리 4.0은 제조업의 세계 최고 강국인 독일이 제조업 역량을 지속적으로 강화하고자 하는 첨단기술전략인 HTS(high-technology strategy) 2020을 2010년부터 시작한 이후 이 전략의 세부 내용의 하나로 2012년에 부가한 정책수단이다.[1] 독일의 인더스트리 4.0은 제조 과정의 완전한 디지털화를 가리키는 사이버 물리시스템(CPS)으로의 변화를 의미한다.[2] 이는 인더스트리 3.0을 대표하는 전자와 IT 시스템의 활용 및 자동화 추구를 더욱 발전시킨 전략이다. 독일의 인더스트리 4.0 전략은 인간과 사물의 연계성 추구, 물리세계와 사이버 세계의 융합, 그리고 상호협력을 강조하고 있다.

---

[1]   독일의 첨단기술전략(HTS)은 실질적으로 2006년부터 시작되었고 이 전략은 2010년 HTS 2020으로 수정되었고, 다시 2012년에 Industry 4.0을 새로운 전략의 구체적 세부내용으로 첨부시켰다.

[2]   사이버물리시스템(cyber-physical system)이란 물리적 공간이 디지털화되어 네트워크로 연결되면서 물리적 세계와 사이버 세계가 연결되고, 이를 분석 및 활용하고 제어할 수 있는 시스템을 가리킨다.

산업혁명의 발전과정은 자동화(automation)와 연결성(connectivity)의 지속적인 강화라는 관점으로 해석할 수 있다(장필성, 2016). 제1차 산업혁명(1760년~1830년)은 18세기 후반 영국에서 시작된 증기기관의 발명으로 시작되었다. 자동화 관점에서는 1784년 영국의 헨리 코트(Henry Cort)가 액체 상태의 철을 쇠막대기로 저어 불순물을 제거하는 공법인 교반법(puddling process)을 이용하는 자동화 기계를 발명한 것을 시초로 보고 있다. 석탄과 같은 고에너지 연료의 사용을 통해 증기기관 및 증기기관차와 증기선의 시대가 시작되고 이러한 수송수단의 발전은 또한 다리와 항만의 건설 등을 통해 지역과 국가 간의 연결성을 촉진하고 강화하게 되었다.

이로부터 100년이 조금 못되는 시기에 미국에서 대량생산 체제의 도입이라는 제2차 산업혁명(1865년~1900년)이 일어났다. 전기에너지 활용 및 작업의 표준화를 통해 기업과 기업, 국가와 국가 간 노동부문의 연결성이 강화되고 대량생산형의 산업구조가 세계적으로 전개되었다. 품질기준, 운송방법, 작업방식 등의 표준화를 바탕으로 국소적인 자동화를 넘어서 기업·국가 간 노동부문의 연결성이 강화되었다. 자동화시스템을 통한 대량생산은 노동부문에서 효율적이고 생산적인 연결성을 촉진하게 되었다.

다시 100년이 조금 넘지 않은 시기에 전기전자와 정보통신 기술을 바탕으로 한 제3차 산업혁명(20세기 중반~20세기 후반)이 출현하였다. 1969년 인터넷의 전신인 알파넷이 개발되어 디지털 및 정보통신 기술시대가 시작되었고 컴퓨터와 인터넷으로 지식정보혁명이 촉발되어 정교한 자동화가 진행되면서 사람, 환경, 기계를 아우르는 연결성이 강화되었다. 디지털 기술의 발전은 2년에 트랜지스터 집적용량이 2배씩 증가하는 무어의 법칙(Moore's law)을 실현하였다. 디지털 시대의 향상된 계산능력은 보다 정교한 자동화를 가능하게 하고, 사람과 사람, 사람과 자연, 사람과 기계간의 연결성을 촉진시켰다.

　제4차 산업혁명은 이로부터 불과 수십 년이 경과한 후 나타나고 있는 현상이다. 제4차 산업혁명은 로봇이나 인공지능을 통해 실제와 가상이 통합되고 사물을 자동적, 지능적으로 제어할 수 있는 가상물리시스템이 보편화된 시대의 도래를 말한다. 사물인터넷과 연결된 인공지능(AI)은 서로 소통하고 연결하고 기록하며 보다 효과적이고 혁신적인 경제적 창출을 낳게 될 것이다. 최근 발표된 알파고 제로의 탄생은 그 정점에 있다. 알파고 제로는 바둑 기보나 이론을 공부하지 않은 채, 사전 지식 없이 스스로 바둑을 배워 세계적인 바둑 강자들을 꺾었던 알파고 리, 알파고 마스터를 이겼다. 기존 인공지능이 인간이 이미 잘 할 수 있는 것들을 자동화하는 수준이었다면, 알파고 제로는 인간의 데이터와 경험을 이용하지 않고 인간 지식의 한계까지 넘어서는 데 성공했다. 앞으로 제4차 산업혁명이 미치는 충격의 정도 그리고 그 범위는 이미 우리 상상을 넘어 어떤 형태로 다가올지 모른다.

　제4차 산업혁명 시기의 특성에 대해서는 현재 다양한 논의가 이루어지고 있으나 세계경제포럼(WEF)에서는 다음과 같은 3가지의 특성을 강조하고 있다. 첫째, 인류가 경험하지 못한 속도로 빠른 과학기술의 진보가 이루어 질 것이다. 둘째, 파괴적 기술의 등장으로 인해 전 산업분야가 대대적으로 재편될 것이다. 셋째, 이러한 변화가 생산, 고용, 경영, 심지어는 지배구조 등과 같은 거대한 경제 및 사회시스템에 커다란 변화를 가져올 것이다.

3. 제4차 산업혁명의 혁신적 특징

제4차 산업혁명은 우리가 거부할 수 없는 사회(societal)변화로서, 기술혁신이 단순한 기술혁신으로 끝나지 않고 산업·경제혁신을 넘어 사회·정책혁신과 상호작용하는 현상이라고 할 수 있다. 따라서 이러한 사회체제의 총체적인 변화와 혁신은 기존의 산업혁명들과 구별되는 제4차 산업혁명만의 특징이라고 할 수 있을 것이다. 즉, 제4차 산업혁명 시대에는 (1) 기술혁신이 연쇄적으로 진행되고 있으며, (2) 산업구조와 경제체계의 혁신이 가속화되며, (3) 사회변화의 가시적 진행이 나타나고 있으며, (4) 앞의 기술·경제·사회 혁신을 뒷받침하기 위한 미증유의 정책혁신이 요구되고 있다.

(1) 기술혁신의 융·복합화

제4차 산업혁명 시대의 여러 핵심 기술들은 동시 다발적으로 혁신적 진화가 진행되면서 응용분야와 맞물려 다양한 기술융합이 이루어지고 있다. 실제 인공지능 기술의 발전은 30년 정도 후면 인간의 지능과 기계의 지능이 같아지는 특이점(singularity)이 올 것으로 예상되며, 그 이후는 어떤 상황이 도래할지 불확실한 상태이기도 하다. 빌 게이츠, 앨런 머스크, 스티븐 호킹 등은 인공지능 기술발전이 인류를 멸망으로 이끌지도 모른다며 개발을 중지하거나 강력한 규제 가이드를 만들어야 한다고 주장하고 있기도 하다. 이러한 인공지능이 ICBMS(IoT, Cloud, Big Data, Mobile, Security)와 연결되고 자율자동차, 로봇, 드론, 가상현실(VR), 합성생물학 등의 기술과 연결되어 활용될 때 그 파급효과는 가늠하기 어려울 정도이다.

새로운 기술의 동시다발적 융합 혁신과 신기술이 몰고 올지 모르는 불확실성과 복잡성은 산업과 사회의 패러다임적 변화와 급격한 정책변동을 예고하고 있다. 기계의 인간화와 인간의 기계화가 인간과 사물의 경계를 무너뜨리며 인류의 정체성을 변화시킬 수도 있다. 기술혁신이 경제혁신으로 이어지고 사회변화로 이어지는 혁신모델을 넘어 기술-경제-사회가 동시다발적으로 혁명적 변화가 일어나는 상태가 예견되고 있는 것이다. 최근 미국과 유럽의 융합에 대한 접근 방식이 기술, 인간, 지구, 사회문제 해결의 통합적 융합으로 변화하고 있음은 시사하는 바가 크다.

이러한 세계적인 흐름에도 불구하고 우리나라의 혁신정책으로 수립과 집행에 있어서 기술혁신과 산업혁신이 별개로 진행되고 있어 이론과 정책의 간극이 점차 커지는 현상을 보이고 있다.

(2) 경제혁신의 가속화

기술융합 혁신은 제조업의 모양과 형태, 규모와 방식 등 산업구조와 경제체계를 혁명적으로 바꾸고 있다. 제조공정을 빅데이터와 인공지능으로 연결하여 공정을 최적화하는 것을 넘어서서 자원조달부터 제품 판매 후 서비스까지 연결하여 고객맞춤형으로 진화하고 있다. 3D프린팅의 발전으로 다품종 맞춤형 생산, 다품종 맞춤형 유연 대량생산, 가정 제조, 1인 기업 등이 가능해지면서, 제조업과 서비스업의 통합과 기존 제조업 형태를 해체시키는 급격한 변화가 예상되고 있기도 하다.

고정적인 시스템을 중시하는 혁신으로는 돌파하기 어려운 플랫폼 중심의 혁신, 사람에 의한 축적과 창조, 시민의 참여에 의한 혁신 주체의 확장 등을 통한 제조업의 수직적·수평적 경계와 방법들을 허물고 있는 것이다. 그런 측면에서 대한민국의 성장을 이끌어 왔던 재벌중심의 수출주도형 경제, 대량전력 시스템에 기반을 둔 투입 중심 성장, 온실가스 배출 산업을 기반으로 하는 중대형 산업모델, 고용 없는 양극화 성장, 저비용 기반 성장, 생존의 한계적 상황에 직면한 중소기업의 구조적 위기 등은 또 다른 기술융합 혁신과 경제혁신의 필요성이 요구되는 시대적 상황이라고 할 것이다.

(3) 사회변화의 연계와 심화

글로벌 네트워크과 인공지능의 중첩, 새로운 신소재와 바이오기술의 융합, 자율자동차와 드론의 운송 혁신 등은 사회 모든 부분을 급변하게 하고 있다. 생산방식의 변화는 물론이고, 일상생활의 변화, 서비스 부문 등을 포함한 모든 일자리의 변화를 가져오는 가운데, 기술과 인간간의 역할에 대한 재규정 및 조정이 지속적으로 요구된다.

한편, 일자리 변화, 일의 내용과 일하는 방식의 변화 속에, 인력양성 및 교육 등의 내용과 형식도 혁신되어야 할 것이다. 기존 지식을 습득하는 주입식 교육위주의 정규학교 중심에서 공감능력과 창의적 역량을 강조하는 평생 학습 중심으로의 패러다임이 강화되고 있다.

환경, 재해 등 생태적 문제에 대한 삶의 질 제고와 함께, 기술발전 속에 역설적으로 악화되는 양극화 극복이라는 이중의 과제 속에, 사회와 기술의 새로운 접목을 통한 혁신이 요구된다. 기술-산업 중심의 기술혁신 패러다임에서, 사회혁신을 향한 기술-산업-사회-사람의 통합적 패러다임으로 변화되어야 할 것이다. 특히 우리나라의 저출산, 저성장, 청년일자리 부족 등의 문제에 대한 사회혁신 과제는, 장기적 안목의 전략적 대응을 요구하고 있다.

그동안 사회문제를 등한시해 온 대한민국의 과학기술 혁신은 이제 그 한계를 드러내며 저성장과 고령화의 위험에 그 민낯을 드러내었다. 이러한 문제를 해결하기 위하여 2018년 2월 발표된 제4차 과학기술기본계획에서는 과학기술로 모두가 행복한 삶을 주요한 전략으로 채택하고 국민생활문제 해결을 주요 과제로 하는 연구개발을 확대하면서 사회변화와 연관된 전략을 추진하고자 한다. 그러나 현재의 우리 상황은 기술혁신을 사회혁신과 연계하여 기술-산업-사회-사람의 패러다임으로까지는 아직 만족스럽게 진전시키지 못하고 있는 상황이다.

(4) 정책과정과 정책내용의 동시 혁신

앞에서 논의한 기술융합 혁신, 제조혁신, 사회변화의 양상 등은 차세대 제조혁신, 인더스트리 4.0, 제4차 산업혁명 등의 용어로 불리며 전 세계 국가들의 정책을 혁명적으로 변화시키고 있다. 기존에는 기술개발, 산업지원, 사회문제를 별도로 해결하거나 일부만 대응하는 정책들을 개발하였으나, 제4차 산업혁명을 선도할 수 있는 기술혁신 방식과 모델들을 개발하는 방식으로 급진적으로 변화하고 있다. 이러한 변화의 양상은 기존 한국식 성장모델과 혁신시스템을 유지·확장하려는 정책의 효과성을 떨어뜨리고 있다. 각 분야 정책 간에 산발적이거나 연계와 통합이 부족했던 방식에서 전방위적 통합적 접근 패러다임으로 변화되지 않으면 안 되게 되었다.

따라서 제4차 산업혁명의 성공을 위해서는 향후 관련 정책의 결정과 집행과정 자체를 과거와는 다르게 설계해야 하는 정책과정이 혁신과 이를 통해 적실성 있고 실효성 있는 정책내용의 혁신이 동시에 이루어져야 할 것이다.

4. 제4차 산업혁명의 정의
: 기술혁신을 넘어 경제·사회·정책 혁신으로의 확장

앞에서 연구진은 제4차 산업혁명을 혁명적 사회변화로서 인식할 필요가 있으며, 이를 뒷받침하는 제4차 산업혁명의 혁신적 특성을 기술혁신, 경제혁신, 사회혁신, 정책혁신의 관점에서 논의하였다. 따라서 제4차 산업혁명에 대한 정의도 제4차 산업혁명의 본질과 특성을 반영할 수 있도록 이루질 필요가 있다.

제4차 산업혁명에 대한 정의는 제4차 산업혁명 자체가 아직은 유동적 현상이라는 점 때문에 다양한 관점에서 시도 및 논의되고 있는 상황이다. 우선 해외의 정의를 살펴보면, 스위스 글로벌 금융그룹 UBS는 다보스 포럼을 맞아 발간한 백서에서 4차 산업혁명을 다음과 같이 정의하고 있다. 제4차 산업혁명은 인공지능에 의해 자동화와 연결성이 극단화되는 단계로 현재에 모습을 드러내고 있는 현상이다. 이와 같이 제4차 산업혁명은 자동화와 연결성이 극대화되어 나타나는 현상을 가리킨다. 특히 자동화는 인공지능(AI)으로 인해 인간만이 할 수 있다고 여겨졌던 의사결정을 가능하게 하는 단계 즉, 초지능화 단계로 발전하게 되었다. 제4차 산업혁명을 주창한 세계경제포럼에서는 제4차 산업혁명을 물리계, 디지털계, 바이오계 기술의 다양한 융합과 이로 인한 사회적 파급효과 현상으로 정의하고 있다(슈밥, 2016).

국내에서는 해외 사례를 참고하여, 제4차 산업혁명을 인간·만물·가상공간이 디지털로 상호 연결된 상황에서 스스로 현상을 인지·분석하고 대응하는 디지털 시스템이 초래하는 포괄적인 변화(정준화, 2017), 또는 디지털화를 바탕으로 사이버물리시스템을 구현하여 산업에서 차세대 제조혁명을 달성할 뿐 아니라, 무인자동차, 바이오기술 등의 신기술로 인하여 인류의 생활방식이 혁명적으로 변화하는 현상(장필성, 2016) 등으로 제시하고 있다.

이상과 같은 제4차 산업혁명에 대한 국내·외의 정의를 종합할 때, 기존 논의들은 우선적으로 기술혁신을 강조하면서 기술혁신이 가져올 경제혁신 중심으로 정의하고 있음을 알 수 있다. 그러나 이미 앞에서 논의하였듯이 1차, 2차, 3차의 산업혁명이 기술혁신과 경제혁신에만 국한되었던 것이 아니라 장기간에 걸쳐 사회혁신과 정책혁신을 유발하고 또한 이를 강제하였던 역사적 사실을 직시할 수 있다. 이에 더하여 제4차 산업혁명의 여러 현상과 특징들은 앞으로의 제4차 산업혁명 시대에는 기술혁신에서 시작된 파괴적인 변화가 경제혁신, 사회혁신, 정책혁신으로 이어지는 현상이 선형적인(linear) 아니라 동시다발적으로(multiple and simultaneous) 진행될 것임을 예고하고 있다.

이런 이유로 제4차 산업혁명에 대한 정의도 특정한 혁신의 관점이 아니라 연계성 있는 다양한 혁신을 포괄할 수 있는 전환적 관점에서 접근할 필요가 있다. 따라서 이 연구에서는 제4차 산업혁명의 정의를 협의와 광의로 구분하되, 혁신정책의 전환 관점에서 재구성하여 제시하고자 한다. 먼저, 협의로는 제4차 산업혁명을 '물리계, 디지털계, 바이오계의 과학기술혁신과 생산방식의 상호작용으로 인해 나타나는 초연결성과 초지능화를 지향하는 혁명적 변화와 그 결과로 나타나는 일련의 현상'으로 정의하고자 한다. 여기서 새로운 과학기술혁신을 일으키는 기술로는 새로운 인터페이스 기술(구글 글래스를 포함하여 새로운 아이웨어, 헤드셋 등), 웨어러블 인터넷, 유비쿼터스 컴퓨팅, 주머니 속 슈퍼컴퓨터, 사물인터넷, 커넥티드 홈, 스마트 도시, 빅 데이터와 사용기술, 자율주행자동차, 인공지능, 로봇공학, 비트코인과 블록체인, 3D 프린팅, 새로운 신경기술 등이 있다(슈밥, 2016). 초연결성이란 인간과 인간, 인간과 사물, 사물과 사물 등 모든 세계가 서로 연결되어 작동되는 현상을 가리킨다. 초지능화란 기계가 현상을 스스로 인지하고 분석하여 대응할 수 있는 능력을 의미한다.

다음으로 광의적 측면에서의 제4차 산업혁명에 대한 정의는 다음과 같이 제시하고자 한다. '물리계, 디지털계, 바이오계의 과학기술혁신과 생산방식의 상호작용으로 인해 나타나는 초연결성과 초지능화를 지향하는 혁명적 변화와 이로 인해 인류의 생활방식에 중대한 영향을 미치는 경제, 사회, 정치(정책) 시스템의 광범위한 변화 현상'이다. 경제시스템에서 나타나는 변화로는 인공지능(AI)을 도입하는 사이버-물리적 시스템 형태의 생산방식의 변화 등과 우버(Uber), 에어비앤비(Airbnb) 등 온디멘드(on-demand) 경제의 출현, 그리고 일자리와 고용의 변화, 국가와 기업의 경영방식의 변화 등을 포함한다. 정치·사회시스템의 변화에는 새로운 형태의 직접 참여 민주주의의 대두, 블록체인(blockchain) 기술 등에 의한 국가와 조직 등에서의 새로운 거버넌스 출현, 초연결화로 인한 디지털 정체성과 관련한 투명성, 상호연결성, 정보의 교류, 사생활, 신원도용, 온라인 스토킹, 정보 양극화 등의 현상과, 노동의 본질, 사회적 협력방식, 소비패턴, 여가 활용, 사회적 관계, 사회적 윤리와 도덕성 등에서 나타나는 변화를 포함한다.

이상과 같이 제4차 산업혁명의 정의를 분석적 관점에서는 협의와 광의로 분류하여 논의할 수 있으나, 이 연구에서는 광의의 관점에서 제4차 산업혁명을 정의하고 관련된 혁신활동을 분석하고자 한다. 이는 한국기술혁신학회가 제4차 산업혁명을 학술적 관점에서 통합적 접근방법으로 연구하고자 했던 문제인식과 맞닿아 있기 때문이다.

제3절 통합적 혁신으로서의 제4차 산업혁명 분석틀

1. 제4차 산업혁명 시대의 새로운 혁신이론과 정책

기존의 학문적 관점에서 제4차 산업혁명의 핵심 동인(動因)을 논의하게 되면 우선적으로 과학기술의 진흥이 필요하고, 이를 이론적으로 뒷받침하는 것이 기술혁신 연구라고 할 수 있다. 그러나 앞에서 이미 논의하였듯이 제4차 산업혁명의 시대에는 각종 혁신활동이 단선적·순차적으로 일어나기보다는 연속적·복합적으로 나타날 것으로 예측된다. 따라서 기술혁신 등의 기존 혁신이론에서도 새로운 사회현상을 설명할 수 있는 패러다임적 전환이 이루어져야 하고 또한 이러한 이론적 발전을 현실에 적용할 수 있는 정책의 개발과 적용이 필요하게 될 것이다.

1980년대 말 이후의 혁신연구, 특히 기술혁신 연구는 산·학·연 혁신 주체, 특히 기업과 산업을 중심으로 하는 국가혁신체제(OECD, 1997), 산업혁신체제(Marleba, 2002) 이론으로 확대되었으며, 지역 및 기술시스템을 중심으로 하는 지역혁신체제(Cooke, 2001), 기술시스템혁신체제(Bergek, 2008) 등을 중심으로 발전하였다. 이러한 혁신시스템연구는 대상별 시스템을 어떻게 구성하고 어디에 정책적 초점을 맞춰야하는 지를 보여줌으로써 과학기술정책 측면에서도 크게 기여하였다.

그러나 혁신시스템 이론의 경우 기존 산학연 혁신주체를 분명히 구분하고 주체간 지식흐름을 강조하는 데 치중함으로써 산·학·연 협력의 다양한 가능성과 실질적인 변화를 간과하였다. 산·학·연 협력의 방식이 상호간의 구별을 전제로 하는 경우와 어떤 경우에는 산·학·연이 한 공간에서 별도의 조직을 구성하여 구별 없이 상호 협력하는 방식 등에 대한 이론적 연구와 모델의 중요성이 커지면서 다양한 형태의 산학연 협력 프로그램과 조직 구성을 개념화한 삼중나선(triple helix) 모델이 부각되기도 하였다 (Etzkowitz, 2008).

최근에는 사회문제 해결형 연구, 국민생활 연구에 대한 수요와 필요성이 커지고 연구방식도 일몰형의 문제해결형 연구조직이나 융합형 연구 모델 연구, 시민참여형 연구모델 연구가 확대되면서 Gibbons 등의 Mode Ⅱ 이론(Nowotny et al., 2003)과 기술과 사회의 공진화 및 기술사회전이(tech-society transition) 이론(Geels, 2005)이 기술혁신 연구의 이슈가 되고 있다. Mode Ⅰ 연구가 기술 및 학문분야별 원천연구 및 기초연구 등을 통한 분야별 지식생산의 방식이라면, Mode Ⅱ 연구는 보다 맥락적 연구, 문제해결형 연구, 일몰형 연구조직 구성, 다학제적 융합 연구 방식을 통해 새로운 지식을 생산하는 것이다. 기술은 사회와 사람들의 기술수용성과 기술사회의 상호작용을 통한 공진화가 중요하며 사회기술체제(socio-technical regime)가 외부 환경과 반응하고 틈새(niche) 프로그램 등을 통해 장기간에 걸쳐 기술사회 전이가 일어나는 것을 강조한다. 기술과 기업, 산업의 개방형혁신 이론에서 더 나아가 사회혁신을 위한 개방혁신(social open innovation)이론의 통합적 접근을 통한 기술-사회-시장 통합형 비즈니스 모델 연구도 확산되고 있다(Yun, 2017). 종합적으로 과학, 기술, 혁신 연구의 다양한 진화가 이루어지고 있는 상황이다.

중요한 것은 기존의 혁신이론과 연구모형들로는 최근의 제4차 산업혁명의 특징인 기술융합, 제조혁신, 사회변동, 정책변동의 동시 다발적인 패러다임 변동적인 공진화 현상을 정확하게 분석·처방할 수 없다는 점이다. 특히, 한국적 맥락에서 제4차 산업혁명에 대응하기 위한 기술혁신 이론과 과학기술정책 연구는 이제 막 시작되었다고 할 수 있다. 따라서 다양한 분야의 혁신이론 통합과 이를 한국적 상황에 접목할 수 있는 이론정립을 위한 학제간 연구와 이를 실행에 옮길 수 있는 과학기술 정책이 필요한 시점이라고 할 수 있다.

이러한 시대적 상황에 대응하기 위해서는 한국기술혁신학회를 비롯한 혁신연구과 과학기술정책 중심의 학문 공동체의 역할이 더욱 중요해질 것이다. 즉, 기존의 축적된 경험과 연구역량을 활용하여 제4차 산업혁명이라는 새로운 현상을 학문적으로 분석하고, 이로 인해 나타나게 될 다양한 문제를 기술혁신, 경제혁신, 사회혁신, 정책혁신이라는 융·복합적 관점에서 해결 방안을 모색하기 위해 노력해야 하기 때문이다.

2. 제4차 산업혁명의 해석과 발전을 위한 분석틀
: 기술·경제·사회·정책 혁신의 통합모형(TESP 통합혁신 모형)

한국의 제4차 산업혁명 연구는 혁신의 전환과 통합 관점에서 제4차 산업혁명의 현상을 해석하고 분석하여 국가사회의 미래 대안을 제시하고자 한다. 이미 논의하였듯이, 제4차 산업혁명은 다양한 기술 분야의 동시다발적인 혁명적 진화를 기반으로 경제혁신, 사회혁신, 정책혁신 등이 총체적으로 이루어지는 패러다임적 변화와 진화의 개념이라고 할 수 있다. 따라서 제3차 산업혁명까지가 지난 시기를 규정하는 사실적 개념이라면, 제4차 산업혁명은 앞으로 다가올 변화를 개념화하고 미래를 상정하여 그렇게 바꾸어 나가고자 하는 규범적 개념이자 전략적 혁신모형 관점에서 접근해야 할 것이다.

과거 3차례에 걸친 산업혁명에서도 기술혁신, 경제혁신, 사회혁신, 정치(또는 정책)혁신의 현상이 발생하였다. 그러나 당시에는 (그림 1-1)과 같이 기술혁신을 시발점으로 하여 각각의 혁신활동이 단계적이며 순차적으로 장기간에 걸쳐 나타나는 선형모형(linear model)이었다고 할 수 있다. 따라서 개인, 기업, 사회, 정부 등의 각각의 혁신주체들은 다가올 변화를 예측하여 이에 대응할 수 있는 시간적 여유가 있었다고 할 수 있다. 이러한 이유로 과거의 산업혁명에서는 혁신체계 전체적인 관점에서의 통합·연계된 대응보다는 특정 혁신활동에서의 분야별·기능별 대응방식이 상대적으로 효율적일 수 있었다.

이에 반하여 앞으로 전개될 제4차 산업혁명에서는 기술혁신, 경제혁신, 사회혁신, 정책혁신이 동시다발적으로 발생하면서, 각 혁신활동의 전개 및 관계는 즉각적이며 상호 영향적일 것으로 논의되고 있다. 따라서 제4차 산업혁명의 연구에서는 기존 선형모형에 의한 분석과 처방이 적실성과 타당

(그림 1-1) 과거 산업혁명의 전개 과정 : 선형모형

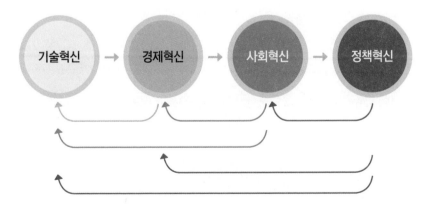

성을 확보하지 못할 것은 자명하다 할 것이다. 한편, 제4차 산업혁명에서는 각 분야의 혁신활동이 그 자체로서 종결되는 것이 아니라, 이것이 출발점이 되어 다른 분야에서의 또 다른 혁신을 유발하는 핵심 동인으로 작용하게 될 것이다. 이처럼 제4차 산업혁명에서는 혁신 자체의 전환이 필요함은 물론 개별적인 혁신의 통합이라는 현상이 동시에 발생할 것으로 예측되고 있다.

이상과 같은 혁신의 전환 및 통합이라는 관점에서 이 기획연구의 분석틀은 (그림 1-2)와 같이 기술·경제·사회·정책 혁신의 통합모형(integrated innovation model)으로 설계되었다. 그리고 이와 같은 혁신의 통합모형을 연구진은 기술혁신(technology innovation), 경제혁신(economic innovation), 사회혁신(social innovation), 정책혁신(policy innovation)에서 각 영문의 첫 자를 채택하여 약칭으로 〈TESP 통합혁신 모형(TESP Innovation Model)〉으로 제안하고자 한다. 이러한 관점에서 이 연구를 통

(그림 1-2) 제4차 산업혁명의 분석틀 : TESP 통합혁신 모형(기술·경제·사회·정책 혁신의 통합모형)

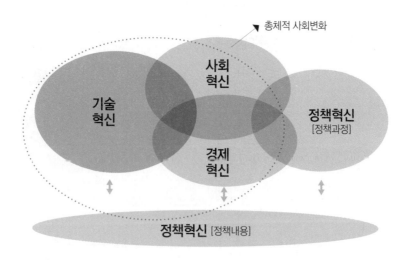

해 제안하는 제4차 산업혁명의 분석모형은 우리나라의 사례뿐만 아니라, 다른 국가들과의 비교연구를 위한 분석틀로서도 유용하게 활용할 수 있을 것으로 기대한다.

한편, 제4차 산업혁명을 구성하는 기술·경제·사회·정책 분야에서의 혁신은 대상에 따라 각기 다른 내용을 가지게 될 것이다. 그러나 혁신활동은 일반적으로 원천, 내용과 특징, 촉진 및 저해요인, 확산 및 이전 등의 내용을 포함하게 된다(이찬구 외, 2018: 22). 따라서 이 연구에서도 혁신의 기본요소들을 최대한 많이 포함하면서도, 통합혁신을 구성하는 각각의 혁신활동의 특성을 반영하여 혁신의 원천, 내용, 특징, 파급효과로 재구성하였다. 이상과 같이 혁신유형과 혁신의 기본요소를 재구성하여 결합한 TESP 통합혁신 모형에 의한 한국 제4차 산업혁명의 구체적인 분석내용은 〈표 1-1〉과 같이 종합하여 제시할 수 있다.

<표 1-1> TESP 통합혁신 모형에 의한 분석 내용 종합

분석요소 ＼ 혁신유형	기술혁신	경제혁신	사회혁신	정책혁신
핵심 원천	융·복합 핵심기술	기술혁신	기술혁신+ 경제혁신	기술혁신+ 경제혁신+ 사회혁신
내용	초연결 사회 초증강 현실 지능정보 사회	신경제 시스템 지능정보 혁명 플랫폼 경제 공유 경제	소비 변화 일의 변화 교육 변화	정책과정 혁신 정책내용 혁신 (선진 각국 정책)
특징	디지털 행성	생산성 향상 신산업 창출 국가현안 해결	양극화 심화	정책의 절차와 내용 동시 포함
파급효과	광범위의 사회변화 촉발	제조업 변화 의료 발전 금융생태계 변화	기회 불균형 고용 불안전성	각 혁신의 지원과 선도

참고문헌

이장재 (2018a), 4차 산업혁명과 향후 전략, kistep 지식세미나 자료.

이장재 (2018b), 「4차 산업혁명의 미래, 4차 산업혁명 시대의 기업가정신」, (이장재 등 공저).

이찬구·오현정·김은미 (2018), "과학기술정책학의 패러다임 논의: 학문적 정의와 연구범위를 중심으로", 「기술혁신학회지」, 21(1): 1-32.

장필성 (2016), "2016 다보스포럼: 다가오는 4차 산업혁명에 대한 우리의 전략은?", 「과학기술정책」, 26(2): 12-15.

정준화 (2017), 4차 산업혁명 관련 국내외 정책 및 입법 동향, KISO 저널 제27호.

클라우스 슈밥 지음, 송경진 옮김 (2016), 「제4차 산업혁명」, 서울: 새로운 현재.

Bernal, John Desmond (1954), 「Science in History」, Cambridge, Mass.,: M.I.T. Press.

Etzkowitz (2008) The Triple Helix: University-Industry-Government Innovation In Action London: Routledge.

Geels, F.W. (2005), The dynamics of transitions in socio-technical systems: a multi-level analysis of the transition pathway from horse-drawn carriages to automobiles (1860–1930). Technology Analysis & Strategic Management, 17, pp.445–476.

Nowotny et al. (2003) Introduction: Mode 2'Revisited: The New Production of Knowledge, Minerva 41(3), pp.179-194.

World Economic Forum(2016), 「Digital Transformation of Industries」. WEF.

Yun, J.J. (2017), Business Model Design Compass: Open Innovation Funnel to Schumpeterian New Combination Business Model Developing Circle, Springer: Singapore.

❝

The Fourth Industrial Revolution from the
Perspective of Technology Innovation

❞

제 2장

기술혁신 관점의
제4차 산업혁명

고영주 외

* 이 장의 내용은 분과장인 고영주가 김대건, 심진보, 임은정, 최호철과 공동으로 수행한 연구결과를 종합·정리한 것이다.

산업혁명의 시발점은 파괴적 혁신 기술이 동시 다발적으로 나타나고 연쇄반응을 일으키며 확산되는 과정을 전제로 한다. 즉 산업혁명을 제대로 이해하려면 당시의 사회적, 산업적 배경과 함께 나타난 파괴적 혁신 기술이 무엇이었는지, 다른 기술들이 일련의 과정을 거치며 어떻게 연쇄적인 기술혁신으로 나타났고 그 특징은 무엇인지, 그러한 기술혁신이 당시 산업 및 사회와 어떻게 상호작용하며 파급효과를 나타냈는지 이해하는 것이 필요하다. 제4차 산업혁명의 시작점인지 여부를 가늠하는 척도도 기존 기술 및 사업, 사회의 혁명적 변화를 몰고 올 파괴적 기술혁신이 나타나고 있는지, 그런 개연성을 보이고 있는지가 될 것이다. 그런 측면에서 본 장은 첫째, 구체적으로 제1차, 2차, 3차 산업혁명에서 나타난 파괴적이고 혁신적인 기술을 역사적 맥락에서 살펴보고 기술혁신의 특징, 산업 및 사회적 파급효과를 각 산업혁명별로 개괄한다. 둘째, 국내외 전문기관의 분석과 학회의 전문 분석을 통해 제 4차 산업혁명의 시작을 알리는 핵심적 혁신기술이 무엇인지를 찾아내고자 하였다. 셋째는 그러한 기술들이 다양한 응용분야와 맞물려 어떻게 산업과 사회의 변화를 추동하는 기술혁신으로 이어질 것인지 그 방향과 파급효과 분석을 해보았다. 그러한 기술혁신은 산업·경제혁신, 사회혁신, 정책혁신으로 불가피하게 이어지거나 다양한 상호작용을 통해 통합적 혁신적 변화로 이어진다는 점을 다른 장에서 밝히는 데 중요한 출발점이 되도록 구성하였다.

제1절 산업혁명 시대별 기술혁신 특징 및 파급효과

1. 제1차 산업혁명 시대

(1) 제1차 산업혁명의 기술혁신 전개과정

영국은 지정학적으로 유럽대륙에서 떨어진 작은 규모의 섬나라인데다가, 토양 또한 대륙의 경쟁국인 프랑스나 아시아 지역의 농경국가들에 비해 척박한 편으로 단위면적당 농업 생산량에서 경쟁력을 얻기 어려운 구조였다.

이에 더하여 영국은 대륙의 경쟁국들에 비해 인구의 부족으로 인해 노동력이 귀해서 18세기 중반의 런던 노동자들이 받는 실질임금 수준은 파리 노동자들의 2배, 밀라노 노동자들의 4배 수준에 달했는데, 이는 공산품의 원가경쟁력 확보에도 치명적인 단점으로 작용하고 있었다.

반면에 영국은 석탄이 풍부하다는 장점을 가지고 있었고, 우수한 해군력과 해상운송능력을 보유하고 있어서 외부로부터 철광석 등의 원료를 효과적으로 확보할 수 있다는 강점도 가지고 있었다. 이러한 단점과 강점들이 어우러지면서 석탄과 기계를 사용하여 생산의 효율성을 증대시키는 기술혁신이 일어나는 중요한 원동력으로 작용하게 되었고, 결국 1차 산업혁명을 태동시키게 된 배경이 된다.

17~18세기의 영국은 주식인 밀을 생산하는 농경지 대신에 양을 방목하는 목초지를 늘리는 선택을 하게 된다. 앞서 설명한대로 농업생산력의 약점을 보완하기 위한 전략이었던 것이다. 이에 따라 대규모로 생산되는 양모를 기반으로 하는 면방적(spinning)과 면방직(weaving) 산업이 중요한 국가 성장동력으로 성장하게 되는데, 기존의 재래식 베틀을 이용하는 방적·방직 기술로는 생산성을 향상시킬 수 없었다.

이러한 상황은 방적기와 방직기의 기계화라는 필요성을 낳았다. 제임스 하그리브스(James Hargreaves)는 1766년에 다축방적기를 발명했고, 리처드 아크라이트(Richard Arkwright)가 1769년에 수력방적기를 발명했으며, 사무엘 크롬프턴(Samuel Crompton)은 1779년에 뮬정방기를 발명했다. 이후로도 기계화가 가속화되면서 에드먼드 카트라이트(Edmund Cartwright)가 1787년에 생산력을 비약적으로 증대시킨 증기베틀을 발명하게 된다. 다수의 경제사학자들이 증기베틀이 탄생한 1787년을 제1차 산업혁명의 원년으로 해석하는 것은 증기기관과 방적기의 결합이 그만큼 중요한 사건이었다는 것을 의미한다.

이어서 리처드 로버츠(Richard Roberts)가 1830년에 자동 뮬정방기를 발명하는 등의 기술혁신이 이어지면서, 영국의 면 생산원가는 1790년에서 1830년 사이에 약 90퍼센트 낮아지는 결과를 낳았다. 물론 원가의 하락은 가격경쟁력의 상승으로 이어져 영국의 섬유산업이 세계를 제패하는 가장 중요한 배경이 되었다.

방적·방직기의 기계화는 철강 생산량의 증대와 증기기관의 발전과도 밀접하게 연결된다. 기계화된 공장을 기존의 목제기계로 운영하는 것은 내구성과 효율성에 문제가 많았기 때문에 철공업과 기계공업이 함께 발전하게 된 것이다.

철강업의 발전상을 살펴보면, 아브라함 다비(Abraham Darby)가 1709년에 코크스 제철법을 개발했고, 벤자민 헌츠먼(Benjamin Huntsman)이 1742년에 도가니제강법을 개발했으며, 헨리 코트(Henry Cort)가 1784년에 교반법을 개발하면서 철 생산량의 증대가 지속적으로 이루어졌다. 이후 제임스 닐슨(James Neilson)이 1828년에 제철용 열풍로(熱風爐)의 특허를 받으면서 철 생산량이 비약적으로 증가하게 되었다.

이렇게 철의 생산력이 비약적으로 증대되면서 철을 원료로 하는 기계 공업도 발전하게 되는데, 존 윌킨슨(John Wilkinson)이 1774년에 천공기를 개발했고, 헨리 모즐리(Henry Maudslay)가 1797년에 나사절삭용 선반을 개발했으며, 자동 뮬 방적기의 발명가이기도 한 리처드 로버츠(Richard Robert)는 1817년에 평삭반을 개발하여 기계와 공구의 발전을 이끌게 된다.

한편, 대규모의 공장과 용광로, 기계류를 운용하기 위해서는 그만한 에너지원이 필요하게 된다. 우리가 제1차 산업혁명의 핵심기술로 알고 있는 증기기관의 발명과 개량이 바로 이런 이유에서 중요성을 가지게 되는 것이다.

많은 이들이 제임스 와트(James Watt)가 증기기관을 발명한 것으로 알고 있는데, 사실 와트의 특허보다 훨씬 앞선 1712년에 토마스 뉴커먼(Thomas Newcomen)이 대기압식기관(뉴커먼 기관)을 실용화하여 탄광의 양수용으로 활용하고 있었다. 제임스 와트는 기존의 뉴커먼기관에 개별 액화장치를 추가함으로써 증기기관의 효율성을 크게 개선한 것이다. 또한, 그는 분리응축기(1769년), 복동식 증기기관(1781년), 회전식 증기기관(1783년) 등의 지속적 개량을 통해 석탄과 증기를 이용하는 에너지원을 보다 효율적으로 활용할 수 있는 길을 열었다.

이후에도 증기기관의 개량은 꾸준하게 진행되어서, 리처드 트레비식(Richard Trevithick)이 고압 증기기관을 개발하여 1801년에 최초로 증기력을 이용한 기관차를 만들었고, 1804년에 최초 철로용 기관차인 페니다렌 호를 내놓게 된다. 증기기관의 발전으로 인해 운송수단에서의 혁명적 변화가 나타나게 된 것이다.

트레비식의 증기기관차 이후 조지 스티븐슨(George Stephenson)이 1829년에 시속 14마일로 달릴 수 있는 증기기관차를 제작하면서 영국 전역에서는 철도 건설 붐이 일어났고, 기존의 풍력과 풍향에 의존하던 범선에서 벗어나 자체 동력을 가진 증기선이 등장하면서 제1차 산업혁명의 지리적 범위가 비약적으로 넓어지게 되었다.

(2) 제1차 산업혁명의 기술혁신 특징

제1차 산업혁명 시대에 발생한 기술혁신의 특징을 살펴보면 다음과 같다.

첫째, 산업혁명은 기본적으로 과학기술 혁신에 기반을 둔 대변혁이라는 점이다. 하버드대학의 경제사학자인 니얼 퍼거슨(Niall Ferguson)은 1차 산업혁명을 기계의 물결로 특징지으면서, 토지, 노동, 자본이라는 생산 3요소의 생산성이 기술적 혁신에 의해 획기적으로 증대되었다고 설명하고 있다. 여기서 더욱 중요한 사실은 총산출량이 노동자와 방적공장의 증가분을 합친 것을 넘어서는 기술혁신이었다는 점이다(니얼 퍼거슨, 2011). 즉, 토지·노동·자본의 투입량이 늘어난 것 이상의 생산성 향상이 벌어진 것은 결국 과학기술의 발전에 의한 혁신이 있었기 때문이며 제2차, 제3차 산업혁명 역시 과학기술의 혁신에 기반을 둔 산업구조의 변화가 그 본질이라고 하겠다.

둘째, 산업혁명은 단순히 파괴적·혁신적인 단일 기술의 등장에 의해 발생하는 것이 아니라, 그러한 기술들이 상호연관성을 가지면서 연속적으로 출현함으로써 나타난다는 점이다. 면 방적기·방직기의 발달은 기계공업과 제철산업의 혁신과 연결되고, 또 에너지원으로서의 석탄산업 성장과 증기기관의 발전을 가져왔으며, 교통수단의 혁신을 이끌게 된다. 그리고 이러한 발전들 간에 상호연관성이 점점 강화되는데, 증기기관이 방직기에 접목되면서 점점 기계화된 공장들이 늘어나게 되어 증기기관에 대한 수요와 혁신을 요구하게 되었다는 사실이 바로 그 예이다. 또한, 철도가 대규모로 건설되면서 석탄과 철광석의 수송비가 낮아지게 되고, 그로 인해 철도를 적은 비용으로 건설할 수 있게 되면서 수송비를 낮추는 발전이 가능해진 것도 그런 맥락에서 이해할 수 있다. 즉, 여러 혁신적인 기술들이 상호연관성을 가지고 상생발전하고, 그로 인해 산업상의 시너지를 창출하면서 경제·사회시스템 전반을 혁신하는 형태로 이루어지는 산업혁명의 전형적인 패턴이 제1차 산업혁명 시대부터 나타난 것이다.

　　셋째, 축적된 과학기술의 기반 위에서 과학자와 기술자들을 우대하는 문화가 있었기에 발생한 대변혁이라는 점이다. 시카고대학의 역사학자인 케네스 포메란츠(Kenneth Pomeranz)는 영국에서는 산업혁명이 일어났는데, 왜 같은 시기에 중국에서는 산업혁명이 일어나지 못했는가?라는 질문에 대한 답을 찾아서 대분기(大分岐; great-divergence) 이론을 정립했다. 이 이론에서는 내생적 잠재력, 우연에 의한 분리, 내재적 발전으로 인해 산업혁명이라는 인류사의 대변혁이 초래될 수 있었다고 해석하고 있는데, 이 가운데 내생적 잠재력을 축적된 과학기술과 과학기술인에 대한 우대 문화로 이해할 수 있다. 제1차 산업혁명이 태동하기 한 세기 전에 영국에서는 제임스 2세의 왕명으로 1660년에 자연과학 진흥을 위한 런던왕립학회 (The Royal Society of London for Improving Natural Knowledge)가 설립되어 과학자와 기술자들이 새로운 과학과 기술을 경쟁적으로 제안하고, 공유와 토론을 통해 그 아이디어를 발전시키는 시스템, 즉 축적의 시스템이 구축되어 있었다. 근대물리학의 아버지로 불리는 아이작 뉴턴(Isaac Newton)이 바로 이 왕립학회의 멤버이자 회장직을 역임하기도 했다. 뉴턴은 1687년에 자연철학의 수학적 원리(프린키피아; Principia)라는 대작을 출간해서 그 유명한 만유인력, 관성의 법칙, 운동의 법칙, 작용-반작용의 법칙을 설명했다. 뉴턴은 자신의 업적을 칭송하는 출판업자에게 자신은 거인의 어깨 위에 올라선 난쟁이에 불과하다는 말을 남긴 것으로도 유명한데, 여기서 거인이 바로 과학기술의 축적시스템인 런던왕립학회이며, 뉴턴 본인은 그 축적의 토대 위에서 조금 더 멀리 바라본 난쟁이라고 비유한 것이다. 또한, 영국에는 이러한 과학기술의 축적 위에서 새로운 아이디어를 내놓고 구체화하는 사람들을 우대하고, 그런 사람들이 경제적·사회적으로 성공할 수 있는 문화가 있었다. 그래서 일개 수학교수인 뉴턴의 장례식에서 그의 관을 운구한 여섯 사람의 신분이 공작 두 명, 백작 세 명, 대법관 한 명이었다고 하니, 과학자에 대한 우대문화의 절정을 볼 수 있다.

(3) 제1차 산업혁명의 파급효과

앞에서 논의한 특징을 나타내는 제1차 산업혁명이 산업과 경제 등 당시의 사회에 미친 파급효과를 정리하면 다음과 같다.

첫째, 과학기술의 발전과 산업적 변화로 인해 영국은 세계 최초로 공업국가의 시대를 열었다. 1700년경에 영국의 국가총생산(GDP)에서 농업은 약 40%, 공업은 약 20%의 비중이었는데, 제1차 산업혁명 이후 1841년에는 농업의 비중이 26.1%로 줄어들고, 공업의 비중은 31.9%로 증가한다(송성수, 2017). 산업별 종사자의 수도 달라졌다. 1850년경이 되면 영국에서 농업에 종사하는 인구는 전체 경제활동 인구의 20% 수준에 불과해졌다. 같은 시기에 네덜란드, 벨기에 같은 국가들의 농업종사자가 여전히 45% 수준에 달했던 것과 비교하면 큰 변화가 일어난 것을 알 수 있다. 이러한 산업구조의 변화(공업화)로 인해 영국산 제품, 특히 공산품의 생산성이 높아지면서 국제무역에서 영국이 다른 국가들을 압도하는 현상이 벌어지게 되었고, 영국은 전 세계에 걸쳐 거대한 식민지를 건설함으로써 해가 지지 않는 대영제국(British Empire) 시대를 열게 되었다.

둘째, 생산시스템이 공장제(factory system)로 전환되는 계기가 마련되었다. 1769년에 리처드 아크라이트가 개발한 수력방적기가 1770년대에 실용화되면서부터 근대적 공장이 등장하기 시작했고, 1830년대에 에드먼드 카트라이트의 '역직기'가 널리 보급되면서 공장제도가 보편화되기에 이른다. 이러한 공장제의 성립은 단순히 생산의 효율성을 높여 대량생산의 시대를 열었다는 의의만 가지는 것이 아니다. 공장제는 기존의 소규모 도제식 생산시스템에서 보편적이었던 고용주-노동자 간의 온정주의적 관계를 계약에 기초한 금전적 관계로 바꾸는 계기를 만든 것이다. 이러한 공장제의 도입에 따라 경제적·사회적 지위가 흔들리게 된 일부 노동자들이 기업가·기술자들을 위협하거나 기계와 공장을 파괴하는 러다이트운동(luddism)을 일으키기도 했던 것이다. 결국 공장제라는 새로운 생산시스템은 산업의 혁신을 넘어 사회구조와 인간관계 변화라는 파급력을 발휘하게 되었고, 자본주의가 등장하는 기반으로 작용하게 된다.

셋째, 세계 경제시스템을 자본주의 시스템으로 전환시키는 계기가 되었다. 1차 산업혁명 이전의 전통적인 경제시스템에서는 생산성이 낮았을 뿐만 아니라 수확체감의 법칙(law of diminishing returns)이 작용되면서 확대재생산이 지속적으로 이루어지지 못하는 한계가 있었다. 이로 인해 생산성의 향상에 따라 인구가 증가하다가도 어느 시점에 이르면 다시 인구가 감소하는 패턴이 반복적으로 나타났던 것이다. 그러나 제1차 산업혁명에 의해 촉발된 자본주의 경제시스템에서는 공장제를 기반으로 지속적인 확대재생산이 이루어질 수 있었으며, 이로 인해 인구와 1인당 GDP가 지속적으로 증가하는 현상이 나타날 수 있었다. 영국에서 1인당 GDP 증가율은 1760년부터 1800년 사이에 0.2% 수준이었다가, 1800년에서 1830년 사이에 0.52%로 증가했으며, 1830년에서 1870년 사이에는 약 2% 수준으로 상승했다(Crafts, 1983). 지금의 시각으로 보면 낮은 성장률로 인식될 수도 있지만, 그 이전의 세계역사 속에서 이런 지속적인 GDP 성장세가 이어진 사례는 없었기에 상당한 의의를 가지는 성장의 시대로 해석되는 것이다.

2. 제2차 산업혁명 시대

(1) 제2차 산업혁명의 기술혁신 전개 과정

제2차 산업혁명이라는 용어를 최초로 사용한 사람은 영국의 석학이었던 패트릭 게데스(Patrick Geddes)로 알려져 있다. 게데스는 생물학자, 사회학자, 지리학자, 도시계획 이론가 등 다양한 분야에서 전문가로 활동한 인물로, 그는 1913년에 발간한 진화하는 도시(cities in evolution)에서 제2차 산업혁명이라는 용어를 사용했다. 이후 미국의 경제사학자인 데이비드 랜디스(David Landes;)가 1969년에 자유의 몸이 된 프로메테우스(The Unbound Prometheus)를 발간하면서 제2차 산업혁명은 학술적으로 공인된 용어로 자리 잡게 되었다(Landes, 1969).

19세기 후반부터 20세기 초(1870년경~1920년경)까지 전개되었던 제2차 산업혁명시기에는 다양한 과학기술들이 연달아 등장하면서 기존의 산업구조를 크게 변화시키게 되는데, 그 대표적인 예로는 내연기관, 강철, 인공염료, 백열등, 전화, 무선전신기 등을 꼽을 수 있다. 또한, 제1차 산업혁명을 이끌었던 영국 대신에 미국, 독일, 이탈리아, 일본 등의 신흥국들이 선도한 산업혁명이었고, 이로 인해 제국주의 시대가 정점에 달하게 된 것으로 이해되기도 한다.

제2차 산업혁명 시대에는 제1차 산업혁명에 비해 더욱 다양한 과학기술의 혁신이 복잡하게 얽혀서 진행되게 된다. 먼저, 재료 분야에서의 혁신을 살펴보자면, 기계 및 건설에 있어서 내구성을 더욱 강화시킨 강철(Steel)의 등장과 인공염료의 발전이 두드러진 시기였다. 영국의 헨리 베세머(Henry Bessemer)는 1855년에 베서머 제강법으로 알려진 전로제강법(轉爐製鋼法)을 발명하여 1860년에 셰필드에 있는 제강공장에서 최초로 조업을 시작했다. 이어 빌헬름 지멘스(William Siemens)와 피에르 마르탱(Pierre-Émile Martin)이 제강용 평로(平爐)를 개발했으며, 시드니 토머스(Sidney Thomas)는 그의 사촌동생인 퍼시 크라이스트(Percy Gilchrist)와 함께 1877년에 염기성 제강법의 특허를 받았다. 이렇게 강철을 대규모로 저렴하게 생산하는 길이 열리면서 증기기관의 재료였던 선철(pig iron)보다 내구성 있는 내연기관의 등장이 가능해졌으며, 이후 강철의 시대가 개막될 수 있었다.

한편 인공염료는 경제적으로 하층민에 속하는 사람들도 다양한 색상의 의류를 착용할 수 있는 시대를 열었다. 영국의 화학자인 윌리엄 퍼킨(William Perkin)은 1856년에 세계 최초의 인공염료인 합성 아닐린 모브(모베인 또는 아닐린바이올렛)를 개발했고, 이어서 적자색의 염기성 염료인 마젠타(magenta), 알리자린 레드(alizarin red), 인디고 블루(indigo blue) 등의 인공염료가 속속 등장했다.

이와 더불어 제2차 산업혁명 시대에는 증기기관을 대체하는 새로운 동력원들이 등장하였다. 바로 전기와 내연기관이다. 토머스 에디슨(Thomas Edison)이 1879년에 백열등을 개발하여 전기의 시대를 개막시켰고, 니콜라 테슬라(Nikola Tesla)는 1888년에 세계 최초의 교류유도전동기를 발명했으며, 1891년에는 테슬라 변압기를 개발했다. 현재 통용되고 있는 자기력선속밀도의 단위인 테슬라(T)는 바로 그의 업적을 기려서 그의 이름에서 유래된 것이다. 이후 전기는 증기를 대체하는 동력원으로 자리매김하여 현재에까지 이르고 있다. 1900년에 증기와 전기가 동력원에서 차지하는 비율이 각각 80%와 5% 수준이었지만, 1930년이 되면 그 비율이 15%와 75%로 역전되어 전기의 비중이 훨씬 높아졌다는 사실이 이를 뒷받침 한다(송성수, 2017).

전기와 더불어 제2차 산업혁명을 촉발했던 대표적 기술이 바로 내연기관이다. 19세기 후반의 많은 발명가들이 증기기관 등의 외연기관에 비해 열효율을 크게 향상시킬 수 있는 내연기관을 개발하기 위해 경쟁을 벌였는데, 독일의 고틀리프 다임러(Gottlieb Daimler)가 1883년에 가솔린 내연기관을 발명했고, 칼 벤츠(Karl Benz)도 1885년에 바퀴가 3개 달린 최초의 가솔린 내연기관 자동차를 개발했다. 이후, 루돌프 디젤(Rudolf Diesel)이

1897년에 최초의 실용적 디젤기관을 발명하여 자동차 시대를 이끄는 동력원이 등장하게 되었다. 이러한 내연기관의 발달로 인해 기존의 석탄을 대신하여 석유의 활용도가 급격하게 확대되었고, 가벼운 가솔린기관을 탑재한 인류 최초의 유인동력 비행기인 플라이어 1호가 1903년에 라이트 형제에 의해 등장하게 되면서 인류의 활동영역이 지상과 바다를 넘어 하늘로 확대되게 되는 계기가 된다.

한편, 제1차 산업혁명 시대를 거치면서 교통수단이 비약적으로 발전한데 이어 제2차 산업혁명 시대에는 통신수단의 발전이 급격하게 이루어졌다. 즉, 전신, 전화, 라디오 등의 통신 관련 신기술들이 대거 등장한 것이다. 1837년에 사무엘 모스(Samuel Morse)가 전신기와 모스 부호체계를 고안하여 1844년에 모스 전신망의 개통식이 거행되었으며, 1861년에는 미국 대륙을 횡단하는 전신망이 설치되었고, 1866년에는 대서양 횡단 전신망이 구축되기에 이른다. 이후 1876년에는 알렉산더 벨(Alexander Bell)이 유선전화를 발명하고, 1896년에 굴리엘모 마르코니(Guglielmo Marconi)가 무선전신을 발명했으며, 리 드 포레스트(Lee De Forest)가 1906년에 진공관 오디온(audion)을 발명했고, 이 기술을 기반으로 에드윈 암스트롱(Edwin Armstrong)이 1918년에 FM 라디오 특허를 받게 된다.

이러한 교통과 통신의 발달로 인해 전 세계적으로 정보 교환 속도가 빨라지게 되었고, 이로 인해 산업혁명의 추진범위가 넓어지고 새로운 산업과 과학기술의 발전이 가속하되는 현상을 낳게 되었다.

(2) 제2차 산업혁명의 기술혁신 특징

앞에서 살펴본 것과 같은 과정을 거쳐 진행된 제2차 산업혁명 시대의 기술혁신 특징을 살펴보면 다음과 같다.

첫째, 일련의 기술과 사회가 공생적으로 발전하는 기술시스템 (technological system) 시대가 열리게 되었다. 기술시스템 접근론은 토머스 휴즈(Thomas Hughes) 등이 주창한 이론으로(Bijker, 1987), 기술적 인공물과 더불어 다양한 사회적 요소를 포괄하는 시스템 관점에서 기술을 바라보는 이론이다. 다양하고 이질적인 요소들을 시스템으로 통합하는 주체는 결국 시스템공학자(system builder)들과 그 조력자들인데, 대표적인 시스템공학자로는 에디슨이나 포드 등을 꼽을 수 있다. 즉, 시스템공학자들은 중요한 기술을 개발하는 것은 물론 그 기술이 활용될 수 있는 사회적 조건을 만드는 데도 크게 기여함으로써 점차 기술시스템을 진화시켜 나간다는 것이 이론의 핵심적인 내용이다. 결국, 2차 산업혁명 시대를 거치면서 기술과 사회의 결합이 일상화되었고, 이를 통해 기술시스템이 진화할 수 있었던 것이다.

둘째, 과학과 기술의 연관성이 강화되면서 공학(engineering)이라는 새로운 영역이 등장하게 되었다. 제2차 산업혁명 시대의 가장 큰 특징 가운데 하나는 과학분야에서 발명 또는 발견된 결과물들이 기술혁신으로 연결되는 사례가 크게 증가했다는 점이다. 앞서 설명했던, 세계 최초의 인공염료인 합성 아닐린 모브는 유기화학 분야에서 우연하게 발견된 염료로 염료산업의 발전을 견인했고, 전자기학 분야에서의 발명과 발견 내용들은 전기산업과 통신산업의 발전에 크게 기여하게 된다.

이에 따라 기술혁신을 주도하던 대기업들이 과학과 기술을 연구하는 자체 연구소들을 설립하여 산업적 연구를 수행하기 시작했으며, 과학에 기반을 둔 기술지식을 체계화하는 학문영역인 공학이 등장함으로써 과학-기술의 연관성은 더욱 강화되기에 이르렀다.

(3) 제2차 산업혁명의 파급효과

제2차 산업혁명이 사회 각 분야에 미친 영향과 파급효과는 다음과 같이 정리할 수 있다.

첫째, 기업의 경영방식에서 혁신적인 변화들이 나타나고, 대기업 집단이 경제성장을 주도하기 시작했다. 경영방식에서는 '과학적 관리' 개념이 적용되면서 테일러리즘(taylorism)과 포디즘(fordism) 등의 경영방식이 등장하게 되었다. 테일러리즘은 미국의 경영학자인 프레드릭 테일러(Frederick Taylor)가 창시한 과학적 관리기법을 말한다. 제2차 산업혁명 시대는 기술혁신과 생산성 향상의 시대였다. 따라서 이 시대에는 능률성을 최고의 가치로 생각하는 능률의 복음(gospel of efficiency)이 유행하게 되었는데, 이러한 생각들을 체계적으로 정리한 사람이 바로 테일러다. 그는 노동자의 움직임, 동선, 작업 범위, 작업 속도 등 노동을 세분화하고 표준화해서 생산의 효율성을 높이는 체계를 주창했다. 즉, 노동의 관리는 작업과정에 대한 세밀한 관찰과 연구를 통해 개별 작업들에 소요되는 명확한 시간을 부여하고, 조직화되고 단순화된 조작으로 세분화함으로써 이루어진다는 개념이다.

한편, 포드자동차의 창업자인 헨리 포드(Henry Ford)는 조립 생산 체계(assembly system of production)와 컨베이어벨트의 도입을 통해 대량생산 시스템을 만들어냈고, 이를 체계적으로 발전시켜 포디즘으로 구체화하기에 이른다.

이러한 테일러리즘과 포디즘을 통해 대량생산과 대중소비의 결합이 이루어지게 되었고, 대기업이 성장의 주역으로 등장하기 시작했다. 미국과 유럽은 1870년대~1890년대 중엽에 걸쳐 대불황(great depression)을 겪고 있었는데, 이 시기에 기업들 간의 합병과 통합이 빈번하게 발생하면서 거대 기업들이 등장하게 되었다. 이 대기업들은 규모의 경제 및 범위의 경제를 달성할 수 있는 자본력을 갖추고 있었기 때문에 다른 기업들에 비해 생산효율성과 가격경쟁력을 높일 수 있었고, 이후 세계 경제는 이러한 대기업들의 선도에 의해 성장을 하는 양상을 보이게 된 것이다.

둘째, 영국 주도의 공업화에서 벗어나 여러 선진국들이 본격적으로 산업화의 길을 걷게 되었다. 제2차 산업혁명을 선도한 국가들은 영국 이외에도 미국, 독일, 프랑스, 이탈리아, 일본 등이었고, 산업혁명을 통해 산업국의 지위를 획득하여 오늘날에도 그 영향력을 미치고 있다. 또한, 이러한 산업화를 통해 강력한 경제력과 군사력을 지니게 된 국가들은 경쟁적으로 해외 식민지 확보에 열을 올리는 제국주의 시대를 열게 되었다.

셋째, 인류의 삶이 기술에 상당부분 의존하게 되면서 기술과 사회의 연관성이 강화되었다. 본래 기술(technology)이라는 용어는 고대 그리스어인 테크네(techne)라는 단어에서 유래하는 것으로 알려져 있다. 테크네는 인간 삶의 가치나 목적 그 자체가 아니라 인간의 목적을 달성하는 데 필요한 도구를 생산해 내는 것을 일컫는다(네이버지식백과, 2014).

그러나 삶에 필요하고 유용한 도구였던 기술이 점차 복잡해지고 세밀해지면서 인간이 기술의 세계에서 빠져나와 삶을 영위하는 것은 매우 어려워지기 시작했다. 이러한 현상은 전기, 통신, 의류, 자동차 등이 발전하게 된 제2차 산업혁명 시대로부터 비롯된 큰 변화라 하겠다.

3. 제3차 산업혁명 시대

(1) 제3차 산업혁명의 기술혁신 전개과정

사실 제3차 산업혁명이라는 용어가 아직까지 학술계에서 완전하게 공인받거나 정착된 것은 아니다. 저명한 미래학자인 앨빈 토플러(Alvin Toffler)는 1980년에 출간한 제3의 물결(The Third Waves)에서 미래사회를 정보화사회라고 규정한 바 있다. 즉, 제1의 물결은 농업혁명으로 과거 수천 년에 걸쳐 진행되었고, 제2의 물결인 산업혁명은 300년 정도에 걸쳐 진행되었으며, 제3의 물결인 정보화혁명이 20~30년 내에 진행될 것이라고 주장했던 것이다. 그래서 많은 전문가들이 이러한 제3의 물결(정보화혁명)을 바로 제3차 산업혁명으로 바라보고 있다.

정보화혁명 대신에 제3차 산업혁명이라는 용어를 학술적으로 처음 사용한 사람은 제레미 리프킨(Jeremy Rifkin)으로 알려져 있는데, 그가 2011년에 출간한 제3차 산업혁명(The Third Industrial Revolution)에서 인터넷과 재생에너지기술의 융합을 통해 새로운 산업혁명, 즉 제3차 산업혁명이 도래하고 있다는 주장하였다.

현재 다수의 전문가들이 제3차 산업혁명을 정보화혁명 또는 디지털혁명이라고 설명하고 있으며, 일부 전문가들은 지식혁명이나 네트워크혁명과 같은 용어를 사용하여 설명하기도 한다. 2010년대에 들어서도 제3차 산업혁명이 안전하게 끝났다고 단정 지음 수 있는 상황은 아니지만, 현재까지 제3차 산업혁명과 관련된 핵심기술과 그 발전상을 간단하게 요약하자면 다음과 같다.

대다수의 전문가들은 제3차 산업혁명의 핵심기술로 컴퓨터와 인터넷을 꼽는데 주저하지 않는다. 컴퓨터는 2차 세계대전에서 탄도표를 계산할 목적으로 연구되기 시작하여 1946년에 에니악(ENIAC)이 등장하면서부터 그 역사가 시작되었다고 알려져 있다. 그러나 제2차 대전당시 영국이 개발하여 독일의 암호를 해독하고 전쟁을 승리로 이끈 콜로서스 컴퓨터가 이후 공개됨으로써 콜로서스가 세계 최초의 현대식 완전전자식 컴퓨터가 되었다.

초기 컴퓨터의 발전에 큰 기여를 미국의 존 폰 노이만(John von Neumann)은 1945년에 전자계산기의 이론 설계 서론이라는 논문을 발표했었는데, 이 논문이 담고 있는 아이디어가 오늘날 사용되는 컴퓨터와 같이 주기억장치에 프로그램을 내장시켜 놓고 명령어를 하나씩 불러 실행시키는 개념이었기에 당시로서는 상당히 획기적인 아이디어였다. 이후 스티브 잡스(Steven Jobs)와 스테판 워즈니악(Stephen Wozniak)이 1976년에 애플 I 을, 1977년에 애플Ⅱ를 개발하고, 1981년부터는 IBM이 본격적으로 개인용 컴퓨터(PC) 시장을 열기 시작하면서부터 급속도로 대중화가 이루어지게 된다.

한편, 인터넷의 기원은 일반적으로 '아르파넷(ARPAnet)'으로 알려져 있다. 1969년에 빈트 서프(Vint Cerf) 등의 연구진이 개발한 아르파넷은 연구소와 대학교의 컴퓨터를 연결한 대규모 패킷 교환망으로 이후 인터넷(internet)으로 발전하는 모태가 되었다. 이후, 1972년에 이메일(e-mail)이 등장하고, 1973년에 미국의 아르파넷과 유럽을 연결하는 대서양 횡단 컴퓨터네트워크가 연결되었으며, 1974년에는 다수의 컴퓨터를 연결하는 개념인 TCP/IP 프로토콜이 개발되고, 1980년대에 이르면 인터넷 도메인시스템이 개발되어 현재에까지 이르고 있다. 이어서 1989년에 HTTP와 HTML이 등장했고, 1989년에 팀 버너스-리(Tim Bernars-Lee)가 월드와이드웹(www; world wide web)을 제안하여 인터넷이 보편화되는데 크게 기여하기에 이른다.

이러한 기술의 발전과 급속한 보급에 따라 인터넷에 연결된 컴퓨터 수는 1990년에 약 30만대 수준에서 2000년에는 약 1억 대로 증가하게 되었고, 인터넷이 만든 사이버공간(cyber space)이 매개장터가 되어 다양하고 새로운 비즈니스 모델들이 등장하여 글로벌 산업구조를 바꿔놓게 되었다. 즉, 현재 글로벌 기업들인 야후(YaHoo), 아마존(Amazon), 이베이(eBay), 구글(Google) 등의 ICT 서비스 기업들이 급성장하여 글로벌 산업구조를 재편하게 된 배경이 바로 제3차 산업혁명의 결과로 해석되는 것이다.

한편 제3차 산업혁명 시대의 획기적인 기술혁신의 변화 방향 중 하나는 산업의 화학화와 산업간 연계 및 융합의 확산이다. IT 분야를 가능하게 하는 핵심기술인 이차전지와 디스플레이 기술은 화학기술과 소재의 발전으로 가능해졌다. 친환경 자동차를 위한 초경량화 소재와 내장재, 외장재 등 화학의 역할은 더욱 커지고 있다. 에너지산업의 혁신을 몰고온 원자력발전과 신재생에너지 분야도 화학기술과 신소재가 기반이 되고 있다. 기술혁신 선진국인 미국, 독일, 일본은 IT, 자동차, 에너지 산업과 화학산업, 바이오산업의 연계와 협력에 의한 발전을 통해 경쟁력을 강화해왔다.

이밖에도 생명공학, 뇌과학, 자원개발, 우주기술, 자동화기술, 로봇기술, 무선기술 등의 다양한 과학기술과 이를 결합하는 융합기술들이 대거 등장하면서, 인류 삶의 무대였던 지구는 물리적 행성으로부터 사이버 행성으로 변모하게 되고 새로운 기술융합과 산업융합이 혁신이 싹트고 있다.

(2) 제3차 산업혁명의 기술혁신 특징

제3차 산업혁명 시대에 발생한 기술혁신의 특징을 살펴보면 다음과 같이 정리할 수 있다. 첫째, 과학과 기술의 연관성이 점차 강화되고, 그 연관성의 범위가 크게 확대되면서 융합의 시대(age of convergence)가 열리게 되었다. 과학과 기술의 상호작용은 20세기 중반 이후에 더욱 심화되었는데, 과학이 기술로 현실화(상용화)되는 시간이 지속적으로 단축되고, 과학에 기반을 둔 새로운 산업들이 출현하는 사례도 제2차 산업혁명 시대에 비해 빈번해졌다. 그래서 최근에는 과학과 기술을 따로 떼어서 바라보지 않고 과학기술이라는 용어로 묶어서 사용하기에 이르렀다.

또한, 과학과 기술, 기술과 기술, 과학기술과 산업 간의 융합현상이 눈에 띄게 증가하였다. 정보통신기술(ICT) 중심의 디지털 기술이 타산업 분야와 다른 과학기술 분야에 접목되는 사례가 빈번해졌기 때문에 디지털 융합(digital convergence)이라는 개념이 보편화되기에 이른다. 더 나아가 나노, 바이오 정보통신, 인지과학의 융합과 문제해결을 위한 다양한 융합이 진행되고 있다.

둘째, 기술혁신의 주체가 대기업뿐만 아니라 다양한 혁신주체들로 확장되었다. 특히 소규모 벤처기업들이 중요한 혁신의 주체로 부상했다는 특징이 나타난다. 벤처기업은 창의적 아이디어, 기술과 기업가 정신을 기반으로 위험부담을 감수하면서도 높은 기대이익을 추구하는 형태의 작은 기업으로, 소규모 자본으로 창업하여 글로벌 대기업으로 성장한 벤처기업의 사례들이 빈번하게 등장한 것이 제3차 산업혁명 시대의 두드러진 특징이기도 하다. 더불어 새로운 금융투자시스템(엔젤투자 등)이 등장하면서 신기술이나 사업아이디어에 대한 투자가 증가하였고, 이로 인해 기업이 아닌 개인 또는 소규모 집단이 기술혁신을 추구하는 사례도 급증하게 되었다.

(3) 제3차 산업혁명의 기술혁신 파급효과

제3차 산업혁명으로 인해 사회 각 분야에서 나타난 파급효과는 다음과 같이 종합할 수 있다.

첫째, 디지털기술이 인류의 삶과 산업 및 사회 전반에 내재화(embeded) 되기 시작하며 디지털전환(digital transformation) 현상이 발생했다. 제3차 산업혁명 시기 내내, 정보통신 관련 기술의 빠른 발달에 힘입어, 디지털 융합은 최초 디지털기술 간의 융복합을 뛰어넘어 타 영역과의 융·복합으로 빠르게 전이되기 시작했다. 그리고 단순한 물리적 결합을 넘어 해당 영역의 운영에 필수적인 기반기술로 자리잡는 내재화의 단계까지 발전하게 된다. DX는 인간 사회의 모든 분야에서 디지털기술의 적용과 관련된 변화로 정의할 수 있다(Stolterman, 2004). 또한, 기업 측면에서 DX는 디지털 기술을 활용해 기업·조직의 운영효율성 및 서비스 품질을 향상시키는 것을 의미한다.

제3차 산업혁명이 시작된 1970년대 이후 디지털 역량 기반의 비즈니스 모델 혁신을 통해 완전히 새로운 고객가치와 생태계 가치를 창출하는 사례들이 DX(digital transformation)라는 용어와 함께 부각되었는데, DX는 기업이 디지털 비즈니스, 물리적 비즈니스, 그리고 고객 경험을 이음매 없이 결합할 수 있도록 하며, 궁극적으로 운영효율과 조직성과를 향상시켜온 것으로 분석되고 있다(IDC, 2015). 그래서 제4차 산업혁명 시대에 접어든 유럽에서는 아직까지도 DX라는 개념을 새로운 대변혁기의 핵심 패러다임으로 인식하는 경향이 강하다.

둘째, 2차 산업(제조업) 중심에서 3차 산업(서비스업) 중심으로 산업의 중심이 이동하였다. 제1차와 제2차의 산업혁명을 통해 형성된 산업사회에서는 제조업이 산업의 핵심이었지만, 제3차 산업혁명을 통해 형성된 정보 사회에서는 3차 산업인 서비스업의 성장이 가파르게 나타났다. 이에 따라, 미국과 EU 등 선진국에서는 1990년대부터 서비스 부문의 취업자가 차지하는 비중이 60%를 넘어서기 시작했고, 대다수의 개발도상국들도 2000년대에 접어들면서 서비스업의 비중이 제조업 비중을 넘어서기 시작했다.

셋째, 기술간, 산업간 융합으로 인해 산업간 영역의 파괴와 이합집산, 개방형 혁신이 뚜렷한 특징으로 자리 잡았다. 기술혁신의 확산과 경계의 파괴는 기존 기업 내부, 산업별 혁신, 단일기술 혁신에서 기업간 협력, 산업간 협력, 융합공동연구의 개방형 혁신을 통해 기업경쟁력을 유지하거나 경계와 융합의 지점에서 새로운 기업과 비즈니스 모델이 만들어지는 양상이 나타나기 시작했다. 이러한 기술혁신의 양상이 최근 급속히 동시다발적으로 가속화되면서 기존 제3차 산업혁명과는 다른 제4차 산업혁명의 기술혁신 양상으로 발전하는 토대가 구축되었다고 할 수 있다.

제2절 제4차 산업혁명의 특징과 파급효과

1. 제4차 산업혁명의 기술혁신 특징

지금까지 3차례의 산업혁명들을 돌이켜보면, 그 진행속도가 점차 빨라지고, 그 파급력 또한 점차 넓어졌음을 알 수 있다. 그래서 21세기부터 시작된 제4차 산업혁명이 기존 산업혁명들에 비해 더 짧은 기간에 더 큰 파급력을 발휘할 것으로 전망되고 있는 것이다. 또한, 제4차 산업혁명의 기반기술 이라 할 수 있는 디지털 기술이 가지는 특성이 데이터를 보다 값싸게 생산·유통시키고, 보다 빠르게 전달하는 것이다 보니, 이러한 디지털기술이 더욱 고도화되면서 발행하는 제4차 산업혁명의 속도와 파급력은 예측불허의 수준으로 전개될 가능성이 높다.

현재 제4차 산업혁명을 추동하는 핵심 기반기술로 주목받고 있는 기술들로는 네트워크기술인 사물인터넷(IoT), 클라우드, 유비쿼터스 모바일 인터넷 등과 지능정보기술인 인공지능, 기계학습, 빅데이터 컴퓨팅, 블록체인, 그리고 실감화 기술인 사이버물리시스템(CPS; cyber-physical system), 오감센싱, 홀로그램, 가상현실(VR), 증강현실(AR) 등의 디지털기술 및 로봇기술 등이 꼽히고 있다. 세계경제포럼 의장인 클라우스 슈밥도 제4차 산업혁명 시대에는 정보통신기술, 유전자 조작기술, 나노기술, 신소재기술, 재생가능에너지, 퀀텀컴퓨팅, 로봇 등 다양한 기술이 융합하여 물리학·디지털·생물학 분야가 상호 교류하여 발전하는 양상을 보일 것으로 예상한 바 있다(클라우스 슈밥, 2016).

하지만, 제4차 산업혁명이 실제로 존재하는가, 본격적으로 시작하였는가에 대한 물음에 대해서는 현재로서는 섣불리 대답하기가 어려운 상황이다. 니콜라이 콘드라티에프(Nikolai D. Kondratiev)의 장기파동론(kondratieff cycle or long wave cycle)에서는 자본주의 경제시스템이 약 40~60년을 주기로 호황(prosperity) → 침체(recession) → 불황(depression) → 회복(recovery) 형태의 파동을 경험해 왔다고 설명한 바 있는데, 이 이론은 새로운 과학기술의 등장과 글로벌 산업구조의 재편이 맞물려서 발전해왔다는 사실을 잘 설명하고 있는 것으로 평가받는다. 이러한 장기파동론의 맥락에서 보면, 1차 장기파동은 제1차 산업혁명과, 3차 장기파동은 제2차 산업혁명과, 5차 장기파동은 제3차 산업혁명과 연관된 것으로 이해된다. 이처럼 홀수 차의 장기파동을 과거의 산업혁명에 대응시키고, 짝수 차의 장기파동을 산업혁명의 확산·연장의 시기로 본다면, 제4차 산업혁명은 별개의 산업혁명이라기보다는 제3차 산업혁명의 확산 또는 연장의 시기로도 이해할 수 있다.

반면에 장기파동론이 주장한 주기(40~60년)를 입증할만한 통계적 근거가 빈약하다는 반론 또한 만만찮은 상황이기 때문에 제4차 산업혁명이 실재하지 않는다고 주장하는 것도 쉽게 납득하기 어렵다.

앞서 살펴본 것처럼, 과거 세 차례의 산업혁명사를 돌이켜보면, 산업혁명이라고 정의되기 위해서는 크게 두 가지 조건이 충족되어야 함을 알 수 있다. 첫 번째 조건은 산업혁명을 선도할 정도의 혁신적이고 파괴적인 과학기술들이 등장하되, 다른 기술혁신과 연결되면서 포괄적인 연쇄반응을 일으켜야 한다는 것이다. 즉, 꼬리에 꼬리를 무는 기술혁신이 발생해야 한다는 것이 조건이다.

두 번째 조건은 그러한 파괴적·연속적 기술혁신에 의해 글로벌 산업구조와 사회시스템에 큰 변화가 발생해야 한다는 점이다. 현재 벌어지고 있는 지능정보기술 중심의 연쇄적인 과학기술 혁신이 첫 번째 조건을 충족시키고 있다면, 문제는 두 번째 조건이 된다. 아직까지 글로벌 산업구조와 사회시스템의 변화가 확연하게 입증되지는 않았다는 것이 문제인 것이다. 즉, 21세기 초까지 글로벌 산업을 이끌었던 제3차 산업혁명 시대를 주도하였던 ICT 서비스 기업들의 위상과 순위가 아직까지 유효하고, 새로운 비즈니스모델을 가지고 글로벌 기업으로 부상하는 기업들이 그 자리를 대체하지 못한 상황이기에 제4차 산업혁명을 학술적으로 인정하기 어렵다는 것이다.

하지만 과거의 산업혁명들과 마찬가지로, 제4차 산업혁명의 학술적 입증은 아마도 산업혁명의 끝부분 또는 완전히 끝난 후에나 가능할 것이다. 따라서 현재의 우리 입장에서는 제4차 산업혁명을 학술적으로 정의내리는 데 초점을 맞추기 보다는 대한민국의 경제·사회시스템을 근본적으로 혁신하는 전략적 계기로 삼는 지혜가 필요할 것이다.

이러한 관점에서 제4차 산업혁명 시대에 나타날 특징들을 기술혁신의 관점에서 논의하면 다음과 같이 정리할 수 있을 것이다.

(1) 초연결사회

초연결사회(hyper-connected society)는 사람과 사람, 사람과 기기, 기기와 기기가 디지털 네트워크를 통해 촘촘하게 연결되어 실시간으로 정보를 주고받고 의사소통할 수 있는 사회를 의미한다. 김대호 등이 2015년에 발간한 인간, 초연결 사회를 살다라는 저서에서는 초연결사회의 도래에 따라 정보의 개방과 공유가 극대화되고, 패러다임이 전환되며, 삶의 방식이 바뀔 것이라고 전망하고 있다(김대호, 2015). 스티브 사마티노(Steve Sammartino)가 2015년에 발간한 위대한 해체(The Great Fragmentation)에서도 초연결을 통해 다른 사람들과의 연결이 자유자재로 가능해지는 변화상을 설명하고 있다(스티브 사마티노, 2015).

2020년경이 되면, 약 50억의 인류가 인터넷을 사용하고, 500억 개가 넘는 스마트디바이스가 서로 연결되며, 수 조(兆)개의 사물에 센서와 네트워크가 장착될 것으로 예측되는데, 이렇게 많은 사람·기기·사물이 디지털 네트워크로 연결되면서 지금까지와는 전혀 다른 유기체적인 세상이 펼쳐질 수 있다. 즉, 더 높은 수준의 편리성이 제공되고, 실시간으로 커뮤니케이션이 이루어지고, 그 과정에서 엄청난 빅데이터가 생겨나면서 그 빅데이터를 학습하는 인공지능에 의해 편리성과 정보교환의 효율성이 점점 더 높아지는 미래가 가능해지는 것이다.

초연결사회를 구현하는 핵심기술들로는 유선 네트워크 기술, 이동통신 기술들(2G, 3G, 4G, 5G 등), 사물인터넷(IoT; internet of things), 만물인터넷(IoE; internet of everything), 클라우드 기술 등의 네트워크 기술들을 꼽을 수 있다. 향후 초연결기술의 진화 방향에 대해서도 다양한 전망들이 나오고 있는데, 공통적인 전망은 사람, 사물, 기기 간의 연결이 촘촘해지는 유기체化와 지능정보기술과의 결합을 통해 스스로 진화하는 네트워크가 되는 지능형 인프라化로 압축할 수 있다(심진보, 2016).

(2) 초증강현실 사회

증강현실(AR; augmented reality)은 현실 속의 이미지나 배경에 3차원 가상이미지를 겹쳐서 하나의 영상으로 시각화해주는 기술을 말하는데, 혼합현실(MR; mixed reality) 이라는 용어로 불리기도 한다. 최근 증강현실과 잘 구분되지 않는 기술로 가상현실(VR; virtual reality)이 있다. 가상현실은 증강현실과 달리 배경, 환경, 객체(이용자 자신 포함) 모두가 현실이 아닌 가상이미지로 구현되어 시각화해주는 기술을 말한다. 한 마디로, 현실 속의 이미지가 가상이미지와 혼합되어서 나타나는 것이 증강현실인데 반해, 모든 이미지가 가상인 것이 가상현실인 것이다. 이 밖에 실감적으로 디지털세상을 보여주는 대표적 기술로는 홀로그램(hologram)을 꼽을 수 있다. 홀로그램은 2차원의 화면을 벗어나 실제 인간이 보는 것처럼 360도 전

방향에서 입체 영상을 구현하는 기술이다.

또 다른 실감 디지털 기술로는, 사이버물리시스템(CPS; cyber-physical system) 기술이 있다. CPS는 현실 세계의 다양한 물리, 화학 및 기계공학적 시스템(physical systems)을 컴퓨터와 네트워크(cyber systems)를 통해 자율적, 지능적으로 제어하는 시스템 기술을 의미한다(네이버 지식백과, 2014). 즉, 가상으로 만들어진 사이버세계와 현실세계를 긴밀하게 연결해서, 사이버공간에서 어떤 작업을 하면 현실공간에서도 같은 일이 일어나도록 만들어주는 기술이 바로 CPS다.

이상과 같은 실감 디지털 기술들의 발전 속도가 가속화되면서 새로운 미래가 펼쳐질 것으로 예상된다. 즉, 향후 인류사회는 물질세계와 가상세계가 서로 구분할 수 없을 정도로 밀접해지는 초증강 현실사회에 진입하게 될 것으로 예견되며, 이러한 변화를 이끄는 시대가 바로 제4차 산업혁명 시대일 것으로 전망된다.

(3) 지능정보사회

지능정보사회(intelligent information society)란 고도화된 정보통신기술 인프라를 통해 생성, 수집, 축적된 데이터와 인공지능(AI)이 결합한 지능정보기술이 경제, 사회, 삶 모든 분야에 보편적으로 활용됨으로써 새로운 가치가 창출되고 발전하는 사회를 의미한다. 현재, 데이터와 지식이 토지·노동·자본 등의 기존 생산요소보다 중요해지고, 다양한 제품·서비스 융합으로 산업간 경계가 붕괴되며, 지능화된 기계를 통한 자동화가 지적노동 영역까지 확장되는 등 경제와 사회 전반에 걸쳐 혁신적인 변화가 발생하면서 지능정보사회가 도래하고 있는 중이다.

이러한 지능정보사회의 도래를 추동하는 핵심적인 기술들이 바로 인공지능 기술과 데이터 활용기술인데, 우리나라에서는 이러한 기술들을 합쳐서 지능정보기술이라고 부르고 있다. 즉, 지능정보기술은 인공지능 기술과 데이터 활용기술을 융합하여 기계에 인간의 고차원적 정보처리 능력(인지, 학습, 추론)을 구현하는 기술을 말한다. 지능정보기술은 다양한 분야에 활용될 수 있는 범용기술의 특성을 가지고 있기 때문에 적용 분야가 지속적으로 확대되어 가는 추세다. 즉, 데이터가 축적되면 될수록, 인공지능이 더 많은 데이터를 학습하면 할수록 그 역량이 향상되는 특성이 있기 때문에 향후 지능정보기술의 활용도가 현재보다 훨씬 넓게 확장될 것이 분명하다.

2. 제4차 산업혁명의 파급효과

(1) 디지털 행성으로의 진화

앞서 살펴본 초연결사회의 도래, 초증강현실사회의 도래, 지능정보사회의 도래로 인해 우리 삶의 터전인 지구는 디지털 행성(digital planet)으로 진화할 것으로 예상된다. 디지털 행성에서는 스마트 정보통신기술을 활용할 수 있는 역량을 가진 스마티즌(Smart-Citizen), 5세대 이동통신(5G) 네트워크와 가입자, 스마트 디바이스와 스마트 센서들의 범위와 수가 폭발적으로 증가하여 초거대 디지털 생태계를 구성할 것으로 예상된다(하원규·최남희, 2015). 그리고 이러한 디지털 생태계(digital ecosystem)에서는 기술적으로 진화한 무한대의 CPU, 무한대의 메모리, 무한대의 네트워크, 무한대의 클라우드가 상승작용을 일으켜 인류 발전의 모든 영역으로 확장해가는 수확가속의 법칙(law of accelerating returns)이 작동할 전망이다.

여기서 수확가속의 법칙은 레이 커즈와일(Ray Kurzweil)이 1999년에 출간한 지능기계의 시대(The Age of Spiritual Machines)에서 기술의 기하급수적 성장을 설명하기 위해 도입한 개념으로, 기존의 토지·노동·자본 같은 요소들로 경제적인 수확을 얻을 때는 어느 시점에 이르러서 그 수확이 정체되거나 감소하는 현상(수확체감의 법칙)을 겪게 되는데 반해, 디지털 기술이 적용되는 경우에는 오히려 그 수확이 지속적으로 늘어난다는 것을 설명하는 것이다. 또한, 수확가속의 법칙이 작동하는 디지털 생태계에서는 지능·연결·실감 기술 분야 등에서 기술적 특이점(technology singularity)이 나타나게 되면서, 기술적 창조 능력이 기하급수적으로 빨라져 인간의 인지 능력을 벗어날 것으로 예상된다.

여기서 기술적 특이점이란 기술변화의 속도가 급변함으로써 그 영향이 넓어져 인간의 생활이 되돌릴 수 없도록 변화되는 기점을 의미한다. 즉, 수확가속의 법칙에 의해 기술이 급속하게 발전하면서 기존의 기준이나 해석이 적용되지 않는 지점에 도달하게 된다는 뜻인데, 향후 인공지능, 유전공학 기술 등의 발전에 의해 이러한 시기가 도래할 것으로 예측되고 있다.

(2) 정치·경제·사회·문화에 걸친 광범위한 변혁

제4차 산업혁명 시대를 거치면서 디지털 행성으로 진화하는 지구 속에서, 우리 인류의 삶의 모습, 일하는 방식, 정치·사회시스템도 크게 변화될 것으로 전망된다. 즉, 지금까지의 산업혁명들이 주로 제조업 혁신(1·2차 산업혁명)과 서비스업 혁신(3차 산업혁명)을 통해 인류의 경제·사회시스템을 변화시켜왔다면, 제4차 산업혁명은 제조·서비스업에서의 혁신뿐만 아니라 글로벌 사회, 문화, 고용, 노동, 자원개발시스템 등 인류 삶의 전반에 걸쳐 대변혁을 초래할 것으로 보인다.

　2016년에 1월에 개최되었던 다보스포럼에서는 제4차 산업혁명이 속도·범위·영향력 측면에서 기존의 산업혁명들과 차별화할 것으로 전망했는데, 속도(velocity) 측면에서는 인류가 전혀 경험해보지 못한 속도로 빠르게 변화할 것이고, 범위(scope) 측면에서는 제조·서비스업뿐만 아니라 全산업 분야에 걸쳐 와해적 기술(disruptive technology)에 의한 대대적 재편이 예상되며, 시스템 영향(system impact) 측면에서는 생산, 관리, 노동, 지배구조, 개발 등을 포함한 전체 경제·사회시스템에서의 변화를 초래할 것으로 예상했다.

　좀더 구체적으로 제4차 산업혁명으로 인한 파급효과를 전망해 보면 다음과 같다. 첫째, 플랫폼경제와 공유경제가 확산되어 소유 중심의 경제패러다임을 변화시킬 것으로 전망된다. 플랫폼 경제는 두 개 또는 그 이상의 고객군을 상호 연계하여 거래 상대를 찾고, 고객군 사이에 가치를 교환할 수 있는 상품을 제공해 부가가치를 창출하는 형태의 경제를 말한다. 특히, 디지털 플랫폼 기술이 발전하면서, 플랫폼은 참여자들의 연결을 통해 이전에 없었던 새로운 형태의 상품, 서비스, 시장을 창출하고 있다. 또한, 플랫폼을 통해 소비자인 동시에 생산의 주체가 되는 프로슈머(prosumer) 개념이 등장했으며, 플랫폼에서 활동하는 다양한 직업들이 창출되고, 소셜커머스와 크라우드펀딩 등의 새로운 비즈니스가 등장하게 되었다. 더불어 많은 사용자들이 자신이 알고 있는 정보를 등록하고 교환함으로써 의미 있는 해결책을 제시하는 방식인 집단지성 활용의 장으로도 활용되고 있다.

　한편, 공유경제는 소유 중심의 산업 경제에서 벗어나 공유와 경험의 소비를 추구하는 시민 중심의 경제시스템을 의미한다. 공유경제는 실물이나 서비스를 소유하지 않고도 필요한 만큼만 공유해서 사용하는 개념이다. 실물 상품(운송수단, 숙박 등)과 자산 활용(자동차, 숙소 등)의 극대화를 통해 고객 경험을 확대하고, 공유경제를 위한 플랫폼 기업은 자산을 소유하지 않고도 비즈니스를 운영할 수 있는 특징을 가진다. 2015년 회계컨설팅 회사 프라이스 워터하우스 쿠퍼스(PWC)의 발표에 따르면, 미국 소비자의 44퍼센트가 공유경제를 친숙하게 느끼고 있으며, 2025년 시장 규모는 2014년의 약 150억 달러 대비 20배 이상 증가한 3,350억 달러에 이를 것으로 전망되고 있다(이민화, 2016).

둘째, 디지털 플랫폼 기술과 보안기술의 발전에 힘입어 시민들의 정치 참여가 확대되고, 이에 따라 디지털 민주주의(digitalcracy) 시대가 도래할 것으로 전망된다.모바일 인터넷의 확산, SNS의 활성화, 블록체인과 양자암호 등 보안기술의 발전 등 과학기술의 혁신이 전통적인 투표 방식과 결합하여 시민이 속한 공동체에 영향을 끼치는 의사결정 과정에서 시민이 더욱 직접적인 영향력을 행사할 수 있는 기회를 제공하게 될 것이다.

향후 정치시스템에 빅데이터와 인공지능(AI), 블록체인 등 디지털기술들이 더해진다면 정치 시스템이 더욱 빠른 속도로 변혁될 것이라는 전망이 우세하다. 정치의 미래는 빅데이터에 의한 소셜 의지의 정치, 집단지성의 정치, 개방된 연결 공동체의 정치가 될 것이며(예병일, 2014), 더 나아가 정밀하게 고안된 인공지능이 정치인의 역할을 대신 수행하게 될 가능성도 제기되고 있다

셋째, 생활, 의료, 교육, 교통, 안전, 복지 등 다방면에서 인간의 삶이 스마트라이프 형태로 변화할 전망이다. 빅데이터의 활용과 인공지능의 분석·예측력이 향상되면서 질병 진단 및 치료의 정확도가 제고되고, 이로 인해

의료비용 절감과 의료 품질·접근성의 향상이 기대된다. 또한, 고도화된 언어인지 및 자동번역 기술의 발달로 국내외 서비스 이용이 편리해지고 우리의 약점인 언어장벽으로 인한 불편도 크게 감소할 것으로 기대된다.

인류의 생활환경은 더욱 안전해질 것으로 전망된다. 경계 감시 및 위험 임무 수행에 무인시스템과 로봇·드론 기술이 도입되고, 빅데이터를 활용한 범죄예측 모델이 활용되는 등 안전한 생활을 보장하는 시스템이 확산될 것으로 기대된다. 각종 센서와 IoT 기술이 실시간으로 교통정보를 획득하고, 인공지능 기술로 이런 교통 빅데이터를 분석·예측하게 되면 교통정보의 실시간 공유와 교통흐름의 지능적 제어를 통해 교통 혼잡을 줄이고 교통사고 발생률도 획기적으로 줄일 수 있을 것으로 기대된다. 아울러 교통으로 인해 발생하는 오염의 양도 줄어들 것이다.

교육 분야에서도 개인 맞춤형 서비스 제공이 확대될 것으로 전망된다. 자신의 수준에 맞는 맞춤형 학습이 보편화됨에 따라 학원, 과외 등 사교육 부담이 줄어들게 되고, 보다 효율적이고 창의적인 교육환경이 구축될 것으로 기대된다. 점차 증가하는 복지 수요에 대한 효율적인 대응도 가능해지리라 본다. 노인, 장애인, 아동 등 전통적인 취약 계층과 저숙련 노동자 등의 빈곤계층에 대한 복지사각지대 예측을 강화하여 복지행정이 내실화되고, 복지에 소요되는 예산의 효율적 지출도 가능해질 것으로 기대된다.

반면에, 제4차 산업혁명 시대의 인류는 새로운 역기능에 직면할 가능성도 높아지고 있다. 승자독식 구조로 인한 경제적 양극화가 심화되고, 지능정보 신기술이 기존의 법과 제도에서 수용되지 못하여 관련 분쟁이 증가할 우려도 높다. 또한, 실시간으로 수집되는 데이터의 양이 확대됨에 따라 사생활 침해가 우려되고, 정보기술의 활용역량이 개인·기업·국가 수준에서 차등화되면서 빈익빈 부익부 현상도 심화될 가능성이 높다.

넷째, 인류의 일하는 방식에서도 극적인 변화가 전망된다. 노동자의 많은 직무가 인공지능과 로봇으로 대체됨으로써 일자리의 양이 줄어들 것이라는 비관적 전망과 기술혁신에 따라 새로운 일자리가 양산될 것이라는 낙관적 전망이 공존하고 있지만, 그 결과는 아무도 장담하지 못하는 상황이다. 즉, 단순한 반복 업무뿐만 아니라 지적노동, 중급 사무업무, 정밀한 육체노동까지 자동화되어 고용구조의 양극화가 우려되는 반면, 지능정보기술 분야에서의 산업 인력수요가 증가하여 새로운 직업들이 창출될 것으로 예상되기도 한다.

고용형태도 달라질 전망이다. 물류·제조·마케팅 등 기업의 기능이 디지털플랫폼을 통해 산업간 경계 없이 적용되면서 고용도 산업 전문성보다 기능 전문성 중심으로 전환될 가능성이 높아졌다. 또한 긱이코노미(gig economy)나 휴먼 클라우드(human cloud) 등 단기 고용형태가 증가하면서 계약 또는 프로젝트 기반으로 지식노동을 제공하는 방식으로 전환되는 속도가 빨라질 것으로 예측된다. 즉, 정규직이라는 개념이 모호해지고, 대부분의 일자리가 (단기)계약직 형태로 변화할 가능성이 높고, 1인 자영업자나 전문직 프리랜서들이 대세가 될 것으로 보인다.

일자리의 질도 고부가가치를 지향하는 창의적 직무 중심으로 업무가 재편성되면서 인간의 역할은 점점 창의성을 발휘하거나, 감성적인 대응을 하는 위주로 바뀔 것으로 예상된다. 향후 기계로 대체되기 쉬운 전형적인 지적노동 및 육체노동에서 인간과 기계간의 일자리 경쟁이 치열해지면서 업무의 질에 따라 급여나 대우가 차등화될 것으로 전망된다.

제3절 제4차 산업혁명 선도 핵심기술

제4차 산업혁명은 핵심기반기술인 인공지능(artificial intelligence), 사물인터넷(internet of things), 빅데이터(big data), 클라우드(cloud), 모바일(mobile), 증강현실(augmented reality), 블록체인 등 지능정보기술이 기계, 소재부품, 바이오, 무인자율자동차, 로봇, 에너지 등 여러 분야의 응용기술 및 산업과 결합하여 물리세계와 사이버세계의 초연결, 초지능 기술혁신을 특징으로 한다.

미국, 중국, 일본, 유럽 등 세계 각국은 미래사회와 기술의 패러다임을 판가름할 제4차 산업혁명 시대에 대응하기 위해 다양한 정책과 전략을 수립 중에 있다. 미국은 증강현실·로봇·인공지능, 일본은 로봇·자동차 분야, 유럽은 스마트공장·3D프린팅, 중국은 드론·슈퍼컴퓨터 분야 등의 연구개발과 기술혁신에 박차를 가하고 있다. 한국은 철강, 화학, 자동차, 반도체, 모바일, 가전 등 전통적인 제조업의 비중이 전 세계에서 제일 높고 정보통신 기술수준과 인터넷 보급률이 세계 최고 수준이다. 반면에 제4차 산업혁명의 핵심 기반기술 수준은 낮은 편이며, 이를 타 기술들과 융합하거나 제조업에 연결시켜 생산성을 향상시키는 역량은 더욱 취약하다.

강대국과의 치열한 기술혁신 경쟁 속에서 제4차 산업혁명 시대에 신산업을 창출하고 성장 동력이 될 핵심 기반기술과 신산업 응용기술을 전략적으로 발굴하고 연결하는 전략이 중요하다. 2016년부터 제4차 산업혁명을 주제로 한 다양한 연구와 분석 자료가 발간되고 있지만, 한국 산업 구조와 기술수준을 제대로 반영하지 못하고 있다. 미래 기술혁신의 패러다임 변화를 정확하게 예측하지 못하면 우리나라 현실에 적용할 수 있는 방안을 찾지 못하게 되고 경쟁력은 더욱 뒤처질 것이다.

따라서 도래하는 제4차 산업혁명시대의 미래사회 전망과 특징을 분석하고 글로벌 트렌드와 키워드 분석, 한국의 기술혁신 역량 분석, 전문가 토론을 통해 우리나라의 여건과 현실에 부합하는 핵심기술 동향을 파악해야 한다. 여기서는 국내외 주요기관의 미래혁신기술 전망을 교차로 분석하고 별도의 키워드 검색과 전문가 토론, 국내외 연구동향 분석을 통해 제4차 산업혁명의 핵심기술을 도출하고 변화의 흐름을 정리하였다.

1. 주요기관 핵심기술 분야 예측

(1) OECD

OECD는 제4차 산업혁명을 차세대 생산혁명(next production revolution)에 초점을 맞추어 관련 미래기술 분석을 시도하고 있다. 특히 디지털기술(3D 프린팅, IoT, 첨단로봇 등)과 신소재(바이오 및 나노 기반 소재 등)기술, 그리고 새로운 프로세스(데이터 기반 생산, 인공지능, 합성생물학 등) 기술이 향후 2030년까지 생산과 제품 및 서비스의 유통까지 혁신할 것이며 더 나아가 생산성, 직무수행역량, 부의 분배, 복지 및 환경 등에도 혁신적 영향을 미칠 것이라고 강조하고 있다.

특히 빅데이터, 클라우드 컴퓨팅, 사물인터넷이 시뮬레이션, 인공지능, 시스템 통합 기술과 연결되어 3D 프린팅, 자율자동차, 인간과 기계이 통합 분야 등에 광범위하게 활용된다면 생산성, 고용, 기능, 소득배분, 무역, 복지, 환경 등에 큰 변화를 야기하고 제조업의 변혁으로 이어질 것으로 내다보았다(OECD, 2017).

(2) 다보스포럼

제4차 산업혁명이라는 용어와 내용을 종합 정리하여 새로운 혁명적 트렌드로 제안하면서 주목받았던 다보스포럼은 제4차 산업혁명 담론이 글로벌차원에서 어떤 변혁을 일으키고 있는지를 융합기술, 비즈니스 파괴, 직업과 직무역량의 해체와 변화, 혁신과 생산성, 불평등, 날렵하고 유연한 거버넌스, 보안, 윤리 등의 이슈로 나누어 연관 지도를 구축하고 계속 보완하고 있다.

특히 3D프린팅, 첨단소재, 인공지능과 로봇, 행동과학, 바이오기술, 블록체인, 사이버보안, 드론, 사물인터넷, 신경과학, 정밀의료, 센서, 가상 및 증강현실 등의 핵심기술과 함께 융합기술 이슈에 미래제조, 디지털경제와 사회를 포함시켜 단순히 기술을 뛰어넘는 융합기술혁신과 제조업혁신, 사회혁신의 관련성을 고민하고 있다.[3]

(3) MIT(Massachusetts Institute of Technology)

MIT는 매년 사회·경제적 파급효과가 크고 근시일 내에 제품화가 가능하며 세계적으로 연구개발이 활발히 진행 중인 10대 한계돌파 기술(10 breakthrough technologies)[4]을 선정하여 발표하고 있다. 2017년에는 마비역전기술, 농작물 유전자 편집, 얼굴인식지불기술, 재사용이 가능한 로켓, 360도 셀카, 고온태양전지, 유전자치료 2.0, 세포지도, 사물 봇넷, 강화학습 등을 10대 기술로 선정하였다. 이어 2018년에는 3D금속프린팅, 인공배아, 센싱 도시(sensing city), 인공지능, 신경망, 삽입이어폰, 제로탄소천

3)   https://toplink.weforum.org/knowledge/insight/a1Gb0000001RlhBEAW/explore/summary
4)   https://www.technologyreview.com/lists/technologies/2018/

연가스, 완전한 온라인 보안, DNA 점장이 기술, 양자컴퓨팅 물질소재 등을 10대 기술로 제안하면서 기술자체와 함께 해당기술의 응용가능성에 주목하고 있다.

(4) Gartner

Gartner는 표 2-1처럼 인공지능 및 고급머신러닝, 지능형 앱, 지능형 사물, 가상현실 및 증강현실, 디지털트윈, 블록체인, 대화형시스템, 매쉬(mesh)앱과 서비스 아키텍처, 디지털테크놀로지 플랫폼, 적응형 보안 아키텍처를, 시장지배 잠재력이 있어 기업이 전사적 차원에서 전략적으로 접근해야 할 2018년 10대 전략기술로 제안하였다.[5] 여기서 매쉬란 사람, 비즈니스, 장치, 내용, 서비스 등을 확장해서 연결하는 것을 의미한다.

<표 2-1> Gartner 선정 10대 전략기술 (2018년도)

No.	내용
1	AI & Advanced Machine Learning (인공지능 및 고급 머신 러닝)
2	Intelligent Apps (지능형 앱)
3	Intelligent Things (지능형 사물)
4	Virtual & Augmented Reality (가상현실 및 증강현실)
5	Digital Twins (디지털 트윈)
6	Blockchain (블록 체인)
7	Conversational Systems (대화형 시스템)
8	Mesh App and Service Architecture (메쉬앱과 서비스 아키텍처)
9	Digital Technology Platforms (디지털 테크놀로지 플랫폼)
10	Adaptive Security Architecture (적응형 보안 아키텍처)

---

5) https://www.gartner.com/smarterwithgartner/gartner-top-10-strategic-technology-trends-for-2018/

(5) 4차 산업혁명위원회 등 국내 기관

우리나라의 대통령 직속 4차 산업혁명위원회는 2017년 11월 30일에 '혁신성장을 위한 사람 중심의 4차 산업혁명 대응계획'을 발표하였다. 여기서 주목하는 기술은 정밀의료, 스마트공장, 지능형 협동로봇, 고속도로 자율자동차, 산업용 드론, 핀테크, 스마트 물류, 스마트 시티, 스마트 홈, 간병로봇, 노인치매 보조, 지능화기술, 5G기술, 빅데이터 등이다. 지능화기술에 대한 5년간 2조 2천억원의 투자와 함께 의료, 도시, 제조, 교통, 복지, 에너지, 환경, 금융, 안전, 농수산업, 국방 등의 분야를 관련기술과 연계한 지능형혁신으로 구성한 것이 특징이다(4차 산업혁명위원회, 2017)

한편 한국과학기술기획평가원(KISTEP)은 2017년에 사물인터넷 기반 상황인식형 조광 기술, 능동제어형 소음 저감 기술, 인공지능 팩트 체킹 보조기술, 원전사고 대응시스템, 비방사성 비파괴 검사기술, 초미세먼지 제거기술, 녹조 및 적조 제거기술, 생활폐기물 재활용시스템, 환경변화 실시간 관측기술, 미생물활용 환경복원 기술 등을 10대 유망기술로 선정하였다(한국과학기술기획평가원, 2017).

2. 제4차 산업혁명 관련 핵심 기반기술 및 응용기술

(1) 핵심기술 도출 및 방법론

미래사회는 국가·개인·기술·문화·경제 등 모든 부분이 연결되는 초연결 사회로 인간의 삶은 윤택해 질 것이나, 환경 문제, 양극화, 사생활 침해 등 해결해야 할 위기도 많은 상황이다. 국가 또는 정부 간 경계가 약해지고 지역이 강화되어 정치, 경제, 문화적 세계화와 지역화는 보편화되고 제4차 산업혁명에 따른 과학기술의 발달은 인간 삶의 질을 향상시킬 것이다.

주요 기관들이 제시한 문헌을 토대로 키워드 분석을 통해 제4차 산업혁명 핵심 또는 기반기술을 도출하였다. 분석은 Wordle Program(http://wwwwordle.net/create)을 이용하여 수행하였다. 이의 결과 주요 기관들은 인공지능, 3D 프린팅, 사물 인터넷, 빅데이터, 로봇, 가상현실, 자율주행차, 클라우드컴퓨팅, 블록체인, 나노기술, 바이오기술, 융합신소재 등의 융·복합 신기술에 주목하고 있는 것으로 나타났으며, 신재생에너지관련 기술들이 주요한 이슈로 등장하고 있다.

다음으로 앞에서 논의한 제4차 산업혁명의 주요 기술의 특징과 파급효과를 기반으로 STEEP(사회, 기술, 경제, 환경, 정치) 관점에서 한국기술혁신학회 전문가들의 의견을 수렴하여 핵심기술을 선정하였다. 이의 결과 (1) 초연결사회에서의 대표적인 기술로는 사물인터넷·자율주행자동차가 핵심기술로 도출되었고, (2) 지능정보사회에서의 대표적인 기술로는 인공지능·빅데이터·로봇, (3) 초증강현실사회에서는 증강현실 기술이 관련 핵심기술이 된다. 또한 3D 프린팅, 합성생물학, 융복합 소재, 신재생에너지 기술은 인간의 스마트라이프를 구현하고 경제패러다임을 전환하는 핵심 기술로 볼 수 있다.

(2) 관련 기술의 연구 동향

제4차 산업혁명과 관련한 주요 기술별 키워드를 중심으로 연구 동향을 살펴보았다. 다보스 포럼이 개최된 2016년 이후의 기간을 중심으로 분석한 결과, 전 세계적으로 100여개의 국가에서 관련 연구가 진행되고 있음을 알 수 있었다. (그림 2-1)과 같이 주요 기술별 키워드를 통해 도출된 논문의 정량 편수는 미국이 가장 많았으며, 다음으로 중국, 인도, 영국의 순으로 나타났다. 특히, 제4차 산업혁명에 대한 중국의 연구 기반이 상당히 높은 것을 알 수 있었다. 중국은 중국판 Industry 4.0 추진을 선언하고 제조업 혁신능력을 중심으로 한 중국제조 2025 전략을 통해 제4차 산업혁명을 대비하고 있다. 한국은 전체 6위를 나타내고 있어 제4차 산업혁명 관련 기술에 있어 정량적으로 상위 그룹을 형성하고 있었다.

연구 분야별로는 전체 연구 분야 중 engineering 관련 분야가 가장 많았다. 다음으로 computer science 및 medicine 순으로 분석되었다. 주요 연구 키워드로 등장 빈도수가 높은 단어는 human, controlled study, procedures, middle aged 등 바이오 및 헬스케어 산업기술과 관련한 키워드가 다수 검출되었다. 논문저자의 주요 소속기관으로는 중국사회과학원과 프랑스국립과학연구소가 정량적으로 높은 발표 건수를 보유하고 있었

(그림 2-1) 제4차 산업혁명 주요기술 관련 주요 국가별 논문 편수

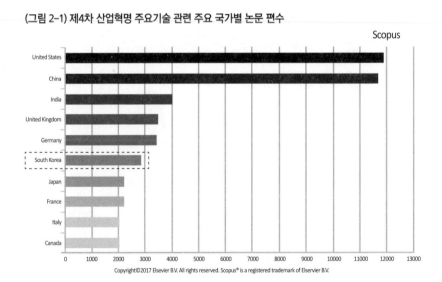

다. 우리나라의 경우, 제4차 산업혁명에 대한 논의가 최근에 본격적으로 이루어 진 것을 감안하면 관련 기술에 대한 연구 저변이 정략적으로는 비교적 우수한 성과를 달성하고 있는 것으로 판단할 수 있다.

(그림 2-2)는 제4차 산업혁명 주요기술과 관련하여 국가별 연관도를 살펴볼 수 있는 네트워크 분석의 결과이다. 정량 결과를 통해서도 알 수 있듯이 미국과 중국을 중심으로 주요기술 관련 연구 네트워크가 형성되어 있는 것을 알 수 있다. 우리나라는 클라우드 컴퓨팅, 사물인터넷, 빅데이터 등을 매개로 주요 기술 관련 노드가 형성되어 있다. 미국, 중국은 다른 나라들과 키워드를 공유하고 있는 소위 제4차 산업혁명의 핵심 기술 분야 뿐 아니라

(그림 2-2) 제4차 산업혁명 주요기술 관련 연구개발 네트워크 분석 결과

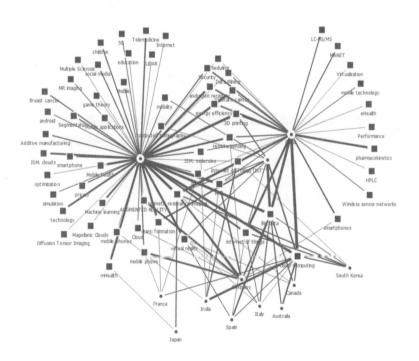

다른 나라와는 네트워크가 연결되어 있지 않은 독자적 연구 키워드도 다수 보유하고 있다. 두 나라의 제4차 산업혁명 주요 기술에 대한 준비도가 상당히 높음을 예측할 수 있다. 우리나라는 정량적으로는 상대적으로 상위그룹에 속해 있다. 그러나 연구 분야 측면으로는 그 외 다른 나라와 같이 흔히 알려진 제4차 산업혁명 주요 기술을 중심으로 현재는 연구 네트워크가 형성되어 있는 것으로 보인다. 따라서 향후 우리나라가 전략적으로 필요한 분야에 대해 미국, 중국 등과의 공동 연구를 통해 관련 연구 네트워크와 연계를 활성화할 필요가 있을 것으로 생각된다.

(그림 2-3)은 우리나라가 현재 제4차 산업혁명과 관련하여 집중적으로

(그림 2-3) 제4차 산업혁명 주요기술 관련 우리나라 연구개발 키워드

연구하고 있을 것으로 예측되는 주요기술 키워드를 나타낸 그림이다. 대부분 초연결, 초지능화, 초융합화의 제4차 산업혁명에 기반이 되는 ICT 기술을 중심으로 많은 연구가 수행되고 있는 것을 알 수 있다. MRI, 헬스, 암 등 바이오 및 의료 분야의 키워드가 등장하는 것으로 보아, ICT 기반의 주요 기술을 기반으로 한 바이오 및 의료 분야의 응용이 활발하게 이루어 질 것으로 예측할 수 있다.

이는 (그림 2-4)의 글로벌 제4차 산업혁명 주요기술의 클러스터 분석에서도 볼 수 있는 것과 같이 의료기술, 의약학 분야, 진단, 바이오 등이 2016년을 기준으로 제4차 산업혁명과 관련한 강한 클러스터를 형성하고 있는 경향과도 일치함을 알 수 있다. 따라서 관련 과학기술의 정책 입안 시 제4

(그림 2-4) 글로벌 제4차 산업혁명 주요 기술 클러스터 분석

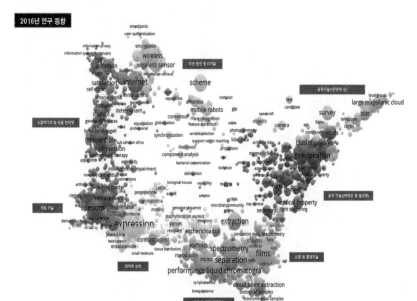

차 산업혁명과 관련하여 주요 국가에서 의료 및 바이오 분야의 클러스터 응집성과 키워드 빈도수가 높게 도출되는 이유에 대해 추가적으로 상세 분석할 필요가 있다. 이를 통해 향후 우리나라의 제4차 산업혁명과 관련한 정책 수립 과정에의 활용을 고려해 볼 수 있을 것이다.

(3) 핵심기술 동향

▧ 사물인터넷(IoT, internet of things)

사물인터넷이란 사물과 사물이 인터넷으로 연결되어 정보를 주고받는다는 뜻으로 지능적 관계를 형성하는 사물 공간 연결망이다. 센서나 네트워크, 무선 통신이 사물인터넷의 작동을 돕는다. 네트워크로 연결된 센서를 통해 빅데이터를 생성, 수집하고 분석하는 인공지능과 직접적으로 연계되어 운영되고 있다. 네트워크에 인간, 차량, 전자장비, 문화재를 비롯하여 자연 환경을 구성하는 물리적 사물 등이 포함된다. 현실과 가상세계의 모든 데이터와 상호작용하는 의미로 발전하고 있다. 사물인터넷은 제4차 산업혁명의 핵심기술로 빅데이터와 인공지능 알고리즘과 연계되어 급성장하고 있다.

글로벌 IoT시장은 2015년 7,500억 달러에서 2025년에는 3조 달러에 이를 것으로 전망되고 있다(Machina Research, 2016). 우리나라는 주로 공공부분에서 자동차, 에너지, 의료 등 핵심 분야에 사업을 추진하고 있다. IoT 플래그쉽 토탈 솔루션, 플랫폼, 서비스 지향 네트워크, 디바이스, 프라이버시 보호를 위한 보안 기술, 표준 맵 기반, IoT 표준화 분야의 과제 등을 2020년까지 추진 중에 있다(소프트웨어정책연구소, 2016).

▨ 인공지능(AI; artificial intelligence)

인공지능(AI; artificial intelligence)이란 기억과 지각 뿐 아니라 학습에 이르기까지 인간이 지닌 지적 능력 혹은 그 이상을 인공적으로 구현하는 것이다. 인공지능은 인간의 추론, 학습능력 등 컴퓨터 기술로 제4차 산업혁명의 핵심기술이라 할 수 있다. AI가 처음 논의된 것은 1956년 존 매카시(John McCarthy)가 인공지능(artificial intelligence)이라는 용어를 사용하면서 부터다. 그 후 컴퓨터 프로그램인 체스 게임에 응용되기 시작하여 1980년대에 원시적인 인공지능인 비디오 게임으로 발전하였다. 단순히 컴퓨터를 기반으로 한 것을 약한 인공지능(Week AI), 학습하고 해결하는 프로그램을 기반으로 설계된 것을 강한 인공지능(strong AI)이라 한다.

미국은 2013년부터 10년 동안 브레인 이니셔티브(BRAIN Initiative)를 추진하는 등 인공지능 관련 R&D 정책을 범정부 차원에서 지원하고 있다. 이착륙은 물론 자동 비행이 가능한 자율 항공기를 개발하기 위한 프로젝트와 스텐포드 대학에서 추진 중인 인공지능 자율주행 자동차 개발이 대표적이다.

국내 인공지능 시장은 금융과 유통, 운송, 제조와 미디어 등으로 확산되고 있으나 인공지능 기술은 세계 기술 대비 약 70% 수준으로 판단되고 있다. 인공지능 기술별 격차가 높은 분야는 뉴로모픽, 뇌과학, 인지컴퓨팅 등이다. 반면, 언어와 공간, 학습, 고성능컴퓨팅, 센서 등은 기술 격차가 낮은 편으로 나타났다. 인공지능 선제작용이 가능한 산업 분야는 의료, 교통, 도시, 금융, 스마트홈 순으로 제시되었다(한국전자통신연구원, 2016).

▨ 빅데이터(big data)

빅데이터는 인공지능, 자율주행, 사물인터넷, 로봇산업 등 제4차 산업혁명의 필수 기술로 크기(volume), 다양성(variety), 속도(velocity)를 특징으로 한다. 빅데이터 기술은 정형, 비정형의 방대한 크기의 데이터로부터 필요한 가치를 추출할 수 있는 차세대 기술이다. 빅데이터 활용으로 정부는 데이터 기반 국정운영을 통해 과학적 행정을 구현하고 미래예측을 통해 선제적인 사회현안 해결이 가능하며, 기업은 운영효율성의 증가와 더불어 새로운 시장, 신상품 및 서비스를 개발할 수 있다. 아울러 개인은 수준 높은 서비스를 제공받고 주어진 정보자원을 효과적으로 활용할 수 있어 삶의 질 제고가 가능하다(한국정보화진흥원, 2017).

시장조사업체인 Ovum은 전 세계 빅데이터 시장이 2020년에 94억 달러까지 성장할 것이라고 전망했다. 우리나라는 카드사와 통신사가 주축이 되어 빅데이터를 구축, 분석, 운영하고 있지만 고객관리에 그치는 등 규모나 고도화 측면에서 해외 기술 수준에는 미치지 못하고 있다. 국내 빅데이터 기술은 미국 대비 78%로 기술격차가 3년 뒤쳐져 있다(산은조사월보, 2016).

▨ 블록체인(blockchain)

블록체인은 네트워크에 참여하는 모든 사용자가 거래 혹은 활동 내역 등의 모든 데이터를 투명하게 분산·저장·처리하는 데이터 분산처리기술이다. 거래 내역 혹은 활동 내용 데이터를 저장하는 장부를 블록화하고 시간이 지나면서 블록들이 사슬처럼 연결되어 처리되는 체인구조를 가진다 해서 블록체인이라고 불리는 이 기술은 모든 사용자가 블록 내에 거래 내역을 보유하고 있어 거래 내용을 확인하거나 수정할 때는 모든 사용자가 보유한 장부를 대조하고 확인해야 한다. 블록체인 기술의 가장 큰 특징은 분산저장이며 이는 중앙 서버를 통해 중앙 집중 처리하는 기존 금융생태계 등과는 달리 거래 및 활동 내역을 모두 분산하여 여러 블록에 저장하기 때문에 사실 상 해킹이나 사기, 위·변조 등이 어려울 수 있다.

블록체인 기술은 중앙기관의 역할이 필요 없기 때문에 가상화폐처럼 모두가 화폐를 발행하는 방식의 거래가 가능하기도 하나, 이 때문에 투기화하여 국가가 나서 규제하는 부작용이 발생하기도 하였다. 그러나 분산형 처리 기술의 보안성이나 민주성에 대한 신뢰가 확산되고 기술이 보완된다면 거의 전 산업이나 사회, 정치 분야에 활용될 수 있는 파급력이 있는 기술이다.

IDC(international data corporation)는 세계적으로 기업과 조직의 2018년 블록체인 기술네트워크 투자가 2017년의 두 배인 21억 달러에 이를 전망이고 2021년에는 4배 가까이 증가한 92억 달러에 달할 것으로 예상하고 있다(IDC, 2017).

▧ 3D 프린팅(three-dimensional printing)

3D 프린팅은 종이에 글자를 인쇄하듯이 입체 형태의 물체를 뽑아내는 기술을 말한다. 종이를 인쇄할 때는 잉크를 사용하지만 3D프린터는 경화성 소재를 주로 사용한다. 제조업의 혁신이라고도 하는 3D 프린팅기술은 1983년 평면을 쌓아올려 입체감을 살려 완성한 것이 3D 프린팅의 시작이다.

기계와 항공분야에서 선두를 달리는 미국이 38%로 세계 시장 점유율 1위이고 우리나라는 4%로 8위 수준이다. 3D 프린팅시장은 장비와 수재 등 제품과 서비스로 나눠지는데 서비스 분야 비중이 더 높아지고 있다. 앞으로 가장 큰 성장이 기대되는 분야는 의료와 바이오 분야, 항공, 소재, 자동차, 국방 등이다. 우리나라 3D 프린팅시장은 최근 급격하게 성장하고 있지만, 국내 업체의 시장 점유율이 저조하며 해외 기술에 의존적인 것이 현실이다. 3D프린팅 기술은 의료분야와 기계, 항공, 자동차 분야 등에 투자와 적용이 확대되고 있다.

▨ 로봇(robot)

로봇산업은 산업전반을 변화시키고 있다. 대부분의 제조업이 로봇시스템으로 전환되면서 앞으로 제조업의 절반에 가까운 부분이 로봇운용으로 교체될 전망이다. 뿐만 아니라 의료산업 부문에서도 로봇수술이 증가하고 있다. 2008년 덴마크의 유니버설 로봇은 세계최초로 협업 로봇인 코봇(CoBot; collaborative robot)을 개발, 덴마크 공장에서 활용되고 있다. 작업을 프로그래밍 하지 않고 가르친 것을 실행하는 코봇으로 진화하고 있다.

일본은 고령화 문제를 해결하기 위해 로봇을 적극 활용하고 있다. 홀로 살고 있는 노인들을 도와주는 심리치료용 로봇과 말벗용 로봇, 헬스케어 로봇 개발로 고령화 문제의 해결책으로 삼고 있다. 미국은 자폐아 치료를 위한 휴머노이드 로봇을, 프랑스는 치매 도우미 로봇 마리오를 개발하고 있다. 특히, 독일은 사물인터넷으로 기계와 제품 사이의 정보교환이 되는 자동 생산 프로세스를 구축하기 위한 정책과 코봇을 적극 도입하여 효율성을 극대화하였다.

우리나라는 세계 최대의 로봇 제조 시스템이 운영되고 있다. 자동차와 전기 전자분야에서 60% 이상 사용되고 있다. 앞으로 반도체도 로봇이 제조할 것으로 전망된다. 2017년 3월 개최된 국제공장자동화전에서 제4차 산업혁명 시대에 로봇기술의 필요성에 대하여 강조했다. 중소기업까지 로봇 이용으로 자동화되어 코봇이 확대되고 서비스 산업에서부터 가정용 로봇까지 다양하게 활용될 것으로 진단하고 있다. 연평균 20%의 국내 로봇시장의 급성장과 관련하여 정부는 로봇기구개발기사 등의 관련 국가기술자격증을 신설했다. 로봇기구개발기사는 제조와 안전로봇 등과 관련된 부품 개발 능력을 평가한다. 산업통상부와 한국산업기술평가관리원의 산업기술수준 조사 보고서에 의하면 우리나라의 로봇 기술은 미국과 유럽, 일본 대비 80% 수준이다.

전 세계 로봇시장의 규모는 매년 10% 이상의 성장세를 보이고 있다. 특히 서비스분야 로봇은 급속도로 성장하고 있다. 개인서비스용 로봇시장 성장은 연평균 22% 성장을 전망하고 있으며 제조용 로봇시장은 15% 성장을 전망하고 있다(산업은행, 2016). 미국은 첨단제조파트너십(advanced manufacturing partnership) 계획에 의해 제조업 부흥을 추진하면서, 로봇과 첨단소재에 R&D 투자를 강화하고 있다. 일본 아베 총리는 로봇혁명을 발표하여 저출산과 고령화 상황에서 안전하고 편리한 환경을 조성하기 위한 지능형 로봇산업을 육성 중이다. 중국 시진핑 주석은 로봇 산업이야말로 국가의 경쟁력이라며, 중국이 세계 1위 로봇 강국으로 거듭나기 위해 2020년까지 세계 로봇시장 점유율 45%를 달성하고자 매진하고 있다.

▨ 자율주행 자동차(self-driving car)

자율주행자동차는 주변 환경에 대한 판단과 제어로 운전자의 주행 조작을 최소화 하거나 대체함으로 차량 스스로 운행하는 상태를 의미한다. 무인자동차와 혼재되어 사용되기도 하지만 운전석에 사람을 앉힘으로써 여러 가지 법적 제약을 피할 수 있다.

각국에서 자율주행자동차 연구개발이 가속화되는 가운데, 미국은 2025

년까지 79억 달러를 투자해 자율주행 자동차의 연구개발과 제도개선 및 인프라 구축을 하고 있다. 유럽은 기술개발 과정을 기술개발, 실증, 규제, 상용화의 단계로 기술 로드맵을 수립하였다. 유럽연합을 중심의 대규모 연구개발 프로젝트를 비롯해서 각 국가별 사회시반시설 구축뿐만 아니라 도로주행을 위한 인프라를 구축하고 있으며 SAE International은 〈표 2-2〉처럼 발전단계별 분류기준을 제시하고 있다.

네이버도 2017 서울모터쇼에서 자율주행자동차를 공개했다. 인공지능으로 스스로 학습하는 기술로 도로 위의 사물과 위치를 파악하여 경로를 파악하고 차선 변경 등을 판단한다. 카메라와 센서가 GPS로 위치를 파악한다.

〈표 2-2〉 유럽 자율주행자동차 발전단계별 분류 6)

Level		발전 단계	
Level 0	No Automation	운전자가 인지, 판단, 제어의 과정 모두 참여하는 경우	운전자의 제어에 의해 운행
Level 1	Driver Assistance	운전자가 선택적 능동제어 등 일부 기능을 제외한 자동차의 제어권을 행사하는 경우	선택적 능동 제어
Level 2	Partial Automation	특정 상황에서 분석, 판단, 제어의 상당 부분을 자동차가 운행하는 통합 능동 제어 단계	운전대 및 폐달 자동제어
Level 3	Conditional Automation	자동차가 모든 기능을 제어하며 운전자의 조작이 요구되는 경우 경보 신호가 울리는 제한적 자율 주행단계	자동차 전용도로 등에서의 율주행
Level 4	High Automation	정해진 조건에서 운전자 개입 없이 자동차 스스로 주행이 가능한 자율주행 단계	운전석에 앉을 필요 없이 목적지만 입력
Level 5	Full Automation	운전자 개입 없이 자동차 스스로 통제와 주행이 가능한 완전 자율주행 단계	운전자는 모든 상황에 개입 안함. 시스템이 스스로 통제·주행

---

6)　SAE International, Business Insider

네이버 자율주행자동차는 자율주행은 가능하지만, 비상 상황에 사람이 운전에 개입해야 하는 완전자율자동차가 5단계라면 3단계 기술수준에 해당한다. 2035년경에 완전 자율주행자동차 시대가 열릴 것으로 전망되고 있다. 자율자동차의 상용화를 위해 법제도 및 규제의 정비가 필요하다. 뿐만 아니라 사고가 발생할 경우 보험과 배상 책임 기준을 마련하는 것이 필요하다.

자율자동차 시장은 2025년 1,548억 달러에서 2035년 1조 1,204억 달러로 급증할 것으로 예상된다(Frost & Sullivan, 2014). 유럽연합을 중심으로 대규모 연구개발 프로젝트가 지속적으로 진행되고 있다. 대표적인 프로젝트로 SARTRE (SAfe Rood TRains for the Environment)는 영국, 스웨덴, 독일, 스페인이 참가한 대형 R&D로 주행도로와 자율주행자동차 개발을 목표로 진행되고 있다. 자율주행자동차 확산을 위해서는 상용화를 위한 가격 조정과 법제도 개선 및 안전과 개인정보보안 등에 대한 연구가 선행되어야만 한다. 기술혁신은 사람들의 인식과 사회적 수용성이 중요하게 작용하기 때문이다.

▨ 디지털 콘텐츠 기술(digital contents technology) : 가상현실, 증강현실, 혼합현실

대표적인 디지털 콘텐츠 기술은 현실에 3차원 가상 이미지를 겹쳐 보여줌으로 가상 정보가 부가되는, 즉 3차원 가상의 컴퓨터그래픽을 실존하는 것처럼 띄워서 보여주는 기술인 증강현실(AR; augmented reality)과 특수 제작된 헤드셋으로 100% 가상의 이미지를 경험할 수 있는 가상현실(VR; virtual reality), 그리고 현실과 가상을 융합시키는 공간의 혼합현실(MR; mixed reality)이 대표적이다. 현실과 가상세계가 혼합된 상태로 현실과 가상세계를 넘나드는 혼합현실은 소리, 냄새 등을 사용하여 사용자와 상호작용하는 기술이다. 가상현실은 현실에 가까운 가상 환경을 제공하기 위해 실감형 콘텐츠에 사용하고 현실세계에 다양한 정보를 제공하는 정보전달형 콘텐츠에 주로 이용한다.

구글, 페이스북, 소니, MS 등의 세계적 기업이 가상현실을 미래성장동력으로 인식하여 연구개발로 기술 선점에 주력하고 있다. 구글맵스와 GPS, 증강현실을 결합시켜 제작된 모바일 게임 포켓몬 GO가 2016년 미국, 호주, 뉴질랜드를 비롯한 우리나라에까지 출시되어 미국에서만 1,500만회 이상 다운로드 되었다. 골드만삭스는 가상현실(VR) 세계시장이 2025년 800억불 규모로 성장할 것으로 전망하고 있다. 미국은 2000년대 중반 혼합현실 기술을 10대 미래 핵심전략 기술로 지정하고 교통과 국방, 의학 등 공공분야에 적용하고 투자하고 있다. 유럽은 가상현실(VR)로 구현된 가상 투어를 통해 유럽 문화유산을 소개하는 프로젝트를 수행 중이다. 뿐만 아니라 중국 공업신식화부는 2016년 가상현실 산업발전을 제정하고 독자적 기술개발 표준안 마련을 위한 가상현실산업발전백서 5.0을 발표했다.

2016년 증강현실을 기반으로 제작된 포켓몬 GO 게임이 국내에서 열풍을 일으켰지만 우리나라의 관련분야 연구개발 생산성은 미국의 30% 수준이다. 스페인 바르셀로나에서 개최된 모바일 월드 콩그레스 2017에서 SK텔레콤이 가상현실(VR) 기반의 텔레프레즌스(tele-presence)를 소개했다. 텔레프레즌스는 홀로그래픽 통화 솔루션으로 다른 장소에 있는 사람들이 같은 회의실에서 아바타와 실시간 소통할 수 있는 기술이다. 이 기술을 활용하여 원격으로 환자의 심장이나 기관 등 복잡한 인체 기관을 3D로 보면서 가이드나 논의가 가능하다.

가상현실은 국방과 제조 분야를 중심으로 발달하여 왔지만 디스플레이, SW 등의 발전으로 대규모의 새로운 시장이 창출될 전망이다. 특히, 가상현실은 방송, 게임, 테마파크 등의 사업에 적용되어 다양한 부가가치를 창출할 것이다. 증강현실(AR)은 방송과 교육 분야와의 융합을 통해 콘텐츠 활용 확대를 가져올 것이다. 골드만삭스에 따르면 2025년까지 세계 증강현실은 약 90조 4000억원 규모로 성장할 것으로 예상하고 있다. 그리고 국내 KT경제경영연구소에 따르면 혼합현실(MR) 시장은 2021년 1조 980억 원으로 성장할 것으로 전망하고 있다. SK텔레콤은 방대한 교육 콘텐츠를 보유한 EBS와 함께 혼합현실 기술을 활용한 실감형 교육 서비스 개발을 추진 중이다. AR, VR, MR 기술이 교육 전반에 걸쳐 적용될 경우 TV나 PC의 2차원적인 교육에서 벗어나 3차원 체험형 교육으로 패러다임 대전환을 기대할 수 있다.

인공지능이 빅데이터 분석으로 환자 진단분야라면, 증강현실은 수술분야에서 활용되고 있다. 환자의 환부 크기와 상태를 예측하여 시뮬레이션이 가능하기 때문이다. 증강현실 프로그램이 설치된 태블릿을 수술 부위에 대면 정확한 위치와 크기 정보가 화면에 표시된다. 수술계획, 영상진단, 원격수술, 재활훈련, 심리치료 등 다양한 분야에 디지털콘텐츠(AR/VR/MR) 기술 도입을 추진 중이다. 앞으로 진료 음성인식 시스템 연구개발로 인공지능 기반 음성인식 시스템을 이용해 차트 자동기록이 가능하고 인공지능과 증강현실 기술을 융합하여 각 분야 전문의들이 시간적 공간적 제약 없이 협진을 통해 환자를 진단하고 치료할 수 있을 것이다.

▨ 합성생물학(synthetic biology)
바이오산업의 핵인 합성생물학은 생물학적 시스템을 새롭게 디자인하기 위해 합성 DNA를 기존의 자연 바이오시스템에 도입하여 인공바이오시스템을 재설계하는 기술이다. 생물학에 컴퓨터 공학적 개념을 접목시킨 것으로 DNA 조각을 이용하여 유전자 편집 기술을 적용한 연구 분야로 인공생물학이라고 한다. 즉, 표준화된 생물학적 부품을 조립하여 새로운 생물체를 만들어내는 것이다. 합성생물학은 DNA를 읽고 분석함으로서 존재하는 생물학 체계의 적응과 변형의 유전자 변형에서 DNA를 쓰고 합성하는 새로운 체계의 디자인, 모듈화로 패러다임이 변화하고 있다.

2003년 MIT에서 합성생물학 실험 강의 개설과 함께 IT 기술을 활용한 바이오인포메틱스의 성장으로 등장하게 되었다. 기존의 유전공학에 모듈화와 같은 공학적 접근으로 시스템을 설계하는 것으로 시스템 생물학, 바이오인포메틱스에 나노기술을 기반으로 한 연구 분야로 미국에서 가장 활발히 연구되고 있다.

합성생물학 시장은 연구개발과 제약, 화학, 에너지 분야로 나누어지는데 유럽에서는 바이오 연료 생산 시설을 확대하는 등 관련 정책을 육성하고 있다. 미국의 어라이드 마켓 리서치(Allied Market Research)에 의하면 합성생물학 기술이 정부의 허가를 받지 못하여 보급·활용되지 않고 있지만, 시장은 화공약품, 의약품, 에너지 응용과학 분야에서 2020년 약 15조원의 규모로 성장할 것으로 전망하고 있다.

적용분야로는 바이오센서, 질병진단기, 맞춤 약물 등의 바이오 제약부분과 바이오에너지, 생분해성 포장재와 화학물질 검사 등의 화학분야, 그리고 신품종개발과 DNA 컴퓨팅, 나노입자 생산 등으로 다양한 영역에서 연구 중이다. 합성생물학은 뉴클레오티드 합성과 유전공학, 미세유체공학 등이 주요 기술로 분류되고 DNA 합성과 합성클론, 유전자, 소프트웨어 등의 제품별로 구분할 수 있다. 그리고 사용분야별로 바이오에너지, 헬스케어, 화학산업에서 응용가능하다. 2020년까지 유럽과 북아메리카를 중심으로 빠른 성장이 예상된다. 또한 2026년까지는 인간게놈을 작성하여 인간 게놈을 만들 수 있을 것이라 전망하는 연구자들도 있다.

▨ 융복합 소재(convergence material)

제조 산업의 주요 재료로 각 산업 분야별 발전을 위해서는 소재기술력이 주요 관건이다. 자율자동차, 로봇, IoT, 인공지능, 신재생에너지, IT 기기, 우주항공 산업 등 제4차 산업혁명을 선도하는 산업혁신은 신소재의 혁신 없이는 불가능하다. 다양한 분야에 응용되는 융복합 소재는 화학, 금속, 세라믹 등의 분야기술의 융합과 나노 스케일에서 바이오와 IT, 인지과학과 융·복합하면서 만들어지는 다양한 소재이다(고영주, 2016).

우리나라는 미국, 유럽 등 선진국 대비 70%의 기술 수준에 머물러 있다. 소재 부품 산업은 부가가치의 원천이고 핵심 기술 개발을 성공할 경우, 장기적인 시장지배가 가능한 고부가 산업이므로 국가적 차원에서 적극 추진 중이다. 특히 제4차 산업혁명과 관련한 신산업 육성에 있어 소재 경쟁력이 전제 조건으로 강조되고 있다.

▨ 신재생에너지(new renewable energy)

제4차 산업혁명은 신재생에너지 활용에서 스마트한 에너지 생산과 사용을 통해 에너지의 디지털화를 촉진하는 '에너지 4.0'시대로 진입중이다. 석유 이전시대를 Energy 1.0, 석유 사용시대를 Energy 2.0, 신재생에너지 사용시대를 Energy 3.0 이라고 부른다. 에너지 3.0에서는 에너지를 석유와 신재생에너지로 구분하여 명명하고 있다. 신재생에너지란 새로운 신에너지와 재생에너지 모두를 뜻한다. 연료전지와 수소에너지 등이 신에너지에 속하고 태양광, 태양열, 바이오와 풍력, 수력 등이 재생에너지에 속한다.

2015년 12월 파리협정(Paris Agreement)은 전 세계 195개 정부들이 온실가스배출을 자발적으로 줄여 지구 온도 상승을 2도, 더 나아가 1.5도 이하로 막기 위한 최초의 전 지구적 협정이다. 미국 전 오바마정부도 온실가스를 2050년까지 2005년 대비 28%까지 감축하기로 하였다. 트럼프 대통령이 파리협정 탈퇴를 공언하였지만 주정부마다 정책이 달라 부분적으로 추진될 것이고, 2017년 8월 G20 정상들이 모여 미국 입장과 무관하게 파리협정 준수를 약속함으로써 신기후체제와 이에 대응하는 신재생에너지 기술 혁신은 가속화할 전망이다.

전력부문은 차세대 지능형 전력망과 사물인터넷 인프라 구축 등 제4차 산업혁명시대에 공공기관을 비롯하여 투자를 확대해나가고 있다. 특히 탈원전 에너지 정책방향이 원전을 비롯한 시설에 대한 안정수준을 강화하고 친환경적에너지 수급기반을 구축함으로서 에너지 복지를 확대해 나가고 있는 상황이다.

대기오염 개선과 기후변화 대응, 에너지 자체 생산력 확대 등 다양한 분야의 미래지향적인 발전을 위해 신재생에너지 개발 관련 투자가 증폭될 것으로 전망한다. 특히 원자력발전소 공사를 중단함으로서 탈핵 정책을 추진 중인 현 정권에서 가장 주목받는 R&D 분야가 될 것이다. '세계에너지전망'에 따르면 재생에너지의 비중이 2040년에 19%로 증가할 것으로 전망하고 있다. 그러나 한반도가 원전 없이 과연 에너지 수요를 충족하고 안정적인 에너지 공급이 가능할 것인가에 대한 이슈가 기술적, 공간적, 산업적, 사회적 측면에서 계속 제기되고 있는 것에 대한 사회적 지혜와 답안이 필요한 상황이다.

3. 핵심기술의 융·복합을 통한 새로운 기술혁신 패러다임의 도래

앞에서 논의한 핵심 기술들은 동시 다발적으로 혁신적 진화가 이루어져 왔고 응용분야와 맞물려 다양한 기술융합이 이루어지고 있다. 실제 인류의 모든 사회생활과 결합하고 있는 인공지능 기술의 발전은 향후 30년 정도 후면 인간의 지능과 기계의 지능이 같아지는 특이점(singularity)이 올 것으로 예상하고 있고 그 이후는 어떤 상황이 도래할지 불확실한 상태이기도 하다. 빌 게이츠, 앨런 머스크, 그리고 얼마 전 작고한 스티븐 호킹 등은 인공지능 기술발전이 인류를 멸망으로 이끌지도 모른다며 개발을 중지하거나 강력한 규제 가이드를 만들어야 한다고 주장하였다. 이러한 인공지능이 ICBMS(사물인터넷IoT, 클라우드cloud, 빅데이터big data, 모바일mobile, 안전security)와 연결되고 자율자동차, 로봇, 드론, VR, 합성생물학 등의 기술과 연결되어 활용될 때 그 파급효과는 가늠하기 어려울 정도가 될 것이다.

새로운 기술의 동시다발적 융합 혁신과 신기술이 몰고 올지 모르는 불확실성 및 복잡성은 산업과 사회의 패러다임적 변화와 급격한 정책변동을 예고하고 있다. 기계의 인간화와 인간의 기계화가 인간과 사물의 경계를 무너뜨리며 인류의 정체성을 변화시킬 수도 있다. 기술혁신이 산업혁신으로 이어지고 사회변화로 이어지는 혁신모델을 넘어 기술-산업-사회가 동시다발적으로 혁명적 변화가 일어나는 상태가 예견되고 있는 것이다. 최근 미국과 유럽의 융합에 대한 접근 방식이 기술, 인간, 지구, 사회문제 해결의 통합적 융합으로 변화하고 있음은 시사하는 바가 크다.

기술융합 혁신은 연구하는 방식과 제조업의 모양과 형태, 규모와 방식을 혁명적으로 바꾸고 있다. 연구과정 및 제조공정을 빅데이터와 인공지능으로 연결하여 최적화하는 것을 넘어서서 연구부터 자원조달, 제품 판매 후 서비스까지 연결하여 고객맞춤형으로 진화하고 있다. 고정적인 시스템을 중시하는 혁신으로는 돌파하기 어려운 플랫폼 중심의 혁신, 경계의 무너짐, 위계체계의 붕괴, 사람에 의한 축적과 창조, 지역기반, 시민의 참여에 의한 혁신 주체의 확장 등을 통한 새로운 방식의 기술혁신이 급속하게 이루어지고 있음을 주목해야 한다. 지속가능한 경제-사회 발전은 이러한 기술혁신 양상의 변화에 대한 이해와 활용 역량이 있을 때 가능해진다.

참고문헌

고영주 (2016), '4차산업혁명과 소재산업의 미래', 2016년 11월, 미래화학융합포럼

김대호 외 (2015), 「인간, 초연결 사회를 살다」, 커뮤니케이션북스.

네이버 지식백과 (2014), 휴먼 컴퓨테이션 – 인간과 컴퓨터가 함께 그리는 미래, 2014. 4. 15., 커뮤니케이션 북스.

니얼 퍼거슨 (2011), 「시빌라인제인션– 서양과 나머지 세계–」, 21세기북스.

4차산업혁명위원회(2017), 혁신성장을 위한 사람중심의 4차 산업혁명 대응계획, 2017년 11월 30일, 21개 부처 합동

산업은행 (2016), 로봇산업의 국내외 동향 및 전망

산은조사월보 (2016), 빅데이터산업의 부상 및 시사점, 731호, 2016년 10월

소프트웨어정책연구소 (2016), 사물인터넷의 특징과 기반기술 동향, 2016년 11월호, 월간SW 중심사회

송성수 (2017), "역사에서 배우는 산업혁명론: 제4차 산업혁명과 관련하여". STEPI Insight, Vol 207, 2017.2, 과학기술정책연구원

스티브 사마티노 (2015), 「위대한 해체(The Great Fragmentation)」, 인사이트앤부.

심진보 외 (2016), 「대한민국 제4차 산업혁명」, 콘텐츠하다.

예병일 (2014), 「정치의 미래와 인터넷 소셜 의지」, 21세기북스.

이민화 (2016), 「4차 산업혁명으로 가는 길」, 창조경제연구회.

클라우스 슈밥 (2016), 「클라우스 슈밥의 제4차 산업혁명」, 새로운 현재.

하원규·최남희 (2015), 「제4차 산업혁명」, 콘텐츠하다.

한국과학기술기획평가원 (2017), 10대 미래유망기술, 2017년 3월 20일

한국전자통신연구원 (2016), 인공지능 관련 지능과 정책동향 및 시사점

한국정보화진흥원 (2017), 세계속의 빅데이터, 35호, 2017년 11월, Bigdata Monthly

Bergek, A. et al (2008), Analyzing the functional dynamics of technologica innovation systems: A scheme of analysis, Research Policy, Vol.37, No.3, 407-429.

Bijker, Wiebe E., Thomas P. Hughes, & Trevor Pinch (1987), *The Social Construction of Technological Systems: New Directions in the Sociology and History of Technology. Cambridge.*

Cooke, P. (2001), *Regional Innovation Systems, Clusters, and the Knowledge Economy*, Oxford University Press.

Crafts, N. E. R. (1983), "British Economic Growth, 1700~1831; A Review of the Evidence", Economic History Review, Vol.36, No.2, 177-199.

Etzkowitz, H. (2008), *The triple helix: university-industry-government innovation in action*, New York, Routredge 2008.

Frost & Sullivan (2014), *Strategic Analysis of the European and North American Market for Automated Driving.*

Geels, F. (2005), Co-evolution of technology and society: the transition of water supply personal hygiene in the Netherlands, Technology in Society, Vol.27, No.3, 363-397.

IDC (2015), *"Digital transformation(DX): An opportunity and an imperative"*

IDC (2017), *Worldwide Semiannual Blockchain Spending Guide.*

Landes, David. S. (1969), The Unbound Prometheus: *Technological Change and Industrial Development in Western Europe from 1750 to the Present.* Cambridge, New York: Press Syndicate of the University of Cambridge.

Machina Research (2016), *Global Internet of Things Market.*

Marleba F. (2002), Sectoral innovation systems and production, Research Policy, Vol32, Issue2, 247-264.

Noworny H. et al. (2003), 'Mode 2' revisited: the new production of knowledge, Minerva 41: 179-194.

OECD (1997), *National Innovation System*, OECD

OECD (2017), *The Next Production Revolution: Implications for Governments and Business.*

SAE International (2017), Business Insider.

Stolterman, E., & Fors, A.C. (2004), *Information Technology and the Good Life*, in: "Information systems research: relevant theory and informed practice".

Yun, J.H. (2017), *Business Model Design Compass: Open Innovation Funnel to Schumpeterian New Combination Business Model Developing Circle*, 2017, Springer.

"

The Fourth Industrial Revolution from
the Perspective of Economic Innovation

"

제 3장

경제혁신 관점의
제4차 산업혁명

최병철 외

* 이 장의 내용은 분과장인 최병철이 김민식, 김용영, 문형돈, 성태웅, 전정환과 공동으로 수행한 연구결과를 종합·정리한 것이다.

제4차 산업혁명으로 촉발될 기술혁신은 생산과 소비 전반에 걸쳐 모든 경제와 산업 시스템을 변화시킬 것이며, 이러한 변화는 우리가 미처 생각하지 못했던 수준까지 더욱 확장될 것이다. 과거 몇 차례의 산업혁명이 경제구조와 삶의 모습을 획기적으로 바꾸어 버렸던 것처럼, 디지털 기술[7]이 다양한 산업에 활용되면서 제4차 산업혁명을 이끌고 경제와 산업의 변화를 촉진하고 있다.

인공지능과 같은 최신 디지털 기술의 활용은 이제 단순한 비용절감이나 품질개선을 넘어 제품 자체의 변화까지 가져오고 있으며, 이에 따라 기업 경쟁의 핵심적인 도구로 인식되고 있다. 또한 디지털 기술의 혁신적인 발전은 기존의 전통적인 기업을 차별화된 디지털 기술 공급자로 변화시키기도 하고, 한편으로는 시장의 진입장벽을 낮추어 해당 산업에 새롭게 진출한 신

---

7) 이미 앞의 제2장에서 논의하였듯이 제4차 산업혁명을 견인(牽引)하거나 추동(推動)하는 기술로는 네트워크 기술, 인공지능 기술, 지능정보 기술, 디지털 기술, 로봇 기술 등이 다양하게 제시되고 있다. 그러나 현 시점에서 제4차 산업혁명의 핵심 기술을 특정 분야로 한정하기에는 학문적으로나 실무적으로 쉽지 않은 실정이다. 따라서 여기에서는 일반인들에게 좀 더 친숙하면서도 경제혁신 관점에서는 활용성이 높을 것으로 판단되는 디지털 기술로 통일하여 논의를 전개하고자 한다.

규 진입자의 영향력을 강화시키기도 한다.

특히, 모든 산업분야에서 초연결 기술과 초지능 기술을 바탕으로 기업간의 수평적 협력관계를 통해 플랫폼이 형성되고 있으며, 이러한 플랫폼을 제공할 수 있는 능력을 갖춘 ICT기업의 역할이 확대되면서 산업간 경계가 약화되고 있다. 시장에서의 경쟁도 기업간 경쟁에서 플랫폼간 경쟁으로 전환되고 있다. 최근 새롭게 부각되고 있는 플랫폼 경제와 공유경제, O2O(online to offline) 경제, 온디맨드(on demand) 경제, 긱 경제(gig economy) 등은 모두 초연결 기술에 기반한 플랫폼의 힘을 잘 나타내주는 개념들이다. 플랫폼에 기반한 네트워크 경제는 효율성과 생산성을 높여 기존 비즈니스에 도움을 주기도 하지만, 새로운 사업방식으로 기존 비즈니스를 파괴하고 그 성격을 바꾸기도 한다. 이에 그치치 않고 네트워크 경제를 통한 비즈니스 혁신은 생활방식이나 사회구조 등 사회전반의 변화도 가져오고 있다.

경제시스템 뿐만 아니라 산업의 변화도 살펴볼 필요가 있다. 제4차 산업혁명의 디지털 기술은 모든 산업분야에서 사용되는 범용기술(general purpose technology)에 해당되어 제조업을 포함한 다양한 산업에 지속적인 영향을 미치고 있다. 제4차 산업혁명은 특정 분야에 제한되어 적용되지 않고 다양한 분야에서 기술혁신을 유발하여 기존 생산양식을 변화시키며, 새로운 기술패러다임을 이용하는 다양한 보완적 발명과 혁신이 장기간에 걸쳐 연쇄적으로 나타나게 될 것이다. 본 장에서는 다양한 산업의 변화 중에서도 현재 우리가 가장 큰 변화를 체감하고 있는 제조업, 의류 및 금융산업을 중심으로 제4차 산업혁명의 디지털 기술과 플랫폼 기반의 네트워크 경제가 어떠한 변화를 가져오고 있으며, 또 더 나아가 미래에는 어떠한 변화를 가져올지 살펴보기로 한다.

제1절 기술혁신과 경제시스템의 변화

1. 산업혁명과 새로운 경제시스템

18세기 중반 이후 19세기 초반까지 영국을 중심으로 일어났던 기술혁신과 이에 수반하여 일어난 경제·사회 구조의 변혁, 즉 '산업혁명'은 넓은 의미에서 재화의 생산에 무생물적 자원을 폭넓게 이용하는 조직적 경제 과정으로 공업화라고 부르기도 한다. 산업혁명은 기존의 가내수공업 및 선대제[8] 수공업의 대부분을 공장제 기계공업으로 바꾸어 버렸다. 이러한 공장제 기계공업 생산방식은 자본주의 역사에서 커다란 분기점이 되었다.

기계는 인간보다 훨씬 빠른 속도로 대량생산이 가능하게 했다. 또한 이러한 생산방식 때문에 공장에 고용되어 일하는 사람이 생겨나고 노동자라는 개념이 등장하게 되었다. 기계를 사용하고 다수의 노동자를 한 장소에서 집중 감독하며 일정한 규율 하에 협동적으로 생산 작업에 종사하게 하는 공장제도가 출현하면서 자본주의의 발달에 결정적 역할을 한 것이다. 공장제도가 낡은 양식인 가내 수공업을 일시에 사라지게 하지는 못하였지만, 기계의 발명과 기술의 혁신이 계속적으로 이루어짐에 따라 공장제도가 가내 수공업을 압도하게 되었고, 모든 공업부문으로 확산되게 되었다. 기계의 사용은 방적기와 같이 생활필수품인 의류생산 부문인 면업에서부터 시작되어

---

8)　선대제(先貸制, putting-out system)는 17세기 서유럽에서 널리 행해지던 생산방식으로 가내공업 시스템이라고도 하며 상인이 외부 시장에 판매할 상품을 확보하기 위해서 생산자에게 원료나 도구를 공급해 제품을 생산하도록 하는 방식을 가리키는 말이다.

와트(James Watt)의 증기기관 발명 이후 일반적인 동력원으로써 널리 쓰이기 시작하였다. 이러한 기계의 사용으로 주요 생산부문에 기술의 변혁이 파급되어 공장제도와 대규모 생산이 일반화되었고 농업부문에서도 각종 농업기계가 공급되면서 자본제 대농경영을 촉진하였다.

산업혁명 이전에는 주로 식민지를 기반으로 한 원격지 무역을 통해 부의 형성이 이루어졌으며, 대상인을 보호하는 절대왕권이 존재했었다. 우리가 흔히 자본주의의 시작인 중상주의라고 부르던 모습이다. 그러나, 산업혁명 시기에는 상업에 대한 인식이 변화하여 더 많은 이윤을 추구하게 되었고, 결국 생산방식의 변화로 이어졌다. 공장제 기계공업으로 만든 제품을 팔기 위해 시장이 필요했고 더 넓은 시장을 개척하면서 대량생산과 유통이라는 근대 자본주의의 모습이 형성되었다. 또한 산업혁명 이전까지는 전통적으로 토지를 통해 부의 창출이 이루어졌었지만, 산업혁명 이후에는 생산요소로서의 토지의 역할이 상대적으로 축소되었다.

산업혁명 기간 동안 자본주의는 영주제도와 농노제도를 변화시켰으며, 중세 장원제도9)를 통한 생산방식을 시장의 수요와 공급에 따른 생산방식으로 대체함으로써 생산의 혁신을 가져오기도 했다. 공장제도로 인해 농업부문에서 퇴출된 농민들의 노동을 기반으로 생산의 혁신을 가져왔으며, 농촌에서 도시로 사람들이 이주하면서 생활방식이나 소비의 방식도 변화하게 되었다. 또한 이에 따른 의식의 변화는 근대 민주주의의 밑거름이 되기도

---

9)   봉건사회에서 국왕·제후·기사 등 토지 소유자인 영주와 경작자인 농민 간에 맺어지는 지배·예속관계로, 영주가 자신의 토지에 거주하는 농민에게 토지를 조금씩 할당해 주고 농민은 그 대가로 곡물, 세금, 노동력을 영주에게 제공해야 하는 일종의 세습제를 말한다.

하였다.

　우리가 일관되게 주장해 온 것처럼 산업혁명을 기술혁신과 이에 수반하여 나타나는 경제·사회 구조의 변혁을 의미한다고 볼 때, 우리가 맞이하고 있는 제4차 산업혁명에서도 18세기에서 19세기에 걸쳐 일어났던 산업혁명을 통해 대량생산 시스템과 산업자본주의[10]가 등장했던 것과 같은 새로운 경제질서와 산업의 변화가 나타날 것이라고 예상해 볼 수 있다.

　이제 막 제4차 산업혁명이 시작되고 있는 시점에서 앞으로 어떤 새로운 경제질서가 등장하게 될지 정확하게 예측할 수는 없을 것이다. 그러나 현재 나타나고 있는 디지털 기술로 인한 산업과 시장의 변화, 그리고 이러한 기술혁신과 함께 등장하고 있는 새로운 경제개념으로서의 플랫폼 경제나 공유경제, 블록체인 등으로 인한 분산경제 등이 제 4차 산업혁명으로 인한 경제혁신의 대표적인 모습이라고 할 수 있을 것이다.

2. 지능정보 혁명과 시장경쟁의 변화

　기계가 공장제를 통한 대량생산 방식으로 경제를 바꾸어 놓았던 것처럼 ICBM[11]과 인공지능(AI)으로 대표되는 초연결과 초지능이라는 디지털 기

---

10)　18세기 중반 이후 중상주의적 자본주의의 쇠락과 함께 등장한 새로운 경제의 모습을 칼 마르크스는 산업자본주의(industrial capitalism)이라고 불렀다. 산업자본주의는 제조업을 기반으로 한 공장시스템의 발전으로 형성되는 것이 특징이다.

11)　ICBM은 사물인터넷(internet of things), 클라우드(cloud), 빅데이터(big data), 모바일(mobile)을 통칭하는 합성어이다.

술이 다양한 산업에 활용되면서 제4차 산업혁명을 이끌고 시장에서의 변화를 촉진하고 있다. 특히, 이러한 디지털 기술은 산업혁명 당시 증기기관이 일반 동력원으로 사용되어 다양한 산업에 변화를 가져왔던 것처럼 범용기술에 해당되어 다양한 산업에 지속적인 영향을 미칠 것으로 기대되고 있다. 범용기술은 특정 분야에 제한되어 적용되지 않고 다양한 분야에서 기술혁신을 유발하여 기존 생산양식을 변화시키고 새로운 기술패러다임을 이용하는 다양한 보완적 발명과 혁신이 장기간에 걸쳐 연쇄적으로 나타나게 하는 특성이 있다.

드론, 센서, 3D프린팅, 유전자 분석 등의 기술에서 동일한 성능을 구현하는데 소요되는 비용은 10년 전에 비해 100배에서 10,000배까지 낮아졌다. 기업의 시가총액이 1조 원이 될 때까지 걸린 시간을 살펴보면 포춘지 500대 기업은 평균 20년이었지만 최근 유니콘 기업들은 이 기간을 1년 정도로 단축시키고 있다. 이들 유니콘 기업을 롤모델로 삼아 창업하는 기업의 수가 폭발적으로 증가하고 있다. 이러한 속도와 다양성 폭발을 주도하며 제4차 산업혁명의 시대를 연 것은 디지털 기술이다. 2018년 현재 시가총액 규모 측면에서 세계 5대 기업이 애플, 아마존, 알파벳(구글), 마이크로소프트, 페이스북 등 모두 ICT기업이라는 점이 이를 대변한다.

이에 따라 기업들은 최신 디지털 기술을 경쟁의 핵심적인 도구로 인식하고, 이러한 디지털 기술이 가지고 있는 다양한 기능들을 이용하여 가치를 창조하고 지속적인 경쟁력을 유지하려고 노력하고 있다. 자신들의 기존 사업영역에 디지털 요소를 결합·적용하여 운영비용 절감, 사업의 민첩성 및 유연성 증가는 물론 새로운 수익 모델 도출 등의 가치 창출에 노력하고 있다. ICT 활용이 과거 단순한 비용절감을 넘어 이제는 품질개선이나 제품 자체의 변화까지 가져오고 있다. 이는 과거의 ICT에 비해 현재의 디지털 기술이 높은 수준의 성능에 낮은 비용으로 제공되어 가능해졌다고 할 수 있다. 네트워크의 발전으로 모든 것이 연결되는 동시에 데이터의 수집, 저장, 처리 비용이 획기적으로 감소했다. 모바일과 사물인터넷 기술의 발달로 저비용으로 실시간 데이터 수집이 가능해졌고, 클라우드를 통해 대용량, 비정형 데이터를 저렴한 비용으로 저장이 가능해졌다. 아울러 CPU와 GPU[12] 기술이 획기적으로 발전하여 초고속 병렬처리가 가능해지고 인공지능의 오픈 소스화로 데이터 처리비용 또한 획기적으로 감소했다.

제4차 산업혁명에서 디지털 기술의 혁신적인 발전은 진입장벽을 낮추어 기존 산업에서 신규 진입자의 영향력을 강화시킨다. 신생기업들이 새로운 디지털 기술을 전략적으로 활용하여, 가격은 낮추는 대신 높은 품질을 보유한 제품과 서비스를 실현하고 비즈니스 모델을 변화시킨다. 성공적인 신규 진입자들은 디지털 기술에 바탕을 둔 새로운 제품과 서비스 개발과 더불어 새로운 접근방식(사업모델)을 구축하여 고객의 요구에 효과적으로 대응하고 있다. 기업가치 10억 달러 이상, 설립한지 10년 이하의 스타트업을 지칭하는 유니콘 기업 중에서 상위기업인 에어비앤비(Airbnb), 드롭박스(Dropbox), 핀터레스트(Pinterest), 스냅챗(Snapchat), 우버(Uber) 등은 모두 디지털 기술을 활용해 새로운 사업모델을 구축한 사례라고 할 수 있다.

---

12) GPU(그래픽처리장치)는 컴퓨터 그래픽을 빠른 속도로 처리하기 위해 만들어졌다. CPU가 순차적으로 계산하는 직렬 처리 기술에 초점을 두었다면, GPU는 특정된 많은 계산을 동시에 처리하는 빠른 연산 속도를 위해 병렬 처리 기술을 갖추고 있다. 수백에서 수천 개의 코어가 들어가 있어 대량의 데이터를 빠르게 처리할 수 있기 때문에 인공지능기술 발전에 크게 기여하였다.

새롭게 등장한 신생 기업들뿐만 아니라 글로벌 ICT기업들의 영향력도 커지고 있다. 구글의 자율주행차, 아마존의 식품업체 홀 푸드 인수, IBM 왓슨의 의료산업 영향력 등과 같이 자신들이 보유한 디지털 기술 역량을 바탕으로 ICT를 넘어 다른 산업분야에까지 새로운 비즈니스 컨셉으로 부와 영향력을 확장해 나가고 있다.

뿐만 아니라 제4차 산업혁명에서 디지털 기술의 혁신적인 발전은 기존 산업내 전통기업을 차별화된 디지털 기술 공급자로 변화시키기도 한다. 이들은 기존 산업분야에 대한 특성을 정확하게 이해하는 지식(경험)을 바탕으로, 디지털 기술을 활용하여 비즈니스 모델을 변화시켜 새로운 사업모델을 제시한다. 기존 산업분야의 데이터 수집·분석, 자동화, 운영 노하우 등을 디지털 기술과 결합하여 기존 ICT 공급자들과 차별화된 디지털 기술을 차별화된 역량으로 보유하게 되는 것이다. GE, Siemens, Bosh처럼 자신의 산업 영역에서 차별화를 이루면서 오히려 ICT 시장을 주도하는 것도 가능하게 된다. 일례로 GE는 기존 사업 부문에서의 경험을 보유하고 프로세스를 이해하는 우수한 소프트웨어 기술자를 실리콘 밸리에 집결시켜, GE 전체의 빅데이터를 수집·분석하는 공통의 소프트웨어 플랫폼인 프리딕스(Predix)를 만들어 외부에 제공하고 있다.

또한, 디지털 기술에 기반한 초연결과 초지능이 모든 제품 및 서비스의 기본 기능이 되면서 제3자가 데이터 및 인프라 제공, 소프트웨어 어플리케이션 등 여러 분야에서 새로운 협력관계를 구축하고 플랫폼을 형성하는 것이 가능해졌다. 선박, 자동차, 가전, 금융, 유통, 물류, 의료, 교육, 심지어는 농업에 이르기까지 모든 산업분야에서 초연결과 초지능 기능을 기반으로 기업간 수평적 협력관계를 통해 플랫폼이 형성되고 있으며, 플랫폼 제공능력을 갖춘 ICT기업의 역할이 확대되면서 산업간 경계가 약화되고 있다. 이에 따라 시장에서의 경쟁도 과거 기업간 경쟁에서 플랫폼간 경쟁으로 전환되고 있다.

최근 새롭게 부각되고 있는 플랫폼 경제와 공유경제, O2O(online to offline) 경제, 긱 경제(gig economy)의 공통점은 디지털 기술인 인터넷의 연결성에 기반한 네트워크 경제라는 점이다. 네트워크 경제는 효율성과 생산성을 높여 기존 비즈니스에 도움을 주기도 하지만, 새로운 사업방식으로 기존 비즈니스를 파괴하고 그 성격을 바꾸기도 한다. 네트워크 경제를 통한 비즈니스 혁신은 생활방식이나 사회구조 등 사회전반의 변화를 가져올 것이다.

이하에서는 플랫폼 경제와 공유경제를 중심으로 새롭게 나타나고 있는 경제질서와 시장 작동방식의 변화를 살펴보고, 제4차 산업혁명이 산업별로는 어떠한 변화를 가져오고 있으며, 또 더 나아가 가까운 미래에는 어떠한 변화가 예상되는지 보다 구체적으로 살펴보기로 한다.

3. 플랫폼 경제(platform economy)

(1) 네트워크와 플랫폼

경제섹터들이 네트워크를 중심으로 통합되면서 강력한 플랫폼이 생겨나고 있다. 일반적으로 플랫폼은 생산자와 소비자 등 다양한 그룹이 한데 모여서 상품이나 서비스와 더불어 정보를 교환하는 등 다양한 가치를 교환할 수 있는 것(장소, 구축된 환경)을 말한다. 특히 플랫폼은 다양한 참여자들이 모일 수 있도록 기반(인프라)을 제공하고, 참여할 수 있는 도구(tool)와 규칙

(rule)을 제공하여 상호작용을 촉진한다.

증기기관차로 수많은 사람과 화물을 실어 나르면서 산업혁명을 촉발했던 과거 유럽 기차역의 플랫폼을 생각해 보자. 제4차 산업혁명 시대에는 이 플랫폼의 역할이 디지털 세계로 옮겨가 세계 비즈니스의 판을 바꾸고 있다. 디지털 플랫폼은 애플, 구글, 아마존, 페이스북과 같은 기업들이 구축한 플랫폼 네트워크를 통해 사람들이 모이고 상품과 서비스가 거래되는 광장과 같은 역할을 한다. 철도역, 공항과 같은 플랫폼이 형성되고 이곳을 중심으로 많은 비즈니스가 발전했듯이 수많은 디지털 연결로 이루어진 네트워크 환경에서는 플랫폼 중심인 플랫폼 경쟁시대로 진입하게 된 것이다. '플랫폼 경제'에 대한 명확한 정의는 아직 없지만, 플랫폼 사업자는 배타적 기술력과 시장 선점을 무기로 다수의 이용자를 끌어들여 네트워크 효과를 누리고, 이용자는 플랫폼을 활용하여 낮은 비용으로 상품을 판매하는 등 수익을 창출하는 비즈니스 생태계를 의미한다고 볼 수 있다.

디지털 네트워크상에서 이루어지는 경제적 거래가 증가하면서 소비자와 기업, 나아가 산업과 산업을 연결하는 네트워크 플랫폼의 경제적 힘이 확대되고 있다. 이에 따라 세계 경제는 플랫폼을 장악한 소수의 디지털 제국 기업들을 중심으로 재편되고 있다. 구글, 아마존, 중국의 알리바바와 텐센트 같은 현재의 인터넷 거대기업들은 그들만의 플랫폼 안에서 가치를 만들어내는 사용자들의 기여로 경제적인 이익을 창출한다. 플랫폼 내에서 사용자들에게 돈이 아닌 다른 가치(예를 들어, 페이스북의 경우에는 친구들까이 사진 공유를 통해 느끼는 친밀함)를 제공해 주고, 기업은 그로부터 경제적인 이익을 취하는 구조이다.

디지털 경제의 플랫폼은 그 성격에 따라 혁신플랫폼(innovation

platforms), 거래플랫폼(transaction platforms), 통합플랫폼(integrated platforms), 투자플랫폼(investment platforms) 등으로 나뉜다. 혁신플랫폼은 구글과 애플의 안드로이드, iOS와 같이 플랫폼의 보완적인 기술과 상품 및 서비스를 생산·유통·공유할 수 있는 플랫폼을 말한다. 거래플랫폼은 아마존, 알리바바, 우버 등과 같이 플랫폼을 통해 사용자들간의 상품과 서비스의 거래를 수반하는 플랫폼을 말한다. 통합플랫폼은 혁신플랫폼과 거래플랫폼이 통합된 플랫폼을 말하여 구글과 아마존 그리고 알리바바 등이 이에 해당한다. 투자플랫폼은 프라이스라인(priceline)과 오픈 테이블(open table) 등과 같이 여행, 음식 등과 같은 특정 플랫폼으로 포트폴리오를 구성, 투자 및 관리를 하는 지주회사와 같은 역할을 한다(KT경제경영연구소·한국인터넷진흥원, 2016).

(2) 플랫폼 기업과 비즈니스의 변화

플랫폼 기업들은 각각의 시장을 지배하는 것을 넘어 경제 전반의 네트워크를 장악하여 독점적인 지위를 또 다른 영역으로 확장해 나가고 있다. 구글, 아마존, 페이스북, 알리바바와 같은 기업들은 모든 기업들이 소유하기를 원하는 수십억 명의 사용자에게 다가갈 수 있는 통로를 가지고 있다. 이 통로를 통해 정보와 데이터를 손쉽게 수집할 수 있을 뿐만 아니라, 이들 사용자와 제조사, 유통사를 서로 연결함으로써 새로운 비즈니스가 가능하도록 하는 힘을 가지게 된다.

이처럼 제4차 산업혁명은 제조업 중심의 이전 산업혁명과 달리 플랫폼 상에서 가치를 창출하고 경제활동을 영위한다. 플랫폼 레볼루션(Platform Revolution)의 저자 중 한 사람이면서 플랫폼 싱킹 랩스 설립자인 상지트

폴 초더리(Sangeet Paul Choudary) 역시, '파이프라인 형태의 비즈니스가 대부분이었던 제1, 제2, 제3차 산업혁명과는 다르게 제4차 산업혁명을 이끌 주인공은 플랫폼을 구축하거나 활용하는 기업이 될 것'이라고 강조한 바 있다.

종업원이 30만 명이 넘고, 전세계 80여개 국의 공장에서 제품을 생산하는 대표적인 제조업체인 삼성전자는 2018년 1월 현재 시가총액이 약 370조 원에 달한다. 이에 비해 대표적인 플랫폼 기업인 페이스북은 종업원이 2만 명이고 직접 생산하는 제품이나 서비스는 사실상 없다. 그럼에도 시장가치가 약 550조 원으로 삼성전자의 1.5배에 달한다. 페이스북의 자산은 네트워크에 있다. 친구맺기로 가상공간의 플랫폼을 제공한 후 전 세계 약 20억 명의 사용자로부터 광고 수익을 올린다.

미국 젊은층 사이에서 인기를 끌고 있는 스냅챗(Snapchat)[13]은 2015년 '포브스'가 뽑은, 기업의 시장가치를 직원 수로 나눈 직원 1인당 기업가치가 가장 큰 회사다. 이 회사는 지난 2017년 3월 2일, 미국 뉴욕증권거래소(NYSE)에서 첫 거래를 시작한 첫날 공모가인 17달러 보다 약 40% 높은 24.48달러에 거래를 마치면서 시가 총액이 우리 돈으로 약 38조 원에 육박해 세상을 놀라게 했다. 출시 2년 만인 2013년에 페이스북 CEO인 마크 주커버그가 인스타그램을 인수할 때와 같은 금액인 10억 달러에 인수를 제안했으나 거절했으며, 지난 2017년 여름에는 구글이 약 300억 달러에 인수

---

13) 스냅챗은 2011년 9월에 출시된 사진과 동영상 공유에 특화된 모바일 메신저로 보내는 사람이 받는 이의 확인 시간을 설정해 일정 시간 후 메시지를 자동 삭제할 수 있는 휘발성 인스턴스 메시징 서비스를 제공하고 있으며, 북미와 유럽지역을 중심으로 2017년 현재 약 1억 7천만 명 이상의 일일 사용자(DAU, 가입자 아님)를 보유하고 있다.

를 제안했으나 거절했다는 소문도 있다. 시장에서는 스냅챗이 가진 네트워크의 가치를 그만큼 높게 평가하는 것이다.

　네트워크와 플랫폼은 비즈니스의 판도를 바꾼다. 집을 가진 사람과 숙소가 필요한 사람을 이어주고 수수료를 받는 에어비앤비(Airbnb)는 직접 소유한 호텔이나 부동산 없이도 호텔 비즈니스를 뒤흔들고 있다.14) 2008년 8월 설립된 에어비앤비의 기업가치는 약 34조 원으로 매리어트나 힐튼과 같은 어떤 호텔체인보다도 그 시장가치가 높다. 또 다른 플랫폼 기업 우버는 2016년 기준 전 세계 72개국 약 500개 도시에서 스마트폰에서 클릭 한 번으로 택시를 부를 수 있다. 그런데 이 우버는 모바일 앱 하나가 전부다. 바로 이 택시 공유 서비스로 설립 6년 만에 129억 달러의 자금을 유치하고 2017년 기준 기업가치가 80조 원에 육박한다.15) 현대자동차는 물론이고 BMW나 혼다보다 높은 가치다.16)

---

14)　2018년 10주년을 맞는 에어비앤비는 2018년 현재 8만개가 넘는 도시에 숙소 약 450만 개를 갖춘 세계 최대 숙박 플랫폼으로 성장했다. 숙소가 1만개 이상 등록된 도시가 55곳에 달한다. 지난 10년간 여행객이 에어비앤비에 숙박한 횟수는 모두 3억 건이 넘어 평균적으로 1초마다 3명의 여행객이 세계 어느 도시에선가 에어비앤비 숙소에 체크인을 한다.

15)　가장 공격적으로 차량 공유 서비스 투자에 나서고 있는 소프트뱅크는 지난 2018년 1월 우버의 최대 주주가 됐다. 두 달 간에 걸친 지분 인수 작업을 통해 소프트뱅크 주도의 투자자 그룹은 최종적으로 17.5%의 우버 지분을 넘겨 받았으며, 소프트뱅크는 단독으로 15%의 우버 지분을 보유하게 됐다. 단독 투자액만 77억달러(약 8조원)에 이른다.

16)　카셰어링과 카헤일링(자동차 호출)이 미래 자동차 산업의 거대한 축으로 부상하면서 글로벌 완성차 업계는 물론 거대 ICT기업들까지 잇따라 투자에 나서 돈이 몰리고 있다. 골드만삭스는 2017년 360억달러 수준이던 글로벌 차량공유 시장규모가 2030년에 2850억 달러까지 커질 것으로 전망했으며, 유럽 최대 컨설팅업체 롤랜드버거는 2030년에는 차량공유 시장이 전체 자동차산업의 40%를 차지할 것으로 내다 봤다.

미국의 다국적 경영 컨설팅 기업 액센츄어(Accenture, 2016)에 따르면 글로벌 Top 15개의 플랫폼 기업은 글로벌 시장에서 약 2.6조 달러(약 3,000조 원)의 시장가치를 기록하고 있고 디지털 경제의 핵심인 플랫폼의 확보를 위한 전례없는 투자가 이루어지고 있다. 이는 1995년 인터넷 기업들의 시장가치 약 168억 달러와 비교해도 150배가 넘는 규모다. 또한 초거대 규모의 플랫폼 기업을 제외하고도 약 140개의 유니콘 기업(시장가치 1조 원 이상의 벤처기업)이 생겨났고, 현재 약 5,000억 달러의 시장가치를 기록하고 있어 플랫폼 기업의 시장가치는 3조 달러가 넘는 것으로 나타났다.

플랫폼 기업은 대규모 인력이나 공장, 설비가 필요하지 않기 때문에 성장도 빠르다. 포춘 500대 기업을 기준으로 과거 기업들은 시장가치 10억 달러가 될 때까지 성장하는데 평균 20년이 걸렸지만 페이스북은 6년, 에어비앤비는 채 3년도 걸리지 않았으며, 앞서 예를 들었던 스냅챗은 불과 1년 만에 10억 달러에 도달했다.

게다가 앱 스토어, 아마존, 알리바바, 유튜브, 페이스북과 같은 시장유통 플랫폼은 제품과 서비스의 글로벌 시장진입 비용을 획기적으로 줄여주고 있다. 최근에 등장한 아이디어 플랫폼인 퀼키(Quirkey), 지식재산권 연결 플랫폼인 9시그마, 시제품 지원 플랫폼인 테크숍(Tech-shop), 초기자금 크라우드펀딩 플랫폼인 킥스타터(Kickstarter), 대량 생산 플랫폼인 폭스콘(Foxcon) 등은 제품과 서비스의 개발을 획기적으로 쉽게 하고 있다. 실제로 2000년에 500만 달러에 달했던 실리콘밸리 평균 창업비용이 현재는 0.1% 수준인 5,000달러 수준으로 감소했다고 한다.

성공적인 플랫폼 기업들은 중국, 인도 등 아시아에서도 속속 등장하고 있다. 중국의 대표적인 플랫폼 기업인 알리바바와 텐센트는 아시아 기업 중 시가 총액 1, 2위를 다투고 있다. 일본의 전자상거래 기업 라쿠텐, 인도의 전자결제업체 페이티엠 등과 같은 플랫폼 기업들도 영역을 확장 중이다.

국내에서는 카카오톡 플랫폼이 빠르게 진화·성장하고 있다. 과거 카카오톡의 이용자들이 이모티콘·게임·플러스친구의 광고 정도를 이용했다면 이제는 결제와 뱅크 서비스는 물론, 카카오T와 같은 모빌리티의 진화까지 경험하게 되었다. 얼마 전에는 인터넷 전문은행 카카오뱅크 열풍으로 다시 한번 플랫폼의 위력을 보여주었다. 시중은행보다 유리한 금리조건과 사용자 편의성 등 인터넷 전문은행의 보편적 특징 외에도 약 4,200만 명의 가입자를 보유한 카카오톡의 영향력이 큰 힘을 발휘한 것이다. 카카오뱅크는 인터넷 전문은행이라기보다는 카카오톡이라는 거대한 플랫폼의 일부로 해석해야 한다. 카카오가 인터넷은행으로 당장 수익을 기대하기는 어려울 것이라는 관측에도 불구하고, 향후 성장성이 높다는 평가를 받는 것도 이 같은 플랫폼의 힘이 크게 작용한 것이기 때문이다.

카카오는 2017년 3월 카카오 주문하기(음식 배달), 4월 장보기(쇼핑), 7월 카카오뱅크에 이어, 3분기 AI(인공지능) 스피커 카카오미니, 4분기 모바일 주차 서비스 카카오T주차 등 줄줄이 신사업을 출시했다. 사업 영역이 다양해지고 있는 것이다. 카카오는 2017년 2월 인공지능 연구 자회사 카카오브레인을 시작으로, 3월에는 카카오메이커스(주문생산 플랫폼 사업), 4월 카카오페이(간편결제), 5월 카카오모빌리티(택시·대리운전·내비게이션 등 교통사업), 8월 카카오게임즈(게임)를 연이어 분사시켰다. 독립법인으로 분리시켜 각 사업의 전문성을 키우고 의사결정과 실행 속도를 높이겠다는 전략이다.

네이버의 경우 자사 서비스에 인공지능 기술을 접목시키는 전략을 활용하고 있는데, 네이버의 인공지능 플랫폼 Clova의 경우 대중 메신저가 없어 애플리케이션을 활용한 전략을 펼치고 있다. Clova를 LG전자, 코웨이, LG유플러스, 우리은행 등에 제공하기로 했으며, 매우 방대한 데이터를 보유한 것이 강점이다.

이처럼 플랫폼 기업들은 기존 제품이나 서비스의 기능을 개선하거나 가격을 낮추는 전통적인 방식으로 경쟁하는 대신 한 분야에서 상당한 수준의 네트워크를 확보한 후 이를 기반으로 다른 산업에 진출하여 그 산업의 경쟁구도를 제품 주도에서 네트워크 주도로 재구성하고 또 다른 산업으로 영역을 확장해 나간다(마르코 이안시티 외, 2017). 대표적으로 구글은 이러한 전략을 M&A를 통해 구사하고 있다. 2003년 파이랩스를 시작으로 키홀과 안드로이드를 사들여 G메일과 구글지도, 안드로이드 OS를 잇달아 내놓았다. 그 후 유튜브와 모토롤라, 알파고 딥마인드까지 구글이 인수한 기업은 200개가 넘는다. 앞서 언급했던 것처럼 구글의 자율주행차, 아마존의 식품업체인 홀 푸드 인수, IBM 왓슨의 의료산업 영향력 등 이들 디지털 제국기업들은 기존 산업 영역에서의 영향력을 넘어 다른 산업분야로 전방위적으로 확산해가며 새로운 비즈니스 컨셉으로 부와 영향력을 독점하고 있다. 이러한 일종의 도미노 효과는 과거에도 존재했었지만 최근에는 네트워크의 양적·질적 규모가 더욱 커지면서 그 확산 속도가 점점 더 빨라지고 있다. 현재 추세가 지속된다면 플랫폼 경제가 더 많은 산업으로 확산되고 그에 따라 데이터, 가치, 권력이 소수의 디지털 제국기업으로 더욱 집중될 것이다.

플랫폼 경제에서는 가치사슬의 역류가 하나의 큰 특징이라고 할 수 있다. 가치 발생의 출발점이 기존의 공급자에서 고객의 관점으로 이동한다는 것이다. 이는 시장(고객)을 중심으로 정보공유를 실시간으로 진행하고, 특정 프로세스에 개입되는 모든 주체들 간 협업이 가능하도록 만듦으로써 관련된 업무를 병렬적으로 처리하기 때문에 가능해졌다. 또 다른 특징은 가치사슬의 수직적·수평적 통합이 이루어지고 있다는 점이다. 기업 간의 수평적·수직적 제휴에 의해 새로운 가치사슬이 구축되고 플랫폼 비즈니스를 수행한다. 뿐만 아니라 다양한 플랫폼 참여자들이 컨텐츠 생산자이자 소비자 즉, 프로슈머의 형태로 변화하고 있다.

플랫폼 모델은 오늘날 가장 빠른 성장세로 가장 강력하게 기존 질서를 파괴한 기업들, 즉 구글, 아마존, 마이크로소프트부터 우버, 에어비앤비, 이베이가 거둔 성공의 토대였다. 게다가 플랫폼은 경제와 사회의 다른 영역, 의료, 교육, 에너지 및 행정 분야에까지 변화를 가져오기 시작했다. 그리고 앞으로 더 큰 변화의 바람이 우리 일상에 불어 닥칠 것이다(마셜 밴 앨스타인 외, 2017).

4. 공유경제(sharing economy)와 분산경제

(1) 효율적 소비에서 효율적 생산으로

네트워크와 플랫폼으로 인해 대두된 또 하나의 개념이 공유경제다. 본래 공유경제라는 개념은 우버나 에어비앤비를 떠올리는 지금의 공유경제 개념과는 달리 제품이나 서비스를 소유하는 것이 아니라, 필요에 의해 서로 공유하는 활동을 의미하는 용어로 대량생산, 대량소비, 낭비, 개별주의 경제

관념 등의 자본주의 문화와 대비되는 개념으로 등장했다.[17]

공유경제라는 개념은 1984년 하버드대 경제학과 교수인 마틴 와이츠먼 (Martin Weitzman)이 공유경제: 불황을 정복하다라는 논문을 통해 경제침체 극복 방안으로 이미 있는 자원을 여러 명이 빌려 쓰거나 물물교환을 통해 소유하지 않고 공동으로 소비하는 개념으로 처음 제시하였으며, 그 다음 해인 1985년에 미국의 스태그플레이션(stagflation)에 저항할 대책으로 공유경제를 내세우며, 공유 경제(The Share Economy)라는 책을 출간한 것이 시작이라고 할 수 있다.

이후 2008년 하버드대 로렌스 레식(Lawrence Lessig) 로스쿨 교수가 저서 리믹스(Remix)에서 "앞으로의 경제체제는 상업경제와 공유경제가 공존하는 융합경제로 발전할 것이다"라고 언급하며 본격적으로 알려지기 시작했다. 이 시기는 2008년 세계 경제위기 이후 저성장, 취업난, 가계소득 저하 등 사회문제가 심해지자 과소비를 줄이고 합리적인 소비생활을 하자는 인식이 등장했던 시기다. 로렌스 레식 교수는 공유경제라는 단어를 '한번 생산된 제품을 여럿이 공유해 쓰는 협업소비를 기본으로 한 경제방식으로, 자원의 사용가치를 극대화하는 소비문화이자 경제방식'이라고 정의하였다 (Lawrence Lessig, 2009). 레식 교수는 공유경제가 ICT의 발전에 힘입어 재화를 소유의 관점이 아닌 상호 필요에 의한 대여를 통해 이루어진다고 설

---

17) 용어의 사용과는 별개로 공유경제라는 개념 자체는 과거에도 존재했다. 일례로 중세 유럽의 마을에 흔히 존재했던 대규모 화덕이 대표적이다. 영주가 자원낭비를 이유로 각 가정의 화덕을 금지하자 마을 사람들은 광장에 대규모 화덕을 만들어 빵을 굽거나 스프를 데우기도 했다. 효율적인 자원의 활용을 위한 소비의 방법론이다. 물론 새학기가 시작되면 교복을 물려주거나, 주말마다 곳곳에서 열리는 벼룩시장에서 사용하지 않는 물건들을 사고 파는 것도 공유경제의 일종이다.

명했다(머니투데이, 2017).

한편, 2011년 미국 시사주간지 타임지는 세상을 변화시키는 10개 아이디어 중 하나로 공유경제를 꼽기도 했다. 현대 자본주의 사회의 모순과 낭비, 환경오염 등을 막을 수 있는 착한 경제로 주목했던 것이다. 공유경제는 본질적으로 수요와 공급의 원칙이 작용하는 차가운 경제학이 아닌, 나눔과 상생이 작용하는 따뜻한 경제학에 근간을 두고 있다고 할 수 있다.

여기서 자본주의의 역사와 좀 더 관련시켜보면 18세기 말 산업혁명의 시작으로 소위 말하는 계급시대는 끝이 난다. 기계로 인한 생산력 증대가 계층 간 이동을 활발하게 만들었고 이 과정에서 막대한 부를 축적한 부르주아 계급을 중심으로 새로운 경제질서가 짜여 졌기 때문이다. 이때부터 타고난 신분에 관계없이 이제 누구나 노력하면 막대한 부와 권력을 가질 수 있으며, 개인의 노력에 따라 사회적 지위가 변하는 변형된 새로운 계급제도가 시작됐다고 볼 수 있다.

그러나 영원할 것 같았던 자본주의 체제에도 단점이 나타나기 시작했다. 막대한 부와 권력을 가진 사람들이 자신들만의 이상향을 만들어 자본을 무기로 하는 지배구조를 완성했기 때문이다. 부익부 빈익빈 문제가 심각해지고 한쪽에서는 기아로 아이들이 죽어나가는 반면, 한쪽에서는 남아도는 식량을 바다에 버리는 부조리가 발견된다. 이 문제는 2000년대 중반 글로벌 금융위기를 기점으로 곪았던 상처가 터지고 만다. 세상을 떠들썩하게 만들었던 월스트리트 시위와, 지난 미국 대선에서 힐러리 클린턴 민주당 후보와 경쟁했던 버니 샌더스 열풍의 배경은 바로 자본주의 체제에 대한 불만의 표현으로 이해할 수 있다. 인류의 비약적인 발전을 이끌었던 대량생산 체제에 대한 회의감이었다(Economic Review, 2016). 이것이 로렌스 레식 교수가 공유경제의 개념을 설명한 배경이다. 즉 욕망에 기반한 소유에만 집착하는 경제구조에서 벗어나 자본주의가 가진 근원적인 문제를 해결하자는 취지였다.

따라서 초기의 공유경제 개념은 경제활동, 즉 이윤을 창출하고 재화를 확보하는 것보다 효율적인 소비의 방식을 추구했다는 점이 특징이었다. 그러나 우버나 에어비앤비로 대표되는 현재의 '공유경제'는 소비의 효율화라는 처음의 공유경제 개념과 달리 소비방식의 변화에 그치지 않고 이를 통해 이윤 창출을 목표로 한다는 점이 다르다. 현재의 네트워크와 플랫폼에 기반한 공유경제는 이용자와 중개자, 사회전체 모두에게 이익이 되는 윈윈(win-win)구조를 지향한다. 전통경제에서 제품 생산과 판매를 통해 벌어들인 수익과 사회 환원을 분리하여 활동했다면, 공유경제에서는 거래 당사자들이 이익을 취할 뿐만 아니라 거래 자체가 자원의 절약과 환경문제 해소를 가능하게 하여 사회 전체에 기여하는 방식이라는 차이점이 있다.

현재 우리가 디지털 디맨드 경제(digital demand economy) 또는 온디

(그림 3-1) 공유경제 비즈니스 모델

자료 : 머니투데이(2017.02.02.)

맨드 경제(on-demand economy)라고 부르는 공유경제는 유휴자원이 있는 개인과 이를 필요로 하는 개인을 매개시켜주는 플랫폼 기업을 토대로 발전했다고 할 수 있다. (그림 3-1)에 나타난 바와 같이 모든 공유경제 비즈니스 모델에는 플랫폼 사업자가 존재하며 이들이 ICT 기술 발전의 끝에서 O2O(online to offline)의 방법론으로 수요자와 공급자를 영리하게 연결한다. 공동의 소비가 공동의 경제로 넘어가며 무게중심이 재화 소비에서 재화 창출로 넘어간 셈이다.

(2) 공유경제의 특징과 새로운 변화

공유경제가 본격적으로 확산되기 시작한 것은 미국의 짚카(Zipcar)가 자동차 대여시간을 10분 단위로 쪼개는 방법을 통해 새로운 차량공유 서비스 시장을 개척한 때부터라고 할 수 있다. 이후 미국 등 일부 국가를 중심으로 급격하게 확산되어 이제는 자동차뿐만 아니라 사무공간이나 의류 등 다양한 물건, 그리고 다양한 분야에서 공유경제 형태를 활용하여 서비스가 제공되고 있다.

최근의 SNS, 모바일 결제 등 ICT 발전이 개인 대 개인의 거래를 편리하게 만들어 공유경제의 활성화를 가능하게 한 요인이라고 할 수 있으며, ICT를 활용한 공유경제는 기존의 경제방식과 비교되는 다음과 같은 특성이 있다.

첫째, 언제 어디서나 이용할 수 있는 이용 편의성이다. 공유경제 개념이 등장하기 이전에도 벼룩시장(flea market)과 사회적 기업이 일정 부분에서 자원의 공유와 재분배 기능을 맡아 왔었다. 하지만 이러한 기존의 모델들은 공유경제 모델처럼 ICT를 활용해 언제 어디서나 자원을 공유하고 이용할 수 있는 편의성은 없었다. 최근 공유경제가 다시 부상하는 배경의 중심에는 스마트폰과 ICT의 발전을 통해 언제 어디서나 이용할 수 있는 편의성이 있다고 할 수 있다.

둘째, 개인 간(P2P, C2C)거래로써 플랫폼 매커니즘을 기본 체계로 하며, 페이스북 등 SNS를 신뢰구축 수단으로 활용한다는 점이다. 기존의 렌탈 서비스, 사회적 기업 등 유사 개념들은 기본적으로 B2C모델이지만, '공유경제'는 개인과 개인을 연결하는 양면시장 모델로 플랫폼 매커니즘을 기본체계로 한다. 특히 거래가 이루어짐으로써 개인 판매자와 구매자 모두가 이익을 얻을 수 있다는 점과 신뢰기반이라는 특징이 두드러진다.

셋째, 자원의 거래 범위가 매우 넓다고 할 수 있다. 공유경제는 희소자원을 소유권에 관계없이 공유하여 사용할 수 있다는 특징을 가지고 있어 자원의 사용 범위가 넓어진다. 또한 협력적 소비가 비용을 낮추어 추가적인 거래를 만들어 낼 수 있다. 최근에는 유형의 재화뿐만 아니라 무형의 개인능력을 공유함으로써, 서비스 시장에 생산자로 참여하지 못했던 일반인이 공유경제의 판매자로 참여하고 있다. 미국의 대표적인 온라인 기반 플랫폼 피버(Fiverr)가 대표적인 사례라고 할 수 있다. 2010년에 설립된 피버에는 약 300만 건의 재능이 등록되어 있으며, 매일 4,000건 이상이 추가되고 있다. 디자이너, 편집자, 번역, 애니메이터, 프로그래머 등 비교적 광범위한 영역에 걸친 전문적인 메이커들의 재능이 등록되어 있으며, 약 200여 개국의 클라이언트들이 자신에게 필요한 재능에 대해 최소 5달러 이상을 지불하고 다양한 메이커 활동을 이용할 수 있도록 서비스를 제공하고 있다.

넷째, 사회적 가치를 생산한다는 특징이 있다. 공유경제는 재화의 잔존가치가 소멸할 때까지 공유하여 사용함으로써 합리적이고 지속 가능한 소비를 할 수 있게 해준다. 비슷한 개념인 렌탈 서비스는 잔존가치가 존재해도 상품성이 떨어지면 재화의 수명이 소멸한다. 또한 능력 등 무형적 자원의 거래는 개인 및 지역사회의 새로운 수익원이 되고 있으며, 지역경제 활성화, 일자리 창출 등 사회문제 해결에 긍정적인 효과를 주고 있다. 이와 같은 '공유경제'의 특성을 기존의 전통경제와 비교하면 다음 〈표 3-1〉과 같다.

ICT의 확대는 공유의 핵심이라고 할 수 있는 재화의 발견과 거래비용의 감소를 가져오는 인프라의 확대를 의미한다. ICT 발전과 인터넷과 같은 네트워크 인프라의 확대로 과거에는 공유하는데 비용이 많이 들어갔던 것들까지 적은 비용으로 쉽게 공유가 가능해지면서 공유의 대상과 폭이 훨씬 넓어지게 되었다. 그러므로 이를 활용한 플랫폼 경제가 공유경제의 확대에 큰 역할을 하고 있다고 볼 수 있다.

〈표 3-1〉 전통경제와 공유경제의 비교

구분	전통경제	공유경제
목표	이윤 창출, 소유	가치 창출, 사회적 가치
소비 방식	과잉소비, 개인적 소비	협력적 소비, 공유, 교환
작동 동인	경쟁, 이윤, 가격	비가격 요소, 사회적 가치, 신뢰
거래 체계	시장 매커니즘	플랫폼 매커니즘
거래 주체	B2C	C2C, P2P, B2C
거래 관계	경쟁기반	신뢰기반
신뢰 확보	과거 경험	SNS, 인터넷 후기
사용 비용	고가	저가
사용 기간	장기간, 사용횟수 적음	단기간, 사용횟수 많음
결과	자원고갈, 환경오염	자원절약, 사회문제 해결

자료 : 김형균·오재환(2013), 황영모(2016)의 내용을 수정 보완

나아가 미래에는 블록체인 기술이 공유경제와 결합하면 더 획기적인 변화를 가져올 수 있다. 공유경제가 활성화되기 위해서는 보안과 신뢰에 대한 문제가 해결되어야 하는데, 블록체인이 이를 해결해 줄 수 있기 때문이다. 공유경제에 블록체인 기술을 도입하게 되면 거래에 대한 신뢰를 보장해 주기 때문이다. 블록체인에 사용자 차량이나 집을 연동하고 사물인터넷(IoT)과의 결합을 통해 사물 스스로가 스마트한 계약을 실행할 경우, 중개기업을 거치지 않는 사용자간 직접거래가 실현되게 된다. 이런 의미에서 블록체인이 가져올 새로운 경제의 모습을 탈중앙 분산경제라고 표현하기도 한다.

　블록체인은 데이터를 중앙서버에 집중하지 않고 네트워크 참가자들의 PC에 실시간으로 분산 저장한다. 따라서 중개자 혹은 강력한 중앙관리자가 필요 없고, 참가자 과반수 이상의 장부에서 일치한 것만을 블록으로 인정하기 때문에 조작이 불가능하다. 블록체인에서는 개인 간 암호화된 거래만 존재할 뿐이고 이용자의 신원정보와 금융결제 정보가 해킹당할 위험이 없다. 물론 거래내역을 조작할 수도 없다. 이용자의 과거 거래내역과 평판을 확실하게 검증할 수 있고, 이 평판을 근거로 불량 사용자들의 접근 권한을 통제할 수도 있다.

　블록체인 기술은 가상화폐를 넘어 다양한 응용 비즈니스 모델로 속속 발전하고 있다. 대표적인 공유경제인 에어비앤비 서비스와 블록체인이 결합된다고 해보자. 에어비앤비는 자신의 집을 여행하는 사람들에게 돈을 받고 빌려주는 서비스다. 그러나 서로 모르는 사람끼리 거래를 하기 때문에 신뢰가 부족할 수 있다는 문제가 있다. 이를 블록체인이 해결해 줄 수 있다. 신뢰성을 보장해 주는 블록체인이 에어비앤비에 적용이 되면, 숙소를 빌리는 사람들에게는 숙소 제공자에 대한 신뢰를 보장해 준다. 또한 블록체인을 활용해 해외 송금 결제도 간편하게 할 수 있기 때문에 전 세계 숙소를 쉽게 결제할 수 있고, 이중지불도 막아준다. 대표적으로 독일의 스타트업인 슬로킷은 블록체인과 에어비앤비 모델을 적용한 서비스를 만들었으며, 이스라엘의 스타트업 라주즈는 이동거리에 따른 요금을 암호화폐 주즈(zooz)로 지급하는 블록체인 기술을 적용한 차량공유 서비스를 만들기도 했다.

제2절 디지털 기술혁신이 가져온 산업의 변화

제4차 산업혁명의 기술변화는 필연적으로 산업에 영향을 미치고 새로운 변화를 가져오고 있다. 기존산업 분야에 제4차 산업혁명의 신기술이 적용됨으로써 급격한 생산성 향상이 진행되고 있다. 한편으로는 종래에는 없었던 새로운 유망분야가 등장하고 이를 중심으로 다양한 신산업 창출이 이루어지기도 한다. 또한 개별산업 차원이 아닌 국방이나 행정과 같은 공공부문에서도 (그림 3-2)와 같이 국가적 현안 해결을 위해 제4차 산업혁명의 신기술 활용이 시도되고 있다.

(그림 3-2) 제4차 산업혁명의 산업 및 공공분야 영향

1. 디지털 기술혁신과 생산성 향상

먼저 기존산업에서의 생산성 향상이 선진국이나 개도국에서 공통적으로 가장 많이 관찰되고 있는 현상이다. 각국에서 이전부터 추진되어온 제조업 혁신과 최근 들어 부각되고 있는 제4차 산업혁명의 움직임은 공통적으로 기존산업의 경쟁력 강화나 신규 유망산업의 육성이라고 하는 두 가지 과제 중 어딘가에 초점을 맞추고 있다. 비중으로 보면 기존산업의 경쟁력 강화 또는 생산성 향상이 주류를 이루는 것으로 보인다.

스마트 팩토리, 사이버물리시스템, 첨단제조방식은 대표적인 생산성 향상 혁신활동에 해당한다. 이들 정책의 중점은 제조과정이나 방법의 혁신에 있고 새로운 분야에 대한 R&D 투입이나 확대가 아니라 R&D 자체의 성격이 변화해야 한다는 점에 착안하고 있다. 전통적인 산업정책으로서의 제조업 경쟁력과 새로 등장하는 과학기술정책으로서의 ICT, 소프트웨어가 결합하여 새로운 제조방식을 가능케 할 수 있다는 것이다.

생산성 향상이 요구되는 배경이나 상황은 국별로 다양하고 복잡하지만 이론적으로 볼 때 신축적 전문화(flexible specialization)의 관점이 생산성 향상의 의미를 이해하는 데 도움을 줄 수 있다. 오래 전에 피오레와 자벨(Piore & Sabel, 1984)은 제2차 산업분기점이라는 저서를 통해 컴퓨터의 활용과 시장의 유연화로 대량생산 체제와 신축적인 조정메커니즘이 공존할 수 있다는 점에 주목하였다. 이들은 1차 산업분기점이 19세기에 있었고 1980년대가 2차 산업분기점이 지나가는 시기라고 보았는데, 이러한 관점에서 보면 지금의 시점은 3차 또는 4차 산업분기점의 시기에 해당한다고 볼 수 있다. 독일의 인더스트리 4.0이 제조업과 ICT의 결합을 통해 생산체제를 전환하는 데 주력하고 있고, 미국의 첨단제조구상 역시 기존 제조업의 근본적 변화와 새로운 첨단기술을 활용한 제품개발에 중점을 두고 있기 때문이다.

산업혁명 이후 오랜 기간에 걸쳐 지속적인 생산성 향상이 이루어졌고 1980년대 들어서는 정보기술(ICT) 혁명 또는 ME(microelectronics) 혁명의 국면이 도래함에 따라 다시 한 번 생산성 향상에 커다란 진전이 이루어졌다.[18] 이후 전개되기 시작한 인터넷 혁명 또는 디지털 혁명 그리고 최근 부각되고 있는 제4차 산업혁명이 새로운 변수가 되고 있는 바, 이를 제조업과 연계한다는 것이 생산성 향상의 기본 취지라고 볼 수 있다.

생산성은 현재의 여건을 주어진 것으로 간주하고 그 틀 안에서 경제적이고 합리적인 행동을 통해 비용을 절감하거나 수익을 증대하려고 하는 것이다. 반면에 산업의 발전, 기술의 변화, 기업의 환경적응은 비연속적으로 이루어질 가능성이 높기 때문에 전략적인 환경창조나 혁신활동이 요구된다는 것이 어버나시(Abernathy, 1978)의 주장이다. 이처럼 생산성의 딜레마를 받아들이면 생산성 향상은 혁신의 취지와 일견 모순될 수도 있다.

그러나 최근의 제4차 산업혁명이 지향하는 생산성 향상은 종래의 제조과정이나 생산방법을 유지하면서 약간의 변화를 도모하는 것이 아니라는

---

18) 우리가 흔히 제3차 산업혁명이라고 부르는 정보기술 혁명이 생산성에 미친 영향에 대해서는 찬반양론이 모두 존재하고 있음을 밝혀둔다. 생산성에 미친 영향에 대해 부정적인 견해는 정보통신설비에 대한 투자가 증가함에도 불구하고 기업, 산업 및 국가 수준의 생산성이 비례해서 증가하지 않거나 오히려 감소하는 현상을 이야기한 로버트 솔로우(Robert Solow)의 IT투자의 '생산성 역설'이나, 미국의 경제학자 로버트 고든(Robert Gordon) 교수가 미국의 성장은 끝났는가라는 저서에서 1960년대 이후 본격화된 컴퓨터와 네트워크 기반의 3차 산업혁명은 엔터테인먼트 등 협소한 분야에만 영향을 줘 성장을 끌어내는 힘이 떨어진다고 주장했던 것이 대표적이다.

점에 유념할 필요가 있다. 대표적인 혁신활동의 하나인 스마트팩토리의 경우 첨단기술을 접목하여 생산성을 획기적으로 향상시키고자 하는 것이기 때문에 패러다임의 전환을 통해 대폭적인 개선이나 전환을 달성하려는 혁신적 활동에 해당한다고 볼 수 있다.

2. 디지털 기술혁신과 신산업 창출

다음으로 유망분야를 중심으로 한 신산업 창출에 대해 살펴볼 필요가 있다. 어버나시와 어터백(Abernathy & Utterback, 1978)에 의하면 산업 내 혁신활동은 제품혁신(product innovation)과 공정혁신(process innovation)으로 나눌 수 있고 혁신 패턴에 있어서 시간의 흐름에 따라 제품혁신과 공정혁신의 비중이 변화하게 된다. 즉 초기에는 제품혁신이 주류를 이루다가 후기에 이를수록 공정혁신의 비중이 높아진다는 것이다.

제4차 산업혁명의 산업적 영향을 구성하는 양대 축인 유망분야 육성과 첨단제조방식 접목은 굳이 분류를 한다면 전자가 제품혁신에, 후자가 공정혁신에 해당한다고 볼 수 있다. 주요국들의 정책 중에서는 양자를 모두 지향하는 경우도 있지만, 많은 경우 공정혁신에 치중하는 경향이 있다. 제4차 산업혁명의 기술을 이용한 유망분야 발굴과 신산업 창출은 상대적으로 더 어렵게 여겨지거나 덜 추진되고 있는 것으로 보인다. 그 이유는 대부분의 산업에서 이미 혁신이 성숙화가 진행되어 지금까지 없었던 전혀 새로운 산업과 제품의 창출을 기대하기 어렵다는 상황논리와 무관하지 않다. 하지만 이를 뒤집어 생각해보면 새로운 제품과 산업의 창출이 그만큼 더 파괴력이 있다는 의미일 수 있다. 따라서 제4차 산업혁명이 도래하면서 가까운 미래에 어떠한 분야들이 유망하게 대두될 것인지를 예측하고 그에 대한 대응체제를 갖추는 것이 현실적으로 더욱 필요하다고 할 수 있다.

우리나라의 경우, 문재인 정부는 새 정부 경제정책방향을 발표하면서 제4차 산업혁명 대응태세 강화를 주요 시책으로 제시하였고 그 일환으로 〈표 3-2〉와 같이 9대 분야에 걸쳐 미래산업 육성계획을 확정했다. 물론 여기에 포함된 9개 산업분야는 그 자체가 제4차 산업혁명 시대의 성장산업이기도 하지만 과거부터 이어지던 미래성장동력과 크게 다르지 않다. 금융, 의료, 유통, 농업, 교육 등 보다 폭넓은 분야에서 제4차 산업혁명의 신기술

〈표 3-2〉 제4차 산업혁명 미래산업 육성계획

분야	육성계획
친환경·스마트카	충전인프라 확충 등 전기차수소차 획기적 보급 확대, 자동차-ICT융합 플랫폼 구축, 전기차수소차 안전기준 마련
첨단기술산업	반도체·디스플레이·탄소산업 등 첨단 신소재·부품 개발, 지능형 로봇, 3D프린팅, AR·VR·IoT가전, 스마트선박, 나노·바이오·항공·우주 등 첨단기술 육성을 위한 R&D 및 실증 인프라 구축
제약바이오	핵심기술 개발, 인력양성, 사업화 및 해외진출 지원 등을 통해 제약바이오·마이크로 의료로봇 등 의료기기 산업성장 생태계 구축
자율협력주행	자율주행차 테스트베드·인프라, 자율협력주행 커넥티드 서비스, 스마트도로 등 구축, 2020년 준자율주행차 조기 상용화
드론산업	드론산업 활성화 지원 로드맵 마련 및 인프라 구축, 제도개선, 기술개발, 융합생태계 조성 등 추진
표준·인증	신속인증제 운영 활성화, 범부처 TBT대응지원 센터 운영, 신속표준제도 도입 등 신산업 표준·인증제도 혁신
스마트농업	2022년까지 스마트팜 시설원예 7천ha, 축산 5천호 보급, 6차산업형 친환경농업지구 100개소 조성, 청년농업인 영농정착지원제 도입 등 영농창업 활성화
에너지신산업	IoE(internet of energy) 인프라 구축 및 新비즈니스 창출을 통해 신재생에너지, 스마트 미터(AMI), 빅데이터 활용 서비스 등 육성
스마트시티	테스트베드 조성, 서비스 인증제 시행, 스타트업 인큐베이팅존 확산, 체감형 선도 서비스 보급 등 국내외 확산사업 추진

자료 : 관계부처 합동(2017)

에 기반하여 새롭게 떠오르는 산업이나 아이템이 포함되어 있지는 않다. 즉 미래의 유망분야 및 신산업은 더욱 다양하고 그만큼 잠재적인 기회가 많을 수 있다는 것이다. 문제는 누가 신산업 분야를 선점하고 주도할 것인가에 달려 있다. 현재로서는 제4차 산업혁명 기술을 선점한 몇몇 선진국들이 신산업 분야를 독점할 가능성이 높을 것으로 예상이 된다.

신산업 창출은 정부 차원에서 정책적으로 추진하는 경우가 일반적이지만 기업들이 자체적으로 활발한 대응태세를 보이는 경우도 매우 많다. GE, 지멘스와 같은 글로벌 기업들은 제조업의 서비스화를 통해 사업구조와 비즈니스모델의 혁신을 추진하는 것으로 알려져 있다.

대표적으로 GE의 경우 글로벌 복합기업(conglomerate)에서 디지털산업기업 내지 소프트웨어기업으로 변신한 모범사례로 평가되고 있다. GE는 소프트웨어 사업전략을 개발하고 실행하는 GE 디지털이라는 조직을 신설하고 다양한 사업기회를 선점하는 데 주력하였다. GE의 산업인터넷(IIoT)을 위한 킬러 앱이 디지털 트윈(digital twin)이다. GE는 50만 대 이상의 산업용 기계의 디지털 프로파일을 만들어 고객의 성장과 생산성을 위한 새로운 기회를 제공하고 있는데 디지털 트윈은 더욱 정교한 관리가 가능하고 더 나은 결과를 제공할 수 있는 물리적 자산이나 프로세스에 대한 소프트웨어 모델을 지칭한다.

제4차 산업혁명에 대응하여 새로운 사업이나 아이템을 개발한 GE의 사례는 유망분야 내지 신산업이 기회를 어디서 찾아야 할 것인지, 기업들이 어떻게 변신해야 하는지에 대한 함의를 내포하고 있다. GE는 전반적인 제4차 산업혁명의 추세 하에서 새로 부상되는 신기술의 채택을 바탕으로 종래의 제조업 편중에서 벗어나 서비스분야로 진출하는 데 성공했다.

3. 디지털 기술혁신과 국가현안 해결

마지막으로 제4차 산업혁명의 산업에 대한 영향 중 제3의 분야에 속하는 국가 현안 해결에 대해서도 논의할 필요가 있다. 여기서 제3의 분야라 함은 본래의 시장 영역이 아닌 공공의 영역에 해당한다는 것을 의미한다. 고도로 발달한 과학기술을 좁은 의미의 산업활동에 활용하는 것 이외에도 공공의 이익을 위해 또는 국가적 현안에 이용하는 것을 말한다.

2017년 5월에 발표된 일본의 산업구조비전은 이를 잘 보여주고 있다. 일본 정부는 제4차 산업혁명으로 초래되는 경제와 사회의 변화를 커넥티드 인더스트리(connected industry)로 정의하였다. 커넥티드 인더스트리는 경제성장과 산업발전을 통해 결국 사회문제를 해결하는데 도움이 될 것이라는 점에서 초스마트 사회, Society 5.0[19]의 개념으로 연결되었다. 우리나라에서 사용되는 초연결 사회와도 동일한 맥락이라고 볼 수 있다.

일본은 고령화, 저출산, 자연재해, 낙후지역 등 여러 가지 사회적 문제를 안고 있고 오랫동안 해결을 모색해왔으나 뚜렷한 전전이 없었다. 그러다가 최근 제4차 산업혁명의 신기술들이 대두됨에 따라 이를 산업적 용도로 쓰는 이외에도 사회문제 해결을 위해 활용할 수 있음에 주목하게 된 것이다. 〈표 3-3〉는 일본 정부가 인식하는 각종 사회문제들이고 여기에 제4차 산업

---

19) Society 5.0이란 사이버 공간과 물리적 공간을 고도로 융합시킨 시스템을 통해 필요한 제품과 서비스를 필요한 사람에게 필요한 시간에, 필요한 만큼 제공하고 사회의 다양한 니즈에 세밀하게 대응하여 모든 사람이 질 높은 서비스를 받아 연령, 성별, 지역, 언어의 차이를 초월해 건강하고 쾌적하게 살 수 있는 초스마트한 사회를 의미한다. 수렵생활, 농경생활, 공업사회, 정보사회를 거쳐 다가오는 다섯 번째 사회라는 의미에서 초스마트 사회를 Society 5.0이라고 명명했다.

<표 3-3> 일본이 주목하고 있는 주요 정책과제

분야	정책과제
지속적인 성장과 지역사회의 자율적 발전	· 에너지의 안정적 확보와 에너지 이용의 효율화 · 자원의 안정적 확보와 순환적인 이용 · 식료품의 안정적 확보 · 세계 최첨단 의료기술의 실현에 의한 건강장수사회의 형성 · 효율적·효과적인 인프라 장(長)수명화 대책 · 제품 생산·서비스 생산의 경쟁력 향상
국가와 국민의 안전·안심 확보, 풍요롭고 질 높은 생활의 실현	· 자연재해 대응 · 식품안전, 생활환경, 노동위생 등의 확보 · 사이버 시큐리티의 확보 · 국가안전보장 상의 제반과제에 대응
지구 규모 문제에 대응, 세계 발전에 공헌	· 지구 규모의 기후변화 대응 · 생물다양성 대응

자료 : 과학기술정책연구원(2017)

혁명이 기여를 할 수 있다고 볼 수 있다.

일본이 인식하는 사회문제는 매우 다양하고 범위가 넓은데 이러한 사회문제들의 공통점은 단순한 시장원리나 산업활동만으로 충분히 해결이 되지 않는다는 것이다. 이러한 사회문제들은 정도의 차이는 있지만 우리나라에서도 거의 동일하게 적용된다고 할 수 있다. 따라서 우리도 제4차 산업혁명의 신기술을 사회문제 해결을 위한 도구로 활용할 수 있도록 세심한 정책적 대응이 필요하다고 할 것이다. 일례로, 제4차 산업혁명의 핵심요소 중 하나인 빅데이터의 경우 의료, 에너지, 기후, 재해, 교통 등 다양한 분야에서 그 활용가치가 점차 높아지고 있다. 위성영상으로 받는 빅데이터를 이용하여 지구 차원의 기후변화를 예측한다거나 유전체와 진료기록이 빅데이터를 맞춤형 의료기술에 활용하는 등의 사례가 얼마든지 있을 수 있다.

물론 제4차 산업혁명의 기술변화가 공공영역을 변화시키고 사회문제 해결에 도움이 되기 위해서는 그에 관련된 기반기술을 더욱 발전시키는 한편 플랫폼의 정비, 인증 및 표준의 설정, 규제 개선 등 여건조성이 필요하다고 할 수 있다. 이는 또한 각 개별주체가 잘 해서 되는 문제가 아니고 생태계 전반의 역량 제고 및 협력 강화가 필수적인 요건이라고 할 수 있다.

앞에서 설명한 세 가지 산업 차원의 영향이나 변화가 효과를 거둘 수 있으려면 제4차 산업혁명 시대에 걸맞은 개척과 도전의 기업가 정신이 뒷받침되어야 한다. 종래에는 기업가 정신을 주로 창업에 성공한 개인 기업가에서 찾는 경향이 있었으나 최근 들어 대학과 연구소, 중소기업과 대기업, 정부와 공공기관 등 관련된 모든 조직활동으로 인식하는 경향이 증대되고 있다.

이제 기업가 정신은 기업가적 자질을 갖는 개인의 정신(entrepreneurial spirit)이 아니라 조직 안에서 일어나는 기업가적 활동(entrepreneurial activity)을 의미하는 것으로 이해되어야 한다. 제4차 산업혁명의 파고를 위기가 아닌 기회로 활용하기 위해서는 생산성 향상, 신산업 창출, 사회문제 해결의 분야에 관련된 기업가 정신을 함양하고 산업의 변화에 능동적으로 대처하는 정책과 전략이 마련되어야 할 것이다.

제3절 산업별 변화의 모습과 미래

제4차 산업혁명의 기술혁신은 기하급수적인 속도로 전개되고 있다. 이에 따라 생산과 소비 전반에 걸쳐 모든 경제와 산업 시스템이 변하고 있으며, 이러한 변화는 앞으로 우리가 미처 생각하지 못했던 수준까지 더욱 확장될 것이다. 모든 산업분야에서 커다란 변화가 진행되고 있지만 다음에서는 우리가 가장 큰 변화를 먼저 체감하고 있는 제조, 의료, 금융산업을 중심으로 검토하고자 한다. 앞서 언급했던 제4차 산업혁명의 디지털 기술과 네트워크 경제가 산업별로 어떠한 변화를 가져오고 있으며, 또 더 나아가 어떠한 변화를 가져올지 구체적으로 살펴본다.

1. 4차 산업혁명 시대의 제조업

(1) 디지털 기술에 따른 제조업의 변화

제조업에서 디지털 기술의 의미는 제조 분야에서 제4차 산업혁명의 디지털 기술이 경쟁의 핵심적인 도구로 인식되고 있다는 것이다. 이미 선도적인 제조 기업은 디지털 기술이 가지고 있는 다양한 기능을 창조적으로 이용하여 가치를 창조하고 있다. 더 나아가 디지털 기술이 가지고 있는 다양한 기능들을 활용하여 독특한 가치를 만들어 내는 기업도 등장하고 있다. 이와 같이 제조업의 핵심적인 경쟁도구로 제4차 산업혁명의 디지털 기술이 부상하고 있다.

제조업의 혁신을 이끄는 디지털 기술에는 사물인터넷(internet of things), 클라우드(cloud), 빅데이터(big data), 모바일(mobile) 등 ICBM과 인공지능(artificial intelligence), 로봇, 3D 프린팅 등이 존재한다. 이러한 디지털 기술은 제조업에 활용되어 제조업의 변화를 촉진하고 있다.

특히, 이미 언급했던 바와 같이 제4차 산업혁명의 디지털 기술은 범용기술(general purpose technology)에 해당되어 제조업 외에도 다양한 산업에 지속적인 영향을 미치고 있다. 이러한 범용기술은 특정 분야에 제한되어 적용되지 않고 다양한 분야에서 기술혁신을 유발하여 기존 생산양식을 변화시키며, 새로운 기술패러다임을 이용하는 다양한 보완적 발명과 혁신이 장기간에 걸쳐 연쇄적으로 나타나는 특성을 보유하고 있다(Bresnahan & Trajtenberg, 1995).

제조업에서는 기존의 물리적 분야(physical world)에 이러한 디지털 기술을 결합·적용하여 운영비용 절감, 사업의 민첩성·유연성 증가, 신규 수익모델 도출 등 사업적인 가치 창출에 노력하고 있다. 최근에는 디지털 요소기술이라는 자원을 과거 보다 더 쉽게 구축 또는 조달할 수 있는 환경이 조성되었다. 현재 디지털 기술은 과거의 ICT에 비해 높은 수준의 성능에 낮은 비용으로 제공되고 있어, 디지털 기술을 경쟁의 핵심적인 도구로 활용하는 선도적인 기업이 증가하고 있다.

제4차 산업혁명의 디지털 기술은 다양한 산업에 적용되지만, 해당 산업의 특수한 조건에 따라 영향력이 달라질 수 있다. 또한 기업이 디지털 기술을 도입하여 활용하는 경우, 해당 기업이 보유하고 있는 자원과 역량에 따라 적용 속도, 과정, 결과(성과)는 각각 다를 수밖에 없다. 특히 제조업의 경우 그 범위가 넓고 수많은 기업들을 포괄하고 있어, 디지털 기술에 따른 산업의 변화 모습이 다양한 대표적인 산업이다. 따라서 디지털 기술에 따른 제조업의 변화 방향을 분석하고 점검하는 것이 매우 필요하다.

우선 가치사슬 측면에서 살펴보면, 디지털 기술의 적용은 기존 제조업의 가치사슬에 커다란 변화를 불러오고 있다. (그림 3-3)에 나타나 있듯이 기존 제조업의 가치사슬에서는 제조 부문의 가치가 낮아지고, 제조 전·후 단계(R&D, 설계, 디자인, 마케팅 및 고객서비스 등)의 부가가치가 높아지는 스마일 커브 현상이 지속적으로 강화되어 왔다. 따라서 제조업에서 스마일 커브는 제품 제조보다 설계, 디자인, 마케팅 및 고객 서비스를 담당하는 기

(그림 3-3) 제조분야 가치사슬의 스마일 커브

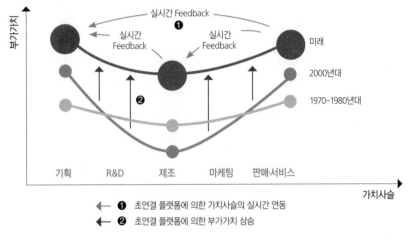

자료 : 미래창조과학부 미래준비위원회 등(2017)

업이 글로벌 가치사슬에서 가치우위를 차지하고 있음을 나타낸다. 시장 수요가 다변화되지 않았던 1970~1980년대, 소위 대량생산의 시대와 달리, 2000년대에 들어서는 시장 수요가 다변화되고 제품의 공급이 수요를 초과한 대량 맞춤의 시대에 접어들면서 제품의 제조 자체보다는 어떤 제품을(기획, R&D), 어떻게 고객에게 제공(마케팅, 판매·서비스)하는가의 과정에서 높은 수준의 부가가치가 창출되었다.

하지만 초연결·초지능·초실감으로 대표되는 제4차 산업혁명 시대에는 IoT, 클라우드, 빅데이터, 인공지능, 3D프린팅 등의 혁신기술을 통해 제조의 생산성 향상과 모든 가치사슬 간의 실시간 연동을 통해 가치사슬의 모든 단계에서 부가가치가 상향평준화될 것으로 전망된다. 디지털 기술에 의해 수요자의 요구가 기획, 디자인에서 제품 생산까지 실시간으로 반영되어 소비자의 만족도와 생산성이 획기적으로 증가하고 있다.

최근 주요 리서치 및 컨설팅 기관들은 제4차 산업혁명을 제조기업의 입장에서 구체화한 디지털 트랜스포메이션(digital transformation)이라는 개념을 제시하고 있다. 제조 기업이 최신 디지털 기술을 활용하여 끊임없이 변화하는 환경에 적응하고 경쟁력을 확보하려는 노력으로 디지털 트랜스포메이션을 강조하고 있다. 디지털 기술의 활용은 제조기업의 운영 효율성과 더불어 경쟁력을 높이는 프로세스의 변화를 가져올 수 있으며, 이를 바탕으로 하는 비즈니스 모델의 최적화 및 재구성(재구축)도 가능하다.

IDC(2015a)는 디지털 트랜스포메이션을 기업이 새로운 비즈니스 모델, 제품 및 서비스를 창출하기 위해 디지털 역량을 활용함으로써 고객 및 시장(외부 생태계)의 파괴적인 변화에 적응하거나 이를 추진하는 지속적인 프로세스로 정의하고 있다. 한편 IBM(2011)에서는 기업이 디지털과 물리적인 요소들을 통합하여 비즈니스 모델을 변화시키고, 산업에 새로운 방향을 정립하는 전략으로 정의하고 있다. Kearney(2016)는 mobile, cloud, big data, AI, IoT 등 디지털 신기술로 촉발되는 경영 환경상의 변화 동인에 선제적으로 대응함으로써 현행 비즈니스의 경쟁력을 획기적으로 높이거나 새로운 비즈니스를 통한 신규 성장을 추구하는 기업 활동으로 정의한다. 이와 같이 디지털 트랜스포메이션이라는 개념에는 최신의 디지털 기술의 도입에 따른 프로세스의 변화에서부터 비즈니스 모델의 변화까지를 모두 포함하고 있다.

이러한 디지털 트랜스포메이션은 기존 프로세스와 더불어 다양한 산업에서 가치사슬의 변화도 이끌어 내고 있다. 플랫폼 기반의 디지털 기술과 이러한 플랫폼에 기반을 두고 혁신을 가속하는 디지털 기술이 제조업의 요구사항을 반영하여 성과를 강화할 수 있도록 진화하면서 다양한 분야로 공급되고 있다. IDC(2015a)에 따르면 디지털 트랜스포메이션에는 ① 클라우드, 모바일, 빅데이터, 소셜 영역을 포함한 플랫폼 디지털 기술과, ② 로봇, IoT, 인공지능, 차세대 보안, 3D 프린터, 인터페이스 등을 포함하는 가속 디지털 기술이 존재한다.

제4차 산업혁명의 디지털 트랜스포메이션에서 제조 기업들은 디지털 기술을 활용하여 지속적인 혁신을 추진하지만, 가장 주목할 만한 대표적인 사례는 스마트팩토리다. 가상세계와 물리적인 세계를 연결하는 사이버 물리 시스템(cyber physical system)에 기반을 둔 스마트 팩토리 제조공정을 통해 생산되는 제품에는 디지털과 물리적인 특성이 조화를 이루는 제품의 서비스화라는 의미가 강조된다. 디지털화를 통해 제품과 서비스를 동시에 제공하거나, 제품을 서비스형태로 제공하는 등 제품과 서비스를 결합하여 제공하는 것이 일반화 되고 있다.

예를 들어 (그림 3-4)와 같이 물리적인 제조공정의 기계설비 또는 생산 공장이 사물인터넷(IoT)으로 연결되면, 이를 통해 발생되는 빅데이터를 수집하고 이를 인공지능으로 분석한다. 그리고 이러한 분석결과는 사이버 물리시스템을 통해 가상공간에서 실제 기계설비에서부터 제조공정까지 자동

(그림 3-4) 제조업 분야의 디지털 트랜스포메이션(스마트팩토리)

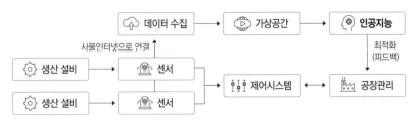

자료 : 한국제조혁신컨퍼런스(2016), 한겨레 신문(2017. 1. 16)에서 재인용

적·지능적으로 제어가 가능하다. 이를 통해 생산 공정의 효율화는 물론 비용도 절감할 수 있다. 더 나아가 이러한 제조공정에서 생산되는 스마트 제품에서 발생하는 데이터를 수집 및 분석하면, 공정개선과 더불어 제품 문제에 대한 사전적 예방과 원격 서비스도 가능해진다. 이러한 스마트 제품에는 추가적인 기능을 확장하여 새로운 서비스도 제공할 수 있다. 따라서 물리적인 제품을 단순 일회성으로 판매하는 비즈니스 모델에서 스마트 제품의 임대를 통해 각종 서비스를 판매하는 비즈니스 모델로 변경이 가능해진다.

(2) 제조업의 미래와 디지털 플랫폼

제조업의 미래 변화 방향은 디지털 플랫폼의 구축과 활용에 초점이 맞추어 져야한다. 최근 Gartner(2016)는 기존 플랫폼과 비교되는 디지털 플랫폼을 파트너, 공급 업체 및 고객 커뮤니티가 사업적인 이익을 위해 디지털 프로세스 및 역량(digital processes and capabilities)을 공유·개선·확장(share·enhance·extend)할 수 있는 비즈니스 중심 프레임워크로 정의했다. 최근 디지털 기술은 제조업의 기존 프로세스를 효율화하고 효과성을 강화하며, 제품과 서비스도 디지털화하고 있다. 이러한 디지털 기술에 기반을 두고 있는 디지털 플랫폼은 기업의 비즈니스 모델, 인력, 조달 및 유통 및 ICT 인프라 등도 지원한다.

이와 같은 디지털 플랫폼이 제조업에서 가지는 의미는 (그림 3-5)에 나타난 것처럼 디지털 역량(digital capabilities)을 바탕으로 제조업 변화의 동인(enablers)을 포착하여 고객의 문제(customer problems)를 해결하는 것에 있다. 즉 새롭게 성장하는 디지털 플랫폼은 디지털 역량, 변화의 동인, 고객의 문제 등 3가지 영역의 교집합에 존재한다는 것이다.

(그림 3-5) 새로운 성장 디지털 플랫폼의 의미

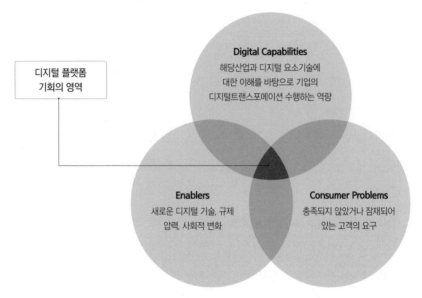

디지털 플랫폼
기회의 영역

Digital Capabilities
해당산업과 디지털 요소기술에
대한 이해를 바탕으로 기업의
디지털트랜스포메이션 수행하는 역량

Enablers
새로운 디지털 기술, 규제
압력, 사회적 변화

Consumer Problems
충족되지 않았거나 잠재되어
있는 고객의 요구

자료 : Laurie, Donald L., Yves L. Doz, and Claude P. Sheer (2006) 재구성

우선, 디지털 플랫폼은 디지털 역량을 필요로 한다. 최근에는 인공지능, 클라우드, 빅데이터, IoT, 모바일 같은 새로운 디지털 요소기술(Enabler)에 대한 전문성과 더불어 제조업의 제품(서비스)·프로세스에 대한 전문성도 요구된다. 그리고 이를 바탕으로 하는 차별화된 디지털 프로세스 구축으로 디지털 전환을 수행할 수 있는 디지털 역량이 확보되어야 한다.

둘째, 제조업 분야에 신기술의 등장, 규제완화, 사회적 변화 등에 따른 기회를 포착할 수 있어야 한다. 특히 최근에는 디지털 요소기술이라는 자원을 과거보다 더 쉽게 구축 또는 조달할 수 있는 환경이 조성되었다. ICT 비용은 지속적으로 하락하고, 이를 통합한 서비스는 전문 공급자들에 의해 편리하게 제공되고 있다. 예를 들어 컴퓨팅 비용, 스토리지 원가, 센서 원가, 통신

비용 등이 지속적으로 떨어지고, 클라우드, IoT 등의 디지털 기술 서비스에 보다 쉽게 접근하여 공급받을 수 있다. 이러한 디지털 요소 기술의 비용 하락과 기능 향상은 다양한 분야에 디지털 기술의 활용을 촉진하고 있다.

마지막으로 디지털 플랫폼은 디지털 역량을 바탕으로 환경변화에 따른 기회를 포착하여 잠재되어 있던 고객의 니즈를 해결할 수 있어야 한다. 따라서 전통적인 플랫폼과 디지털 플랫폼의 차이는 〈표 3-4〉에 나타난 것처럼 디지털 요소기술(enablers)을 활용할 수 있는 디지털 기술의 전문성과 이를 해당 산업에 적용하는 디지털 역량(digital capabilities)의 여부에 있다. 기존 플랫폼에서 ICT 기술은 제조업에서 기업의 전문성을 지원하는 보조적인 역할을 수행한 반면, 디지털 플랫폼에서 디지털 기술은 플랫폼을 작동시키는 인프라를 제공하는 동시에, 데이터 기반의 차별화되는 디지털 프로세스의 구축을 가능하게 해준다. 더 나아가 디지털 제품과 서비스의 구현도 가능해 진다. 따라서 디지털 기술은 기존 전통적인 플랫폼과 비교하여 사업의 범위, 경쟁의 속도, 제품 및 서비스의 편의성, 생산 효율성을 크게 확대시킨다.

〈표 3-4〉 기존 플랫폼과 디지털 플랫폼의 차이

구분	기존 플랫폼	디지털 플랫폼
Capabilities	지적재산, 노하우, 자산 등 다양한 역량 중에 하나로 디지털 역량이 존재	다양한 역량 중에서 디지털 역량은 가장 중요한 필수적인 핵심역량으로 역할
Enablers	장기간, 사용횟수 적음	디지털 기술이 프로세스 및 제품·서비스의 디지털화를 가능하게 하는 핵심기능 제공
디지털 플랫폼의 효과	- 기존 사업의 범위를 쉽게 확대 - 경쟁자 보다 빠르게 효율성과 효과성 달성 - 제품과 서비스의 편의성을 증대	

글로벌 제조 기업들은 비즈니스 생태계에 참여하여, 이를 관리하기 위해 디지털 플랫폼을 구축하며 핵심적인 자산을 공유하고 있다. 디지털 플랫폼은 비즈니스 중심 체제로 협력업체와 공급업체, 고객 간 디지털 프로세스를 공유하고 디지털 역량을 강화한다.

비록 모든 조직이 디지털 플랫폼을 구축하여 비즈니스 생태계에서 리더의 역할을 수행할 수 없을지라도, 모든 조직은 현실적으로 디지털 플랫폼 전략이 필요하다. 즉 조직은 공급자, 소비자 및 직원을 포함하여 정보, 제품·서비스의 공급 또는 교환을 용이하게 하는 플랫폼 비즈니스 모델을 만들기 위해 디지털 플랫폼을 개발하거나 적용하고 있다. 이외에도 다른 조직의 디지털 플랫폼을 활용하여 플랫폼 비즈니스에 참여하기도 한다. 따라서 무조건 생태계를 주도하는 디지털 플랫폼을 구축하기 보다는 기업의 경쟁력을 강화하는 내부적이거나 비공개 디지털 플랫폼 전략을 활용하는 것도 대안으로 제시될 수 있다.

2. 제4차 산업혁명 시대의 의료

(1) 디지털 기술에 따른 의료의 변화

제4차 산업혁명의 흐름 속에서 의료산업에서의 치료방식 변화도 주목할 만하다. 가장 기본적인 변화는 기존의 질병 치료와 생명 유지를 목적으로 하는 치료중심 의료에서 빅데이터와 새로운 알고리즘 구축 등을 통해 개개인의 질환 및 건강관리를 목적으로 하는 예방중심 의료로의 전환이라고 할수 있다. 또한 과거 의료분야 치료방식은 증상을 기반으로 한 직관적 차원의 의료였다면, 현재는 바이오마커 등의 도움을 통해 패턴 및 증거 기반의 의료가 행해지고 있으며, 빅데이터를 기반으로 이를 알고리즘화하여 정밀의료를 통해 진단과 치료의 효율성이 크게 향상되고 있다. 많은 환자의 진단 및 치료에 관한 빅데이터 분석을 바탕으로 좀더 안전하고 정확한 질병의 진단과 치료가 가능해지고 있는 것이다. 데이터를 활용한 정밀의료의 대표적인 예로 차세대 염기서열분석(NGS; next generation sequencing), 정밀의학(precision medicine) 등이 있다.

제4차 산업혁명이 의료산업 전반에 미치는 영향은 (그림 3-6)에 나타난 바와 같이, 정밀의료에서의 신약개발, 원격의료, 디지털병원, 원격 헬스케어 어플 등으로 다양해 질 것으로 전망된다.

유진투자증권(곽진희, 2017)과 산업연구원(황원식 외, 2017)의 보고서에 의하면, 2016년 게놈(genom) 시퀀싱 프로젝트는 전 세계적으로 총 14만 2천여 건이 진행되어 8만여 건이 이미 완료된 것으로 나타났다. 이는 2008년(3,615건 진행, 1,079건 완료)에 비해 크게 늘어난 수치이다. 신약

(그림 3-6) 제4차 산업혁명이 의료분야에 미치는 영향

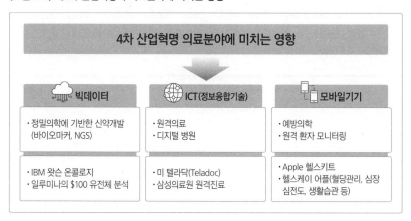

개발의 경우에도 차세대 염기서열 분석으로 과거에 접근하기 어려웠던 의료관련 데이터 확보가 가능해지면서 새로운 신약개발 방식이 출시되고 있으며, 관련 기술로는 인공지능인 왓슨 온콜로지(Watson for Oncology)와 약 100달러 비용의 유전체 분석 서비스를 준비하고 있는 일루미나의 시퀀싱 기술을 제시했다.

또한 이들 보고서는 의사와 환자간 원격의료(원격진료) 등을 가능케 할 것으로 전망되고 있는 ICT와의 접목도 의료산업에 주요한 변화를 초래할 것으로 전망했다. 그리하여, 개인별 맞춤 치료가 가능해지는 정밀의학과 서비스 영역 범위가 확대되는 원격진료 등으로 U-헬스케어 관리가 생애 전주기에 걸쳐 이루어지게 될 것이라고 기술하고 있다.

이러한 의료분야의 변화는 ICT와 생명공학기술의 발전으로 인해, 의료기기를 통해 측정된 정보를 실시간으로 의사에게 전송하고 의료진은 시간과 장소에 구애받지 않고 환자의 상태를 손쉽게 확인할 수 있게 됨으로써

(그림 3-7) 인구고령화에 따른 질병구조의 변화 및 의료비증가 전망

인구 고령화 진행

급속한 고령화

구분	도달연도		
	고령화	고령	초고령
한국	2000	2017	2026
일본	1970	1994	2006
프랑스	1864	1979	2018
미국	1942	2015	2036

*우리나라의 고령화사회로부터 고령사회, 초고령사회 도달 소요연수는 각각 17년, 9년으로 세계적인 고령화 추세에 비해 더욱 빠름

질병구조의 변화

만성·노인성 질환 증가

세계 만성질환 현황

전 세계 만성질환 현황		주요 사망 원인	
매년 만성질환으로 사망하는 인구	3800만명	심뇌혈관 질환	1750만명
4대 질환 만성질환 사망 비율	82%	각종 암	820만명
		만성 폐질환	400만명
		당뇨병	150만명

국민의료비 전망

지속적인 의료비 증가 전망

의료비 증가추이

국민의료비(조원): '12 93.0, '14 111.8, '16 131.9, '18 155.4, '20 182.4, '22 213.3, '25 267.3

자료 : 4차 산업혁명을 주도할 바이오헬스 산업 발전전략(보건복지부, 2017.3)을 기반으로 재작성

가능하게 되었다. 디지털 및 데이터 기반이라는 제4차 산업혁명의 특징에 의거하여, 환자의 건강정보를 바탕으로 질병 예방 및 진단 치료는 물론 개인 맞춤형 관리도 가능해져서, 생활과 건강이 결합된 진정한 유비쿼터스 헬스케어(U-Healthcare; 이하 U-헬스케어) 시대가 도래한 것이다. 영국 BBC 리서치에 의하면 U-헬스케어 전체 시장은 2018년 5천억 달러(약 527조원)에 이를 것으로 전망하고 있다.

하지만 현재 의료분야의 사회적 여건은 그리 우호적이지만은 않다. (그림 3-7)을 보면 인구고령화가 일본, 프랑스, 한국 순으로 급속하게 진행되고 있으며, 만성 노인성 질환도 증가추세에 있다. 의료비 또한 지속적으로 증가추세에 있어 의료서비스에 대한 문턱이 높아질 것으로 전망된다.

(2) 의료분야 혁신 사례를 통해 바라본 의료의 미래

제4차 산업혁명의 도래에 따라 의료·헬스케어 분야에서도 국가별 경쟁이 가속화되고 있다. 미국의 경우 정밀의료 이니셔티브의 발표를 통해 정밀의료 관련 규제 현대화와 대규모 연구계획을 제시하고 있다. 일본의 경우 보건의료 2035의 공표를 통해 보건의료 R&D 컨트롤 타워인 AMED를 설립하였고, 영국의 경우 Healthcare UK 설립을 통해 의료 해외진출 강화를 위한 전문기관 설치와 함께 미래성장동력으로 의료·생명과학을 선정하여 지원하고 있다.

우리나라의 경우 세계 최고수준의 의료인력 및 기술, 선진 의료시스템을 보유하고 있지만, R&D투자 부족, 글로벌 기업의 부재, 의료 신산업 육성의 제도적 기반 미비 등의 한계점을 가지고 있다. 다만, 우리나라의 정밀의료 시장은 세계 시장의 1%로 추정되고 있으며 재생의료 치료제 개발 및 임상

연구개발이 활발한 편이고, 우수한 병원정보시스템과 ICT 기술력으로 인해 해외 EMR, PACS 보급률 세계 1위를 달성하고 있다.

국내 대기업들도 U-메디컬을 포함하는 U-헬스케어 산업 전반에 걸쳐 투자를 확대하고 있다. 삼성전자는 스마트폰 갤럭시 S5부터 심박센서를 탑재하고 웨어러블 건강관리 기기인 기어핏을 상용화 출시하였으며, LG전자는 심박수를 체크해주는 이어폰과 손목에 착용하는 라이프밴드터치로 해외 시장에 진출하였다. 또한 SK텔레콤은 체외진단기, 스마트병원 솔루션을 중점과제로 추진 중인데, 최근에 사우디아라비아에 700억원 규모의 병원정보시스템을 수출하였다.

중소기업 역시 해외 시장에 속속들이 진출하고 있는데, 인성정보는 Home케어기기로 유럽시장에 2013년부터 진출하였으며, 2014년 미국 FDA 인증 획득에 성공하였다. 또한 파스나 반창고 형태로 붙이기만 해도 건강상태를 체크 가능한 제품들을 출시하기도 하였다. 의료 인공지능과 관련해서도 음성인식 전자기록시스템 메디보이스를 개발한 셀비스 AI, 의료 클라우드 솔루션 클레머를 개발한 비트 컴퓨터, 개인 유전체와 약물 상관관계를 분석하여 가장 적합한 약물을 찾아주는 싸이퍼롬 등이 존재하고 있다.

개별 기업들의 노력에도 불구하고 법과 제도의 미비함과 산업으로서의 성장을 주도할 주체가 명확하지 않기 때문에 우리나라 U-헬스케어 산업은 아직 걸음마 단계라고 판단되고 있다. 반면 해외 의료관련 U-헬스케어 서비스의 상용화 수준은 국내 수준과 현격하게 격차가 벌어지고 있는 상황으로, U-메디컬 부문 글로벌 관련 기업의 연구개발 프로그램을 살펴보면 〈표 3-5〉와 같다.

IBM은 왓슨의 질병사례 데이터를 기계학습하여 분석하고 있는 동시에,

의료 이미징 분석 서비스를 제공하고 있다. 또한 의사, 연구원, 의료보험회사, 의료서비스 관련 기업들이 종합적인 개인정보를 사용하여 협의할 수 있도록 하는 개방형 플랫폼을 구축하고 있다. 또한 IBM은 애플, 존슨앤존슨,

<표 3-5> U-메디컬 부문 글로벌 관련 기업의 의료분야 연구개발 프로그램 현황

분야	기업 프로그램명	프로그램 개발내용
빅데이터 기반 의료데이터 마이닝	Google Deepmind Health	구글 서치엔진과 같이 질병 모니터링 기술을 제공하는 알고리즘을 개발
	IBM Watson Path	의료진에게 EMR(전자의료데이터) 상의 정확한 진단을 도와주도록 특정하는 프로그램
	CaresKore	실시간으로 임상, 실험, 행동 데이터를 기반으로 환자들의 재입원 가능성을 예측해 주는 프로그램
	Zephyr Health	존슨앤존슨의 과거 데이터로부터 더 좋은 치료제를 찾아주는 프로그램
	Oncora Medical	방사선 검진·진단·치료 데이터화를 목적으로 초음파 치료법을 도와주는 데이터분석 플랫폼
	Sentrain	환자 바이오센서를 통해 모니터링한 데이터로부터 환자의 병전 발병징후를 예측하는 프로그램
의료이미지 딥러닝	Enlitic	축적한 데이터를 딥 이미징 기반으로 방사선 전문의보다 약 1만배 빠르게 분석하는 알고리즘
	Bay Labs	미국내 주요 사망원인인 심혈관 질환 위주 데이터를 딥러닝하여 의료진에게 진단·치료보조로 활용
생물학 및 신약개발에 활용	Atomwise	치료제를 직접 실험하기 전에 분자구조를 분석하여 치료제의 잠재적 약효를 시뮬레이팅하는 플랫폼
	Recursion Pharmaceuticals	인공지능을 통해 바이오엑티브 복합체, 기존 출시된 치료제 등의 사용영역을 확장시켜 주는 플랫폼
	Whole Biome	고해상도로 각각 미생물의 정보를 기반으로 전반적인 인구의 생화학 및 대사경로 파악
	Deep Genome	기존 유전자간 상관관계 분석기법이 아닌, 유전자 패턴, 기존 의학데이터를 기반으로 유전자 특성 및 변이를 분석하는 AI 플랫폼
	Turbine	각 개개인의 상태정보 데이터베이스에 기반하여 항암치료제를 제시하는 프로그램

자료 : MedicalFuturist, 곽진희(2017) 자료를 참고하여 재작성

메드트로닉 등의 회사와 파트너십을 체결한 것은 물론, 의료데이터 분석역량 강화를 위해, 익스플로리스(explorys), 피텔(phytel), 트루벤 헬스 애널리틱스(truven health analytics)를 인수했다. 왓슨은 임상시험, 논문 등의 의료데이터 뿐만 아니라, 의사가 활용하지 못하는 비의료데이터를 헬스케어 분야로 끌어들여 활용하는 장점이 있다. 왓슨은 암 환자들의 빅데이터를 수집하여 암 환자를 위한 치료법 제안에 최적화되어 있어, 기존 의사의 판단에만 의존하던 암 진단과 치료 등의 의료환경을 바꿀 수 있다는 점에서 의미가 크다. 우리나라에서는 2016년 12월 가천대 길병원이 최초로 왓슨을 도입한 이래, 2017년 암환자의 종양세포와 유전자 염기서열을 분석해 맞춤형 치료법을 추천하는 '왓슨 포 지노믹스'가 부산대학교 병원에 도입되었다. 그 후, 대구 가톨릭대병원, 대구 계명대 동산병원, 대전 건양대병원, 광주 조선대병원 등이 도입해 진료에 활용하고 있으며, 공공병원으로 분류되는 중앙보훈병원도 왓슨을 도입하였다.

실리콘밸리 스타트업인 23andMe는 침(타액)을 가지고 유전자를 분석해 어떤 병에 걸릴 위험이 높은지 예측해 준다. 동시에 무엇을 좋아하고 어떤 성격의 소유자인지 나만의 특징도 찾아 준다. 구글 창업자 세르게이 브린의 아내였던 앤 워짓스키(Anne Wojcicki)가 공동 창업했던 23andMe는 2007년부터 질병 발병률을 예측해 주는 개인용 DNA 분석 서비스로 의료시장에 큰 충격을 주었으나, 2013년 미 식품의약국(FDA)으로부터 판매 금지 처분을 받았다. 그러나 지난 2017년 4월 6일 미국 FDA가 23andMe의 파킨슨병과 알츠하이머를 포함한 10가지 질병 위험도 예측 서비스의 DTC(direct-to-consumer) 판매를 최초로 허가하였다. 질병 위험도 예측 서비스를 의료기관을 거치지 않고 직접 고객에게 판매할 수 있게 된 것이다.

또한 영국 런던에 위치한 스타트업 바빌론헬스(Babylonhealth)도 이미 2016년부터 온라인 원격진단 서비스를 상용화하여 모바일로 제공하고 있다. 바빌론헬스는 의사나 전문가와 영상 또는 텍스트 기반 상담은 물론 인공지능 서비스를 이용할 수 있는 헬스케어 앱으로 인기를 끌고 있다. 미국 센스리(Sense.ly)의 경우, 인공지능 간호사 몰리(Molly)를 개발하여, 고급 음성인식 기능을 탑재함으로써 환자와 대화를 통해 혈압을 측정하고 원격 진료의 일정관리 기능 등을 제공하고 있다. 화상회의를 통해 의사에게 진찰 받을 수도 있다. 또한 미국의 딥러닝 기반의 신약개발 스타트업 아톰와이즈(Atomwise)는 슈퍼컴퓨터, 인공지능, 수백 만 분자구조를 활용한 전문화된 알고리즘을 제공하여 치료제 성공여부를 미리 알려주는 신약개발 소프트웨어를 제공하고 있다.

또 다른 미국 실리콘밸리의 스타트업인 인리틱(Enlitic)은 딥러닝(deep learning) 기술을 활용해 악성 종양을 찾아내는 시스템을 개발하고 있는데, CT 촬영, MRI, 현미경 사진, 방사선 사진 등의 이미지로부터 종양의 특성을 분석하고 유전자 정보와 결합해 단시간에 암을 진단하는 시스템이다.

이스라엘의 제브라 메디컬 비전(Zebra Medical Vision)도 딥러닝 기술을 활용해 CT 검사나 X선 사진 등의 데이터베이스로부터 대량의 의료영상 데이터를 분석 및 학습하여, 한 장의 CT 검사에서 질병을 특정하는 기술을 개발 중에 있다.

현재, 우리나라에서는 서울 아산병원이 뷰노와의 공동 연구를 통해 딥러닝 기술을 활용한 폐 영상진단 분석 알고리즘 뷰노메드(Vuno Med)를 개발했다. 또한 머신러닝을 이용하여 이미지 인식기술에서 95% 이상 정확도를 보이고 있는 Lunit DIB(data-driven imaging biomarker) 등을 디지털병원수출조합과 공동 개발하는 등 제4차 산업혁명의 의료분야 기술격차를 줄이기 위한 각고의 노력이 진행되고 있다.

제4차 산업혁명의 핵심인 빅데이터 기반의 인공지능-로봇기술은 사람이 지겨워하는 단순 작업과, 상대적으로 높은 인건비를 요구하는 3D작업(difficult, dirty, danger)에 우선적으로 적용될 것으로 보인다. 스마트 팩토리와 전화상담 서비스 등이 그 예가 될 것이며, 그 다음으로 공급이 제한되고 높은 서비스 비용이 필요한 고부가가치 서비스, 즉 의료서비스와 법률·금융상담 부문일 것이다.

미국의 오바마 케어(Affordable Care Act)에 의하면 미국의 영리 의료보험회사는 주주에게 배당을 해주어야 하므로 의료보험료의 인상과 의료비 지불 억제에 대한 요구가 매우 강한 편이다. 이에 따라 진료비 억제를 위한 포괄수가제, 총액예산제 등의 의료급여 지불 방식이 도입되고 감기와 같은 경증 질환은 환자 본인 부담금을 대폭 인상하여 진료를 억제시켜 왔다. 결국 앞으로는 단순한 진단-처방-투약 방식의 진료는 비싼 대면 진료가 아닌 인공지능을 연동시킨 원격의료가 담당하게 되며, 당뇨나 고혈압 치료제의 단순 추가 처방은 대면 진료비용을 지원하지 않는다. 이러한 모습은 미래가 아니며, 이미 미국에서 진행되고 있는 모습이다.

근거기반 의료(evidence-based medicine)는 환자의 안전과 효율적인 치료를 위해 필수적인 분야이지만, 의료보험 측에서는 이를 의료급여 억제 방법으로 활용하고 있다. 근거기반 의료를 위해 축적된 데이터를 인공지능이 학습하여 IBM의 Watson Healthcare가 탄생하였고, 앞으로 원격진료와 스마트 모바일 기술은 인공지능 기술을 탑재하여 상당수의 1차 의료기관의 진료를 대치할 것으로 전망된다. 향후에는 전자차트 시스템에서 축적된 의료데이터와 유전체복합분석을 통한 정밀의료체계가 구축되어 현재와 같은 약제의 복합처방은 현저히 줄어들 전망이다

2016년초 알파고(AlphaGo) 쇼크를 안겨준 영국 딥마인드(DeepMind)사의 의료 인공지능은 영국의 국가건강시스템(National Health System)의 수십만 명분 진료기록을 열심히 공부하고 있다. 의사 개개인들이 자율적으로 결정하던 진료행위를 인공지능이 제한하는 시대가 멀지 않은 미래에 현실화 될 것이다.

"한국은 의료부문에서 미래 경쟁력이 있는가?"에 대한 대답은 한·미 FTA에서 인정한 보건의료 전문직 자격/면허의 상호 인정 부분[20]이 그 가능성을 보여주고 있다. 이를 위한 논의 속도가 빠르지 않아 아쉽지만, 우리나라 대기업이 국내보다는 외국에서 더 큰 활약을 하듯이 한국의 상위 3%에 해당하는 우수한 의료인력이 해외에 진출하는 사업 자체도 급격히 변화하는 미래를 대비하는 중요한 경쟁력이 될 것으로 판단된다.

인공지능을 앞세운 제4차 산업혁명은 많은 사람들이 일자리를 잃게 할 수 있고, 전문직인 의료인들이 그 시스템에 종속되게 하는 변화를 가져올 수도 있다. 그러나 여전히 〈표 3-6〉과 같이 의료 관련 신생 직업군의 탄생에 대한 기대도 존재한다. 분명 우수한 지적 능력을 가진 사람들의 집단 지성(collective intelligence)이 의료분야 제4차 산업혁명의 흐름에 걸맞게 새로운 직업군의 창출과 함께 우리의 미래를 보다 나은 방향으로 발전시킬 것이다.

다음으로 한국디지털병원수출사업협동조합(이하 '디지털병원')이 제시

---

20) http://www.bosa.co.kr/news/articleView.html?idxno=2051711, 의학신문 칼럼(2017).

<표 3-6> 2025 미래보고서가 선정한 의료분야 미래직업

직업명	역할	장소
복제전문가	멸종동물 복원, 동물 형질전환기술 연구	기업, 연구소
생체로봇 외과의사	혈관 내에서 치료 가능한 나노봇을 이용해 수술	병원, 대학
기억수술외과의사	인간의 뇌에서 나쁜 기억이나 파괴적 행동을 제거	병원, 대학
장기취급전문가	기증자와 이식자를 연결하고, 인공장기 정보 제공	병원 등
유전자상담사	유전자 정보와 지식을 갖고 심리상담 및 관리	병원 등
두뇌시뮬레이션전문가	인간 두뇌의 생리과정과 기능 시뮬레이션	연구소 등

자료 : UN, Our Common Future(http://www.un-documents.net/ocf-ov.htm)

하는 제4차 산업혁명과 O2O 헬스케어의 밑그림을 살펴보면 (그림 3-8)과 같다.

상기에서 제시된 O2O 헬스케어는 온라인(online) 상에서 빅데이터 수집, 클라우드 기반의 분석, 지능 및 맞춤을 통한 가치창출을 통해 오프라인(offline) 상의 헬스케어 서비스를 제공함으로써 더 나은 세상을 지향한다.

(그림 3-8) 제4차 산업혁명과 O2O 헬스케어의 개념도

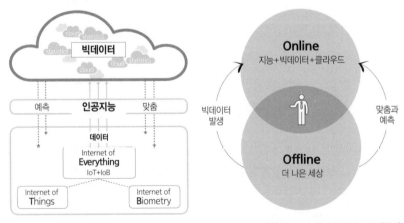

자료 : 4차 산업혁명과 O2O 헬스케어(이민화, 2016), 디지털병원(2017.3) 자료를 기반으로 재구성

또한, 온라인 병원의 예측(시간)과 맞춤(시간·공간)으로 오프라인 병원을 최적화하는 것도 향후 디지털병원의 컨셉 및 전략에 부합한다.

O2O의 응급 체계는 질병의 진단 및 처치 이후에 의료 ICT 기반 협진·수술 등 프로세스를 개선하는데 있으며 NFC, 스마트폰, 대쉬보드의 3가지 단계로 구분된다. 우선 스마트폰 앱을 통해 환자의 혈당, 혈압, 체중, 심전도 등 생체 신호정보를 전달하고 이를 RFID 태그를 통해 응급 후송 중 자동기록과 동시에 인근 병원에 전달하여 환자 관리에 편리함을 얻고자 한다.

수년 혹은 수십 년 동안 쌓은 빅데이터를 분석해 최적의 의료서비스를 선택하고 진단하는 병원은 이제 거대한 의료 빅데이터를 기반으로 한 기술 집약적인 공간으로 거듭날 것으로 보인다. 최근에 보고된 몇 가지 사례들은 우리에게 의료산업의 미래를 보여준다. 먼저 지난 2017년 11월 중국에서는 아이플라이텍(iFlytek)과 칭화대 연구팀이 공동개발한 인공지능(AI) 로봇 샤오이(Xiaoyi)가 국립 의료 라이센스 시험을 통과했다. 인공지능으로서는 세계 최초다. 로봇은 시험에서 600점 만점 중 총456점을 얻어 합격선(360점)보다 96점이나 더 높았던 것으로 전해지고 있다. 자격증 시험에는 환자의 실제사례에 대한 문제가 많이 출제된다고 한다. 어떤 질병이고, 어떤 약을 써야 하는지를 답해야 한다. 샤오이는 단순하게 대량의 의료기록과 논문을 학습한 뛰어난 암기력과 검색능력만으로 합격한 것이 아니고, 스스로 생각하는 능력이 있음을 보여준 것이라고 평가되고 있다. 샤오이는 2018년부터 의료현장에 직접 투입되어 의사들이 환자의 상태를 파악해서 위험을 피할 수 있도록 돕는 역할을 하고 있다.

한편 뇌종양 치료에서는 IBM 인공지능 왓슨이 진료계획 수립에서 의사를 크게 따돌리는 성능을 기록해 주목되고 있다. 테크놀로지 전문 매체 IEEE 스펙트럼에 따르면 IBM 왓슨은 뇌암 환자의 게놈을 분석하고 치료 계획을 제안하는 데 불과 10분밖에 소요되지 않았다. 인간 전문가들이 동일한 계획을 세우는 데는 무려 160시간이 걸렸다고 한다. 이 결과가 인간에 대한 인공지능의 완전한 승리라고 볼 수는 없지만 인공지능이 중대 질환에서 큰 역할을 할 수 있음을 보여준다.

인공지능을 비롯한 4차 산업혁명 기술과 관련이 없을 것이라고 생각되었던 외상과 외과적 수술 분야에도 많은 변화가 예상되고 있다. 외상학은 예측하기 어렵고 즉각적인 처치가 필요한 분야로 병원의 역할이 마지막까지 필요한 분야라고 할 수 있다. 그러나 이러한 부분들도 4차 산업혁명 기술로 인해 상당 부분 변화를 겪을 것으로 보인다. 외상과 같이 촌각을 다투는 분야에서도 원거리에서 보내오는 환자의 정보를 바탕으로 적합한 조치를 취해 환자가 전문 병원 응급실로 옮겨오는 동안의 시간을 벌 수 있으며 환자의 이송형태 역시 드론 등의 최신기술이 도입될 수 있다.

3D 프린팅으로 인공장기나 인공 두개골을 만드는 등 외과적 수술 분야 또한 변화가 예상되고 있다. 미국의 존스홉킨스대와 국립어린이병원(Children's National Health System)이 공동으로 개발한 자율 수술로봇 STAR(smart tissue autonomous robot)는 인간의 손을 전혀 빌리지 않고 동물의 연부 조직을 자동으로 봉합할 수 있다고 한다. 특히, 돼지의 위장을 봉합하는 데 있어 숙련된 외과 의사보다 뛰어난 것으로 드러났다고 한다. 근육, 혈관, 내장과 같은 연부조직은 수술 중에도 모양이 계속 변하기 때문에 로봇으로 자동화가 어렵다고 생각했던 분야다. 미국 메릴랜드대 악셀 크리거(Axel Krieger) 교수팀은 지난 2017년 10월 캐나다 밴쿠버에서 열린 지능로봇학회(IROS 2017)에서 로봇 STAR가 외과 의사보다 조직

절개와 종양제거 수술을 더 정확하게 할 수 있다는 것을 증명해 화제가 됐다. 이번 시험에서는 피부, 지방, 근육의 세 가지 돼지 조직을 이용해 다양한 속도, 깊이 등을 고려해 시험한 결과 인간 의사보다 절개라인이 정확했으며, 주변 조직에 상처도 덜 준 것으로 파악됐다. 기술발전이 지속된다면 인공지능과 로봇이 결합해 종양과 같은 환부를 찾아내고 스스로 수술을 통해 제거하는 모습을 상상해 볼 수 있다. 먼 미래와 같은 일들이 생각보다 빠르게 현실로 다가오고 있다.

3. 제4차 산업혁명 시대의 금융

(1) 디지털 기술에 따른 금융생태계의 변화

금융분야도 인공지능(AI), 블록체인(분산원장기술), 사물인터넷(IoT), 빅데이터 등 제4차 산업혁명 기술의 등장으로 빠르게 변화하고 있다. 금융업은 정보산업이면서 이용자가 많아질수록 수요가 더욱 확대되는 전형적인 네트워크산업의 성격을 지니고 있어 디지털 기술 발전을 적극적으로 수용하면서 관련 서비스의 효율성과 안전성을 제고하는 데 노력해왔다. 그러나 최근 인공지능, 블록체인 등 혁신적 디지털 기술이 도입되면서 서비스 자체는 물론 서비스 제공기관의 역할과 구조에 또 다른 변화가 발생하고 있다. 과거 단순하게 기술을 도구로 활용했던 금융 정보화 패러다임과는 다르게 간편결제 등 전자지급서비스의 혁신을 넘어 디지털 통화, P2P대출, 로보어드바이저 등 기존 금융회사의 기능과 역할을 대체할 수 있는 새로운 형태의 금융서비스가 등장해 큰 변화가 일어나고 있다.

유통업을 통해 축적한 막대한 고객정보를 활용해 성공적으로 금융업에 진출한 중국의 알리바바와 같은 대기업의 탄생으로 전 세계 지급결제 시장이 요동치고 있으며, 인터넷전문은행, 크라우드 펀딩 등 새로운 유형의 금융생태계가 만들어지고 있다. 인공지능을 탑재한 로보어드바이저는 고객의 성향을 분석해 자산을 관리해 주고 펀드 포트폴리오를 어떻게 짜면 좋을지 조언해 준다. 금융상품에 대해 실시간으로 상담할 수 있는 챗봇도 등장했다. 고객은 24시간 어디서나 챗봇을 통해 금융상품 및 서비스에 대해 궁금한 점을 질문할 수 있다. 간편결제, 본인인증을 위해 지문·홍채 등 생체인증 서비스도 본격화 되고 있다.

이러한 금융산업의 변화는 영국, 미국, 중국 등을 중심으로 급격하게 성장하고 있는 핀테크(FinTech)[21] 산업으로 설명할 수 있다. 2008년 글로벌 금융위기 이후 시작된 핀테크 혁명은 〈표 3-7〉과 같이 기존 서비스를 좀 더 편리하게 만들거나 저가에 사용할 수 있도록 만드는 수준을 넘어, 고비용의

〈표 3-7〉 핀테크로 인한 금융 생태계의 변화

구분	주요내용
비용구조	• 물리적 인프라인력 최소화 • 소셜마케팅 등으로 효율적 비용구조 시현 ⇒ 가격 경쟁력 확보
이용 편의성	• 기존 금융사는 보안에 초점 • 핀테크는 ICT로 보안 강화, 대신 편의성에 초점 ⇒ 이용 편의성과 보안 동시 제고
데이터 활용	• 정형·비정형데이터를 아우르는 빅데이터 분석 • AI를 활용한 분석력·시장예측력 제고 ⇒ 비금융사의 혁신적 상품·서비스 개발 및 신용평가모델 구축 가능

자료 : 황병기(2016) 내용을 재구성

---

21) 핀테크는 금융부문의 디지털혁신 현상으로 기술과 금융의 융합으로 기존 서비스가 획기적으로 효율화되거나 새로운 금융서비스가 출현하는 것을 의미한다.

금융 서비스를 포함한 새로운 금융 서비스를 개발하고 확산시키는 단계까지 와 있다.

공급 차원에서는 비금융회사의 참여로 다양한 풀(Pool)이 형성되고 수요 측면에서는 간편결제가 전체 핀테크의 성장을 견인하고 있다. 수요 측면에서는 핀테크의 성장이 사회적 편익을 극대화할 수 있는 기회가 되기도 한다. 소상공인, 중소기업은 핀테크를 통해 지급결제, 해외송금, 환위험 헤징, 자금조달(대출·자본), 채권 유동화, O2O, 해외 역직구 등 여러 측면에서 핀테크의 혜택을 향유하고 있다. 반면, 공급 측면에서는 금융회사와 이동통신사, ICT기업 간 경쟁과 협력이 확장되면서 금융회사의 수익이 잠식될 것으로 우려되고 있다.

금융산업의 디지털혁신을 주도하고 있는 기술로는 블록체인(분산원장기술), 무선통신기술과 사물인터넷, 바이오인증, 빅데이터와 인공지능, 클라우드 컴퓨팅 등이 대표적이라고 할 수 있다. 이러한 기술들은 (그림 3-9)와 같이 디지털통화, 거래정보기록, 모바일 지급, 생체정보 이용 인증, 로보어

(그림 3-9) 디지털 기술과 금융서비스의 관계

핵심기술	핵심기술 활용 금융서비스	판테크 혁신 분류
블록체인 및 분산원장	디지털통화	지급, 청산 및 결제 (Payments, Clearing & Settlement)
무선통신 및 사물인터넷	거래정보 분산 기록	여수신 및 자금조달 (Deposit, Lending & Capital Raising)
바이오인증	모바일 지급	시장관련 정보·서비스 제공 (Market Provisioning)
빅데이터 및 인공지능	생체정보 이용 인증	투자자산관리 (Investment management)
	로보어드바이저	
	크라우드펀딩, P2P대출	

자료 : 한국은행(2017)

드바이저, P2P대출, 크라우드펀딩 등 다양한 형태의 금융서비스에 활용되고 있다.

결국 새로운 금융은 네트워크, 데이터, 인공지능이 기관과 제도를 대신하고 개인과 개인이 중개인 없이 직접 연결되는 서비스 시장으로 변모하고 있다. 물물교환, 금화, 지폐, 수표로 표현되었던 돈이 이제는 단지 해시값(hash value)로 표현되어 인터넷 위에 떠다니는 것이 금융의 현실이다. 이제 돈은 회계나 재무 교육을 받은 사람이 해석할 수 있는 대상이 아니라 수학, 전산학, 암호학 위에서 작동하는 기계가 해석할 수 있는 대상으로 변모하고 있다.

제4차 산업혁명을 통해서 일어나는 또 하나의 변화는 이전에는 금융회사를 통해서만 금융서비스를 이용할 수 있었다면, 이제는 다양한 금융서비스들을 서비스 제공기관인 은행뿐만 아니라 P2P플랫폼 등을 통해서도 가능해지고 있다는 점이다. 또한 금융부문에서 디지털기술 활용이 심화됨에 따라 (그림 3-10)처럼 기존 금융회사가 담당하던 소비자금융, 자금이체 및 결제, 투자 및 자산관리 등의 영역에서 기술을 보유한 비금융회사의 역할이

(그림 3-10) 핀테크로 인한 금융업의 분화

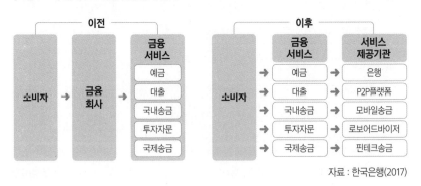

자료 : 한국은행(2017)

더욱 확대되고 있다.

인공지능이 자산관리 전문가를 대신해 자산관리를 돕는 서비스도 계속 등장하고 있다. 일명 로보어드바이저(robo-advisor)다. 로보어드바이저는 로봇(robot)과 자문가를 의미하는 어드바이저(advisor)의 합성어로 쉽게 말해 사전에 짜여진 알고리즘 대로 컴퓨터 프로그램이 인간의 개입 없이 자동으로 투자종목이나 자산배분 포트폴리오를 짜서 그대로 매매하는 것을 말한다. 로보어드바이저는 광범위한 빅데이터를 분석하여 알고리즘을 만들고, 인간인 PB(private banker)를 대신하여 고객의 온라인 자산관리를 해준다. 온라인 상에서 이러한 과정이 이루어지기 때문에 고객별 맞춤형 서비스를 제공할 수 있다는 장점이 있다. 또 온라인 상의 서비스이기 때문에 수수료가 저렴하다는 장점도 있다.

아직까지는 스스로 학습하고 진화하는 인공지능보다는 주로 알고리즘에 기반한 자동화된 자산배분 기능에 초점이 맞추어져 있기 때문에 투자자의 질문을 통해 금융사가 축적해온 데이터를 바탕으로 새로운 포트폴리오를 제공하는 자문형 로보어드바이저가 주를 이루고 있다. 그러나 미래에는 로보어드바이저가 직접 포트폴리오를 구성하는 것뿐만 아니라 계좌 개설, 상품 운용 등을 모두 담당하게 될지도 모른다.

로보어드바이저의 등장은 자산관리 서비스의 문턱을 낮춰 고액자산가만이 아닌 일반 금융 소비자의 재산 증식에도 도움을 줄 것으로 기대되어 자산관리의 패러다임을 완전히 바꿔놓을 것으로 전망된다. 정확성을 높여준다는 점도 장점으로 꼽힌다. 로보어드바이저는 빅데이터를 기반으로 고객의 위험 성향과 목적을 구분해 투자 운용한다. 투자 경험의 추적을 통해 개별 투자자의 최적의 종목, 투자 비중 등을 산출해 맞춤형 포트폴리오를 구성할 수 있다. 주관이 개입할 수밖에 없는 인간 자산관리전문가보다 실수가 적을 것이라고 해석할 수도 있다(서울경제, 2017).

PC와 스마트폰을 통한 온라인 거래가 보편화되고 IoT 기반이 확충되어 O2O 거래도 증가하면서 금융과 ICT가 접목된 핀테크에 이어 해킹과 위조·변조가 거의 불가능한 거래시스템에 대한 사회적 요구도 증대되고 있다. 이에 따라 등장한 것이 블록체인이다. 블록(block)은 거래 건별 정보가 기록되는 단위를 의미하며 이와 같은 블록들이 연결된(chain) 형태의 데이터베이스를 블록체인이라 한다. 블록체인은 거래정보를 기록한 원장을 모든 구성원이 각자 분산 보관하고, 새로운 거래가 발생할 때 암호방식으로 장부를 똑같이 업데이트하여 익명성과 보안성이 강력한 디지털 공공장부 또는 분산원장(distributed ledger)을 말한다.

특히 블록체인 기술을 활용한 비트코인[22] 등 암호화폐(cryptocurrency)는 기존의 금융중개 기능을 거치지 않고 사용이 가능하다는 점에서 현재로서는 가장 획기적인 신흥 핀테크 사례로 인식되고 있다. 비트코인이 등장하기 이전에는 P2P에서 구동되는 분권적 금융거래 시스템이 불가능했었는데, 그 이유는 신뢰성을 담보하는 중앙기관 없이는 이중지불을 방지하고 장부의 무결성을 유지할 수 없었기 때문이었다. 그러나 〈표 3-8〉과 같이 비트코인은 블록체인의 작업증명(proof of work) 방식과 분산장부 기술로 이 문제를 해결했다. 결국 블록체인 기반의 전자금융거래는 제3자 없는 신뢰

---

22) 비트코인(Bitcoin)은 2009년 사토시 나카모토(Satoshi Nakamoto)가 만든 디지털 통화로 화폐를 발행하고 관리하는 중앙은행(또는 중앙장치)이 존재하지 않고, P2P 기반 분산 데이터베이스와 공개키 암호방식으로 거래가 이루어진다.

성 보장, 경제성, 거래내역의 투명성 등을 제공해준다.

블록체인의 출발은 비트코인이었지만 확장 가능성이 무궁무진하다. (그림 3-11)은 블록체인 기술의 다양한 활용범위를 보여준다. 개인과 개인 간 (P2P) 대출, 주식거래 플랫폼, 보험 스마트 계약, 무역금융, 거래인증, 데이터저장 공인인증 등 블록체인은 최근 핀테크 기술과 융합되어 다양한 분야에 활용되거나 개발 중에 있다(임명환, 2016). 또한 금융뿐만 아니라 제조업, 유통업 등의 모든 산업분야에서, 그리고 민간과 공공영역을 구분하지 않고 사회 전 영역에서 많은 영향을 미칠 것으로 예상된다. 블록체인 기술

<표 3-8> 전자금융거래방식에서 기존 방식과 블록체인 기반 방식 비교

구분	기존 전자금융거래	블록체인 기반 전자금융거래
구조		
개념	• 중앙집중형 구조 • 개인과 제3자 신뢰기관(은행, 정부 등) 간의 거래 • 중앙 서버가 거래 공증 및 관리	• 분산형 구조 • 거래내역이 모든 네트워크 참여자에게 공유 및 보관 • 모든 거래 참여자가 거래내역을 확인 (작업증명)하는 공증 및 관리
특징	• 장점 : 빠른 거래 속도 　　　　 제어의 용이성 • 단점 : Sybil attack(DDoS 공격)에 취약 　　　　 중앙시스템 보안 위험 및 　　　　 관리비용이 높음	• 장점 : 거래정보의 투명성 시스템 구축 　　　　 및 유지보수 비용이 저렴 　　　　 Sybil attack 불가능 • 단점 : 상대적으로 느린 거래속도 　　　　 제어의 복잡성

자료 : 금융보안원(2015)

(그림 3-11) 블록체인 기술의 활용 범위

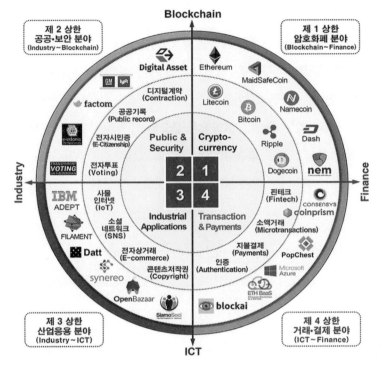

자료 : 임명환(2016)

은 암호화폐, 공공·보안, 산업응용, 거래·결제 분야의 산업 전반으로 확대
되고 있으며 점차 지식재산과 ICT 역할이 강조되는 추세다.

(2) 플랫폼 기술과 분산자율적 금융

앞서 살펴보았던 바와 같이 플랫폼 경제는 진입과 개발 비용을 낮추어
다양한 개인과 기업들을 생산에 참여시킴으로써 기존 금융체제가 가지고
있던 고유한 영역을 플랫폼에 기초한 금융 패러다임으로 변화시키고 있다.
플랫폼을 제공하는 ICT기업이 가치사슬의 핵심을 담당하고 있는 것이다.

뿐만 아니라 전문가에 의한 중앙통제적 금융에서 ICT 혁신가에 의한 분산 자율적 금융으로 변화시키고 있다.

기존과 전혀 다른 '금융'을 요구하고 있는 소비자들 또한 ICT기업이 이러한 금융혁신을 이끌 것이라 기대하고 있는 것으로 나타났다. 2015년 The Millennial Disruption Index 조사결과에 따르면 73%는 금융회사보다 구글, 아마존 등 ICT기업이 제공할 새로운 금융서비스에 더 큰 기대를 가지고 있는 것으로 나타났으며, 50%는 핀테크 스타트업이 기존 은행의 업무방식을 완전히 바꿀 것이라고 기대하였다. 심지어 33%는 은행이 아예 필요 없어질 것이라고 생각하고 있는 것으로 나타났다(황병기, 2016).

전문가들이 예측하는 금융의 미래도 크게 다르지 않다. 맥킨지는 2025년 핀테크업체들이 기존 은행의 이익 중 소비자금융 60%, 지급결제 35%, 중소대출 35%, 자산관리 30%를 잠식하여 핀테크업체들이 소매금융 부문을 중심으로 은행 수익을 크게 잠식할 것으로 전망했다(McKinsey & Company, 2015). 또한 씨티그룹은 2025년 핀테크로 인해 미국·유럽 은행권에서 현재 인력의 30% 이상인 170만 명이 해고될 것으로 전망했다(Citigroup, 2016).

PwC의 조사에 따르면 46개국의 글로벌 금융회사(응답자 비중 약 80%) 및 핀테크 기업(응답자 비중 약 20%)에 소속된 최고경영진 544명을 대상으로 설문조사를 실시한 결과 글로벌 금융회사들은 향후 5년내 자신들의 사업중 약 23%가 핀테크의 발전에 의해 위협을 받을 것이라고 응답했다(PwC, 2016). 지급 및 송금 분야(28%)에서 가장 큰 영향을 받을 것으로 조사되었으며, 은행(24%), 자산관리(22%), 보험(21%) 순으로 나타났다. 한편 핀테크 기업들은 기존 금융회사 업무의 1/3 정도를 담당할 수 있을 것으로 응답했다.

결국 기술의 발달은 전통적 금융업의 쇠퇴를 가져올 가능성이 크다. 모바일기기 자체가 은행계좌가 되거나 모바일 솔루션의 확산으로 결제 방식은 단순화·간소화 되며, 은행 없이도 결제할 수 있는 다양한 형태의 결제시스템이 등장할 것이다. 또한 〈표 3-9〉와 같이 은행보다 높은 이자율이 예상되는 크라우드 펀딩이나 P2P(혹은 B2B)의 활성화로 은행의 여신·수신 역할이 줄어드는 등 전통적 은행업의 쇠퇴현상은 지속될 것으로 보인다.

앞으로도 금융업의 분화 현상, 금융시장인프라(FMI) 운영기관의 역할 변화 등에 따라 금융서비스가 탈집중화(decentralization)와 탈중개화(disintermediation)를 통해 기존 금융시스템과 분리되는 움직임이 가속화될 것이다. 금융시장을 지배하고 있는 대형 금융회사들은 다양한 금융서비스를 종합적으로 제공하는 반면, 핀테크 업체들은 이를 해체(unbundling)시켜 경쟁력 있는 개별 서비스에 집중하는 탈집중화 경향이 있다. 이러한

〈표 3-9〉 부문별 금융인프라 구조 변화

구분	구조변화
국제송금	중개은행 및 SWIFT 등 기존 인프라를 분산원장 시스템이 대체 (Ripple 등)
자본시장	증권의 발행, 등록, 거래 등이 크게 효율화되고 기존 중개기관의 기능 축소
무역금융	기존 수작업으로 이루어지던 무역금융 절차가 자동화되어 효율성이 높아지고 사고발생 확률이 감소
규제준수 및 감사	거래데이터의 실시간 보고, 감사가 가능해지고 기관간 비교 및 통합이 용이
자금세탁 및 테러자금조달 방지	고객 신원정보의 공유가 용이해지고 규제준수 비용 절감
보험	보험금 청구 및 지급이 자동화되고 보험사기 위험 감소
P2P대출 및 보험	마이크로파이낸스 및 마이크로보험 활성화

자료 : 한국은행(2017)에서 재인용

탈집중화가 서비스 공급자의 수를 증가시키는 방향으로 작용하는 데 반해 탈중개화는 기존 금융중개기관에 대한 수요를 감소시키는 방향으로 작용할 것이다.

중장기적으로 금융중개 및 거래정보의 분산 저장과 처리 등의 업무에 블록체인 기술 적용이 커지면서 거래, 청산, 결제, 기록보관 등 중앙집중형 서비스 제공기관의 역할과 기능이 축소될 것이다. 또한 블록체인 기술의 적용은 다양한 시장과 시스템구조에서 거래, 청산, 결제과정을 축소시킬 수 있는데, 이는 소액결제시스템을 넘어 실시간 총액결제시스템, 중앙예탁기관, 증권결제시스템, 거래정보저장소 등 금융시장 인프라에까지 큰 영향을 줄 것으로 전망되고 있다.

이렇게 되면 블록체인 기반의 금융서비스가 (그림 3-12)와 같이 현재와는 사뭇 다른 모습으로 제공될 것으로 보인다. 실시간으로 국제송금이나 환전이 가능하고, 전혀 새로운 방식의 결제시스템이 나타날 수 있다. 데이터

(그림 3-12) 블록체인 기술이 가져올 금융서비스의 변화

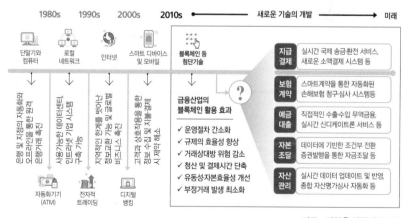

자료 : 이광용·김광석(2016)

분석의 활용도를 높여 맞춤형 상품 및 서비스가 제공되고, 스마트계약을 통한 자동화된 업무처리 시스템이 구축되는 등 향후 금융분야에서 블록체인의 활용가능성은 무궁무진하다.

고은경 (2016), "[NSM 칼럼] 나눌수록 늘어나는 공유경제! 내 것이 아닌 우리것!" (http://blog. naver.com/nsm_life/220716870385).

과학기술정책연구원 (2017), 일본의 제4차 산업혁명 대응 정책과 시사점, 동향과 이슈 30호.

곽진희 (2017), "헬스케어와 4차 산업혁명", 유진투자증권 Issue Report: 제약/바이오.

관계부처 합동 (2017), 새정부 경제정책 방향: 경제 패러다임의 전환, 보도자료 2017.7.25.

권애라 (2013), "IT 비즈니스 발전에 따른 공유경제 성장전망 및 시사점", KDB산업은행 이슈분석 자료, KDB산업은행.

금융보안원 (2015), 국내외 금융분야 블록체인 활용 동향, 보안연구부-2015-028.

기획재정부 (2014), "어떤 공유경제가 이루어지고 있을까?", 기획재정부 블로그(http://mosfnet. blog.me/221039478388).

김민식·손가녕 (2017), 제4차 산업 혁명과 디지털 트랜스포메이션 (Digital Transformation)의 이해, 정보통신방송정책, 제28권 12호 통권 626호.

김민식·최주환 (2016), 제4차 산업혁명과 Industrial IoT · Industrial Internet의 이해, 정보통신 방송정책, 제28권 12호 통권 626호.

김민식·최주환 (2017), 산업 혁신의 관점에서 바라보는 제4차 산업혁명에 대한 이해, 정보통신방송 정책, 제29권 8호 통권 645호.

김인숙·남유선 (2016), 4차 산업혁명, 새로운 미래의 물결, 호이테북스.

김일규·신성식 (2015), 드론사고 위험?, 충돌회피 기술이 책임진다!, 특허청.

김준연 (2016), "전통 산업의 디지털 전환: 기회인가, 위기인가? 디지털 전환의 개념, 유형 그리고 조건", SPRI 컬럼.

김찬성·박용일·강승필 (2012), 2011 경제발전경험모듈화사업: 한국의 교통 DB 구축과 활용, 국토해양부.

김형균·오재환 (2013), "도시재생 소프트전략으로서 공유경제 적용방안", 부산발전연구원.

마르코 이안시티, 카림 R. 라카나 (2017), "허브경제의 관리", 하버드비즈니스리뷰(2017년 9-10 월 합본호).

마셜 밴 앨스타인, 상지트 폴 초더리, 제프리 파커 (2017), 「플랫폼 레볼루션」, 부키.

머니투데이 (2017.02.02.), "소비 패러다임의 변화, 세계는 지금 소유에서 공유로"

미래창조과학부 미래준비위원회·KISTEP·KAIST (2017), 「10년 후 대한민국 미래전략 보고서: 4차 산업혁명 시대의 생산과 소비」, 지식공감.

보건복지부 (2017), 4차 산업혁명을 주도할 바이오헬스 산업 발전전략.

서울경제 (2017.10.09), 인공지능 투자의 시작 – 로보어드바이저 개념과 정의. 그리고 장점, 단점.

심진보·최병철·노유나·하영욱 (2017), 「대한민국 제4차 산업혁명」, 콘텐츠하다.

이광용·김광석 (2016), 블록체인이 가져올 경영 패러다임의 변화, 금융을 넘어 전 산업으로, 삼정 KPMG Issue Monitor 제 60호.

이중원·박철 (2016), "공유경제 플랫폼 성과에 영향을 미치는 요인 : IT의 역할을 중심으로", 한국IT 서비스학회 학술대회 논문집.

임명환 (2016), 블록체인 기술의 활용과 전망, ETRI Insight Report 2016-03.

조민희 외 (2013), 과학기술 빅데이터 동향과 활용방안, NIPA 주간기술동향.

최병삼·김창욱·조원영 (2014), 「플랫폼, 경영을 바꾸다」, 삼성경제연구소.

한겨례신문 (2017. 1. 16), "AI·빅데이터 활용 '스마트공장' 제조업 생산방식 혁명 이끈다".

한국경제TV 산업팀, (2016), "4차 산업혁명·세상을 바꾸는 14가지 미래 기술".

한국은행 (2017), 디지털혁신과 금융서비스의 미래: 도전과 과제, 지급결제조사자료 2017-1.

황병기 (2016), 4차혁명과 금융투자산업의 미래, 제17회 서울국제금융포럼 자료집, 금융투자협회.

황영모 (2016), "나눠쓰는 공유경제 도민의식과 지역사회 대응방향", ithink 정책브리프, 전북연구원.

황원식·최윤희 (2017), "4차 산업혁명 시대의 신성장동력, 스마트헬스케어산업", i-KIET 산업경제 이슈 제12호, 산업연구원.

A. T. Kearney (2016). Digital Transformation 방법론.

Deloitte Consulting (2015). 사물인터넷을 활용한 제조업의 스마트화.

Economic Review (2016), "[공유경제의 미래②] 미래 패러다임은 어떻게 바뀔까" (http://www.econovill.com/).

IOT Journal Asia (2017), "네 번째 혁명의 물결이 온다", IOT Journal Asia Vol.26 2017. 6th

KT경제경영연구소·한국인터넷진흥원 (2016), '2017년 ICT 10대 주목 이슈'.

Abernathy, W. J. and Utterback, J. M. (1978), "Patterns of Industrial Innovation", *MIT Technology Review*, 80(7): 41-47.

Abernathy, W. J. (1978), *The Productivity Dilemma*, Baltimore: Johns Hopkins University Press.

Accenture (2016), "Platform Economy: Technology-driven business model innovation from the outside in", 2016.1.

Bresnahan, T. F. and Trajtenberg, M. (1995). General purpose technologies 'Engines of growth'?. Journal of Econometrics, 65(1), 83-108.

Citigroup (2016), Digital Disruption : How FinTech is Forcing Banking to a Tipping Point, Citi GPS: Global Perspectives & Solutions.

Gartner (2016), Building a Digital Business Technology Platform.

GE (2016), *GE Technology Story for Disruptive Innovation, http://www.gereports.* kr/geforum2016.

Henning Kagermann (2017). "From Industrie 4.0 to Data-Driven Business", acatech.

IBM (2011). Digital transformation Creating new business models where digital meets physical.

IDC (2015a). Digital Transformation(DX): An Opportunity and an Imperative.

IDC (2015b). Adapted from Perspective: The Internet of Things Gains Momentum in Manufacturing in 2015.

IDC (2015c). Transforming Manufacturing with the Internet of Things.

Laurie, Donald L., Yves L. Doz, and Claude P. Sheer (2006), "Creating new growth platforms." Harvard Business Review 84.5 : 80-90.

Lin, Shi-Wan (2015). Three Main Themes in the Industrial Internet of Things, 1st Edition December 2015, Journal of Innovation.

Lawrence Lessig (2009) Remix: Making Art and Commerce Thrive in the Hybrid Economy, Bloomsbury Publishing.

McKinsey&Company (2015), McKinsey Global Banking Annual Review 2015.

Michael J. Piore & Charles F. Sabel (1984), The Second Industrial Divide, Basic Books, New York.

Piore M. and Sabel C. (1984), *The Second Industrial Divide*, New York: Basic Books.

PwC (2016), Blurred lines: How FinTech is shaping financial services, Global FinTech Report.

UN, "Our Common Future, From One Earth to One World", http://www.un-documents.net/ocf-ov.htm.

WEF (2015). Industrial Internet of Things: Unleashing the Potential of Connected

Products and Services.

WEF (2016), The fourth Industrial Revolution: what it means, how to respond.

http://blog.goodelearning.com/it4it/it4it-and-digital

http://www.bosa.co.kr/news/articleView.html?idxno=2051711

http://www.idc.com/prodserv/3rd-platform/

http://www.medicalfuturist.com/

https://industrie4.0.gtai.de/INDUSTRIE40/Navigation/EN/industrie-4-0.html

https://industrie4.0.gtai.de/INDUSTRIE40/Navigation/EN/Topics/Industrie-40/ smart- factory.html

https://industrie4.0.gtai.de/INDUSTRIE40/Navigation/EN/Topics/internet-of- things.html

https://industrie4.0.gtai.de/INDUSTRIE40/Navigation/EN/Topics/why-germany. html

"

The Fourth Industrial Revolution from
the Perspective of Social Innovation

"

제 4장

사회혁신 관점의
제4차 산업혁명

황규희 외

* 이 장의 내용은 분과장인 황규희가 김진하, 이선영, 장혜원, 정도범, 최병록과 공동으로 수행한
연구결과를 종합·정리한 것이다.

제4차 산업혁명에서 사회변화는 매우 광범위하다. 이러한 사회변화에는 긍정적인 측면과 함께 부정적인 측면도 함께 존재한다. 일상적인 측면에서 스마트 폰 이용 영역의 확대, 무인화 및 지능화의 확대는 생활을 더욱 편리하게 하는 한편, 기존 인간의 역할은 축소되며 일자리 감소에 대한 우려 및 사회 양극화에 대한 우려가 제기되고 있다.

이 장에서는 소비와 생산의 측면에 집중하여 사회혁신 관점에서의 제4차 산업혁명을 논의하고자 한다. 소비 측면에서는 제4차 산업혁명으로 인해 생활의 편리성이 증대됨과 아울러 인간의 역할이 축소되는 현상 및 새로운 소비자 문제의 등장에 대해서도 살펴보고자 한다. 생산 측면에서는, '일자리'의 변화를 중심으로 한 사회변화와 그에 대한 대응으로의 교육훈련 이슈 등을 살펴본다. 여기에서는 근래의 연구 성과를 기반으로 질적인 측면에서의 직무변화 및 직무역량의 변화가 핵심적인 사항임을 검토한다.

일상생활 중에 새로운 기술적 사항들은 다양한 소비자 문제를 직접적으로 제기한다. 인공지능, 로봇, 빅데이터, 사물인터넷(IoT), 자율주행자동차, 3D 프린팅, 블록체인 등은 기존의 소비자 문제에서는 제기되지 않았던 제반 문제를 가져온다. 예를 들면 무인자동차에 의한 교통사고, 인터넷의 확대 속에 개인정보의 유출문제 등의 소비자 문제가 새롭게 나타나거나 확대되는데, 이에 대한 법제도 대응 및 보완 등과는 별도로 인간의 가치를 중심으로 하는 소비자 의식의 개선이 무엇보다 중요하다.

나아가 상품 생산과정 및 서비스 공급과정에서도 매우 큰 변화들이 예상된다. 일자리 구조 변화에 대한 초기의 연구는 '직업'을 기준으로 향후에 현재 직업의 상당 비율이 사라지고 특정 직업의 소멸 가능성을 제시하였다. 최근의 연구에서는 직무의 변화에 따른 일자리 변화에 주목하고 있다. 미래사회에는 자동화 기술 등으로 인해 일자리가 사라지는 것이 아니라, 직무가 변화하고 직무 변화는 곧 미래사회가 요구하는 '직무역량'의 변화로 이어질 것으로 전망된다.

이러한 직무 변화 및 직무역량 변화는 교육 방식이나 학교의 역할에도 변화를 요구한다. 기존의 지식 축적 중심의 교육에서 벗어나 역량 축적 중심의 교육으로 변화가 필요하다. 교육의 패러다임을 전면적으로 바꾸고 개인적인 차원에서 도전과 혁신을 추구하는 기업가정신을 적극적으로 확산해야 할 것이다.

한편, 제4차 산업혁명에 의한 긱 경제(gig economy)의 확산은 인력운용 변화와 노동형태의 변화를 가져온다. 노동이 디지털 플랫폼을 통해 중개된다는 측면에서 플랫폼 노동으로 간주되기도 하는데, 이러한 노동형태가 고용과 분배의 양극화를 더욱 가속시킬 것으로 예상되고 있다. 이에 대한 대비를 위하여, 소득 안정화 방안 등이 마련되어야 할 것이다. 기본소득 혹은 음(陰)수득세에 대한 검투와 함께, 기존 고용보험이 전한도 모색될 수 있을 것이다.

제1절 소비 변화

1. 일상 생활의 변화

(1) 무엇이 일어나고 있나

제4차 산업혁명은 기술적, 산업적 변화뿐만 아니라 우리의 일상생활 속에서도 많은 변화를 일으키고 있다. 최근 패스트푸드 매장에 가면 사람이 아닌 키오스크를 이용한 주문으로 대체되고 있고, 극장의 매표소에서 영화를 예매하는 사람들도 점점 줄어들고 있다. 고속버스나 기차 예약, 음식 주문 등과 같이 우리 생활의 많은 부분이 스마트폰의 간단한 버튼 조작에 의해 이루어지고 있다. 이미 2016년 12월, 미국 시애틀의 아마존(Amazon) 본사 1층에는 계산대와 계산원이 없는 무인(無人) 슈퍼마켓인 '아마존 고(Go)'가 개점되었다. 주식, 스포츠 관련 기사의 대부분은 인공지능이 작성하고 있고, 번역이나 비서 서비스 등으로 활용 범위를 확대하고 있다. 이러한 변화는 단지 시작에 불과할 뿐이며, 우리의 라이프 스타일도 변화시킬 것이다.

에어비앤비, 우버, 페이스북 등으로 인해 공유의 문화에 익숙해지고, IoT과 5세대 이동통신이 발전함에 따라 우리는 초연결성의 시대에 살아가게 될 것이다. 물론, 모든 것들이 개방되고 공유된 사회에서 사생활 침해에 대한 우려가 있겠지만, 이는 오히려 서로 신뢰하고 협력하는 문화가 형성되는 기반이 될 수도 있다.

준비를 마치고 밖에 나가면 정해진 시간에 맞춰 예약된 자율주행택시가 기다리고 있을 것이고, 택시에 타자마자 목적지까지의 예상 소요시간과 일기예보 등을 알려주는 일상은 앞으로 우리가 마주할 현실이 될 것이다. 어쩌면 자율주행자동차로 인해 사람들은 더 이상 자동차를 소유하지 않게 되거나 직접 자동차를 운전하는 것 자체가 불가능해질지도 모른다.

인터넷이 연결된 의류나 안경 등을 자연스럽게 착용하고 인체에 삽입하는 다양한 스마트 기기들도 등장할 것이며, 인공지능의 발전은 자율주행 자동차, 드론을 활용한 무인택배, 치료 로봇 등 우리의 라이프 스타일에 밀접한 영향을 미칠 것이다. 개인의 체질과 그 특성에 따라 건강을 관리해주는 스마트 맞춤형 헬스케어가 보편화되어 인간의 평균 수명도 훨씬 늘어날 것으로 기대된다. 이는 사랑, 죽음 등 삶의 가치에도 영향을 미치게 되고, 업무 및 생활 방식, 결혼 제도 등에도 많은 변화를 가져올 것이다.

아침에 눈을 뜨면 자동으로 불이 켜지고 웨어러블 기기가 혈압 등 오늘의 건강 상태를 체크할 것이다. 또한 로봇이 아침 식사를 준비하거나 3D 프린터 등을 이용하여 원하는 음식을 쉽게 만들 수 있을 것이다. 공장에서 사물인터넷(IoT)을 적용하여 생산성 향상, 불량률 감소 등 생산 시스템을 최적화할 수 있을 것이고, 향후 백화점 안내나 호텔 운영, 병원에서의 수술 및 간호, 국가의 치안관리 등 모든 분야에서 로봇과 인공지능이 담당하는 역할이 증가할 것이다.

우리는 모든 의사결정과 관련하여 인공지능의 도움을 받게 될 수 있으며, 이러한 삶에 점차 익숙해지고 적응할 것이다. 스마트폰뿐만 아니라, 웨어러블 기기, 개인비서 로봇 등으로 인해 더 이상 무엇을 외우거나 기억할 필요 없이 모든 것들을 디지털 기기나 인공지능에 의존하게 될지도 모른다.

(2) 변화의 빛과 그림자

제4차 산업혁명으로 인한 새로운 변화에는 긍정적인 측면뿐만 아니라 부정적인 측면도 함께 존재한다. 먼저, 제4차 산업혁명의 큰 흐름 속에서 산업 구조가 새롭게 재편성되어, 기존에 큰 이익을 차지한 이해관계자들의 저항이 발생할 것이다. 예를 들어, 승객과 차량을 연결해주는 서비스를 제공하는 우버(Uber)는 초창기에 기존의 사업자들과 큰 마찰이 있었다. 따라서 로봇, 인공지능, 사물인터넷(IoT) 등이 확산된다면 대중의 심리적 거부감, 일자리 상실에 대한 우려 등으로 인해 향후 커다란 갈등과 혼란이 발생할 것으로 예측된다.

로봇과 인공지능이 인간보다 생산성이 높아지면서 단순 노무직의 감소는 필연적이며, 반복적이고 창의성이 필요 없는 일자리는 점점 사라질 것이다. 물론, 연구자들은 일자리 변화에 대한 낙관적 전망과 비관적 전망을 함께 제시하고 있지만, 일자리 등 사회·경제 구조의 변화는 사람들에게 지속적으로 혼란을 야기할 것이다. 또한 변화에 대응하는 사람과 그렇지 못한 사람 간의 격차가 커져 양극화 문제가 발생할 가능성도 있다.

단순히 일자리 문제뿐만 아니라, 사회의 근간인 보안이 무너질 우려도 존재한다. 간단한 스마트폰 조작으로 집의 온도를 미리 조절하거나 부족한 물품을 확인하고 주문할 수 있지만, 사물인터넷(IoT)를 담당하는 기관이 해킹당하면 국가 인프라가 전체적으로 마비될 수도 있다. 상호연결성(초연결성)이 높아지면서 개인적인 측면에서도 사생활 침해가 수시로 발생하는 제로 프라이버시 시대에서 살아가기 위한 새로운 난제들과 맞닥뜨리게 될 것이다. 제4차 산업혁명에 발맞춰 정책이나 제도가 시급하게 개선되지 않는다면 사회적인 혼란은 더욱 커질 것이다.

사람 상호간에 교감되는 서비스조차도 로봇과 인공지능 등의 발전이 이를 대체할 지도 모른다는 우려가 현실화 되고 있다. 고민이나 진로 상담,

호스피스 등의 봉사 활동, 심지어 섹스에 이르기까지, 일부일지라도 로봇과 인공지능에 의한 대체가 나타나고 있다. 이와 같이 인간이 모든 것들을 로봇과 인공지능 등에 의존하는 미래에는, 인간이 할 일이 없다는 자괴감에 빠질지도 모른다. 또한 가상현실(virtual reality), 증강현실(augmented reality) 등과 같이 현실과 가상 세계의 경계가 점점 모호해지는 미래에서 현실과 가상 세계를 구분하지 못하는 혼란에 빠질 수도 있다.

앞으로 제4차 산업혁명 시대가 다가옴에 따라 어떤 문제가 발생할 것인지, 그리고 로봇과 인공지능으로 발생하는 법적 책임은 누가 질 것인지 등이 큰 이슈가 되고 있다. 제4차 산업혁명으로 인한 발생하는 혼란과 부작용 등은 어느 정도 예측하고 있지만, 아직까지 구체적인 대응 방안에 관한 논의는 부족하므로 지금부터 그 준비가 필요하다.

(3) 더 나은 일상을 위한 방향성

제4차 산업혁명 시대에서는 다른 무엇보다 초지능화로 인해 로봇과 인간의 공존 방식에 대한 새로운 고찰이 필요하다. 알파고와의 대국에서 패한 이세돌 9단은 "일단 알파고는 인간이 아니니까…. 인간이 자동차와 달려서 이길 수 없는 것과 마찬가지 아닐까요?"라고 인터뷰에서 언급한 적이 있다. 인간은 자동차뿐만 아니라, 다른 동물들과도 육상이나 수영 등의 시합을 하면 이기지 못한다. 하지만 굳이 인간은 동물들과 경쟁해서 이길 필요가 없다, 이는 인간과 로봇의 경우에도 마찬가지로, 인간이 로봇과 경쟁할 필요 자체가 없는 것이다. 로봇은 로봇끼리 성능을 경쟁할 것이고, 인간은 개발된 로봇을 잘 활용하면 되는 것이다.

역사적으로 살펴보면 인간과 기계의 협업 형태는 다양하게 존재해 왔다.

그러나 최근 인공지능의 발전은 지금까지의 변화와 뚜렷하게 차별되는 특징을 갖고 있다. 디지털화된 네트워크 시스템을 기반으로 생산 과정 안팎으로 인간, 기계, 상품이 연결된다. 고도로 발전된 센서를 기반으로 언어, 이미지, 감정 등이 데이터 형태로 혼합되어 인간과 로봇의 긴밀한 연결도 가능해질 전망이다. 미국방위고등연구계획국(DARPA)은 이라크 전에서 부상당한 군인의 뇌와 로봇팔의 전기신경을 연결하여 생각만으로 움직이는 로봇팔을 개발하기도 하였다.

또한 인간과 로봇의 협력에 기반한 코봇(cobot; collaborative robot)은 작업의 생산성을 높여주면서 안전성을 강화한 시스템으로 진화하고 있다(BMAS 홈페이지, 2017). 과거에는 인간과 로봇이 서로 떨어져서 작업하였다면 이제는 로봇이 한 공간에서 인간을 도와 작업을 수행한다. 인간과 로봇의 협력은 작업장에서뿐만 아니라 서비스 제공에도 가능하다. 번역 서비스나 법률 분석, 의료적 진단을 위한 지능적 알고리즘들이 대표적인 예이다. 일본은 노인 돌봄서비스 로봇을 개발하고 있는데, 이는 고령자와 육체적 장애를 가진 노동자들이 노동시장에 참여할 수 있는 가능성을 높일 것이다.

인간과 기계의 협업이 상생을 가져올 수도 있지만, 한편으로 작업 배분에서 갈등을 초래할 수도 있다. 인공지능은 인간에 비하여 실수가 없고 순식간에 연산처리를 수행하며 최적화된 해법을 제시할 수 있으므로 인간의 역할이 인공지능 보조에 그칠 수 있다는 우려가 제기되기도 한다. 그렇지만, 인공지능이 인간을 완전히 대체할 수 있을 것인지에 대해서는 많은 논란이 제기된다. 자동화가 진행될수록 인간에 대한 사회경제적, 윤리적인 논의가 필요하다고 여겨진다. 인공지능이 '인간은 왜 존재하며, 무엇을 해야 하는가?' 등과 같은 삶의 가치와 의미에 대한 물음을 해결해 줄 수 있을 것으로는 여겨지지 않기 때문이다.

로봇, 인공지능과 인간이 함께 공존하는 사회에서 새로운 삶의 방식에 적응하기 위해서는 인간의 행동양식을 다시금 이해하여야 할 것이다. 오늘날 많은 교통수단이 존재하지만 사람들은 다양한 이유로 일부러 걷기도 하며, 집에서 편안히 영화를 보고 음악을 들을 수 있음에도 불구하고 직접 영화관이나 콘서트장을 찾아가 분위기를 느끼기도 한다. 이처럼 인간은 단지 효율성만을 추구하지 않기 때문에, 인간과 삶의 의미에 대한 성찰이 필요하다. 그리고 사람과 사람, 사람과 로봇, 로봇과 로봇, 온라인과 오프라인 등이 연결되는 사회에서 융합적인 사고와 협력이 더욱 중요해질 것이고, 상호 간의 소통과 신뢰는 더욱 강조된다.

다양한 사회문제의 완화도 제4차 산업혁명의 핵심기술이 활용됨으로써 가능해 질 것이다. 교통사고 감소, 의료비 절감, 교육 격차 해소, 에너지 비용 절감, 산업 재해 감소, 공공 치안 강화 등 다양한 사회문제를 개선할 수 있는 기술적 기반이 확대되는 가운데, 이를 실현을 위한 사회적 합의가 요구된다. 개인적인 차원에서 도전과 혁신을 추구하는 기업가정신을 적극적으로 확산하고, 국가 차원에서도 기술과 인프라를 지원해야 할 것이다. 이를 기반으로, 삶의 질을 향상시키며 모두가 행복해지는 인간 중심의 사회를 실현할 수 있도록 하여야 할 것이다.

한편, 새로운 변화가 도래한다는 것은 결국 새로운 대응과 준비를 요구한다. 제4차 산업혁명 시대에 대응하기 위해서는 새로운 학습을 끊임없이 해야 하고, 우리의 교육도 이에 맞추어 변화해야 한다. 특히, 로봇에게 없는 인간만이 가질 수 있는 감정이나 상상력, 인문학적 사고 등은 앞으로 더욱 중요한 의미를 가질 것이다.

2. 소비자 문제의 변화

(1) 새로운 소비자 이슈의 등장

각국이 자율주행자동차 상용화를 목표로 치열한 개발 경쟁을 하고 있는 가운데, 2016년 5월부터 2018년 5월까지 세 차례의 테슬라 자율주행 차량에서의 사망사고 발생은 자율주행 자동차의 안전 및 보안 등의 문제에 대한 소비자 이슈를 부각시키는 계기가 되었다. 제4차 산업혁명으로 대두되는 다양한 제품과 서비스로부터 소비자가 누리게 될 효용뿐만 아니라, 새롭게 발생할 문제를 예측하고 이에 대한 대응 방안을 준비하는 것이 중요해 지고 있다.

과거에는 생산자가 최적의 비용으로 고성능·고품질 상품과 서비스를 제공하는 것이 중요했다. 그러나 제4차 산업혁명 시대는 소비자가 제품의 종류 및 특성, 생산 시점 등 전 과정에 관여하고 상품 자체보다 상품이 제공하는 가치를 중시하게 될 것으로 예상되고 있다. 생산자와 소비자의 경계가 없어지고 소비자가 생산의 주체가 될 것으로 예상된다.

생활 속에서 대두되는 제4차 산업혁명은 소위 소비혁명이라고 하는 현상으로 집약하기도 한다(구경태, 2017). 예컨대, 제2차 산업혁명의 제품인 라디오를 5억명이 사용하는데 38년이 걸렸지만, 제4차 산업혁명의 제품인 포켓몬고를 5억명의 소비자가 사용하는데 19일이 걸리는 가속화 현상이 나타났다. 그러나 선진국에서도 현재 제4차 산업혁명에 대비하여 대부분 기술개발, 산업진흥에 초점을 맞출 뿐, 지능정보화사회의 주역인 소비자에 대한 정책은 상대적으로 소홀하다고 할 수 있다.

우리나라 정부는 제3차 소비자정책 기본계획(2015~2017년)에서 새로운 상품·서비스 시장의 질서 확립, 사전예방적 소비자안전체계 강화 등을 소비자 정책의 기본 방향으로 정했다. 한국소비자원도 소비자 친화적 정책·거래 환경 제고를 핵심 경영목표로 정하고, 사물인터넷(IoT), 스마트 홈 서비스 등 정보통신기술(ICT) 분야의 소비자권익을 확보하려는 노력을 기울이고 있다(한견표, 2017).

제4차 산업혁명이 이끄는 미래사회는 소비자 분야에서 예측하기 쉽지 않은 이슈들이 본격적으로 대두될 것으로 예상되며(심진보, 2017), 현재 제기되는 소비자 이슈는 다음과 같다(이은민, 2016).

첫째, 3D 프린팅의 보편화는 제조의 주체를 변화시켜서 소비의 주체인 소비자가 자신의 기호와 요구를 반영한 제품을 직접 제조할 수 있는 환경이 대두될 것이다.

둘째, 인공지능을 탑재한 다양한 로봇의 등장은 지능형 개인생활비서의 출현으로 사용자의 언어를 알아듣고 사용자에게 맞춤형 정보를 제공하는 감성기반의 상호작용이 이루어질 수 있으며, 지능형 학습시스템의 구축으로 온라인교육의 보편화와 교육 빅데이터를 활용한 최적의 지능형 학습이 이루어질 수 있다.

셋째, 증강현실(AR)에서의 생활이 보편화됨으로써 인간의 지적, 사회적 역량이 강화되어 현실과 가상의 구분이 모호해 지고, 스마트기기가 제공하는 다양한 정보로 인하여 감각과 지능이 크게 향상된 소위 증강인류(augmented humanity)가 미래사회의 주체로 대두할 것이다.

향후, 인공지능, 로봇, 빅데이터, 사물인터넷(IoT), 가상현실(VR)과 증강현실(AR), 자율주행자동차, 드론, 3D 프린팅, 블록체인 등을 중심으로 다양한 소비자 문제가 제기될 것이다. 이는 초자동화, 초연결성, 초지능화의 특성을 보여주고 있어 새로운 문제가 발생하고 이러한 문제들은 상호 충돌,

중복, 소외가 대두하게 되어 종합적인 소비자정책 대응이 필요할 것이다. 여기에서 발생하는 대표적인 소비자 문제 유형을 살펴보면 다음과 같다(김성천, 2017).

첫째, 인공지능은 알파고를 상정할 수 있지만, 현재 금융, 제조, 자동차, 의료, 법무 등 다양한 분야에서 이용되고 있다. 인공지능과 관련된 대표적인 소비자 문제로는 제품의 오작동으로 일어나는 문제, 제조업자의 부당한 표시광고 문제, 성차별이나 극단적인 언어의 사용으로 인한 문제 등이 대두되고 있다.

둘째, 로봇은 주로 지능형 로봇으로서 외부환경을 스스로 인식하고 상황을 판단하여 자율적으로 동작하는 기계장치를 말하는데 생활로봇(청소기, 애완용 장난감)과 지원로봇(고령자, 장애인)이 있으며, 주로 작동오류나 위해의 발생이 문제될 수 있다. 실제로, 로봇에 머리카락이 끼어서 피해를 입거나 인공지능 로봇이 작동불량으로 난동을 부려서 통제불능이 일어나는 경우가 발생하고 있어서 이에 대한 소비자문제의 발생을 적극 검토할 필요가 있다.

셋째, 빅데이터와 관련해서는 평판, 금융, 검색, 프라이버시의 침해가 문제될 수 있다.

넷째, 사물인터넷(IoT)은 스마트홈, 스마트가전, 스마트헬스, 스마트빌딩 등에 적용되고 있는데, 역시 해킹으로 인한 보안침해, 프라이버시의 침해 등이 문제되고 있다.

다섯째, 가상현실(VR)과 증강현실(AR)은 게임, 쇼핑, 치료, 교육 등에서 이용되고 있으나, 실행오차, 유해정보, 안전사고, 사이버멀미, 교통사고 등으로 피해가 발생하고 있다는데 문제의 삼각성이 있다.

여섯째, 자율주행자동차는 운전, 배송, 화물운송 등에서 이미 이용되고 있거나 앞으로 더욱 더 각광받을 것으로 예측되고 있다. 관련하여 교통사고, 보안침해, 프라이버시 침해, 제품 결함으로 인한 소비자 안전의 침해 등의 소비자 안전과 관련된 문제가 대두될 수 있다.

일곱째, 드론도 게임, 배송, 촬영 등에서 이용되고 있는데, 여전히 프라이버시의 침해, 충돌사고, 추락분실, 신체사고 등이 발생하기도 한다.

여덟째, 3D 프린팅은 삼차원형상을 구현하기 위한 전자적 정보(삼차원도면)를 자동화된 출력장치를 통하여 입체화하는 활동을 의미하는데, 완제품, 부품, 건축, 식품, 의약품, 장기 등 다양한 분야에서 활용되고 더욱 활성화될 것으로 예상된다. 제품의 결함, 저작권 및 특허권 침해, 감전 및 화상사고, 위해품의 제작(총기나 마약 등)으로 발생하는 다양한 소비자 문제가 발생할 수 있다.

(2) 새로운 소비자 문제 대응 방향성

이처럼 다양한 제품과 서비스에서 새로운 유형의 소비자 문제가 발생하면서 기존의 소비자 문제도 여전히 나타날 것이므로, 이에 대한 체계적인 검토를 통해 사전 예방적인 소비자정책과 사후구제의 소비자정책 모두를 새롭게 정립해야 한다.

사전예방적인 소비자정책으로는 ① 위해방지, ② 규격의 적정화, ③ 거래의 적정화, ④ 표시광고의 적정화, ⑤ 소비자정보 제공의 충실화 및 소비자 능력의 향상을 위한 소비자교육의 강화, ⑥ 개인정보보호의 강화가 필요하다. 사후구제의 소비자정책으로는 ① 소비자분쟁해결기준의 정비, ② 피해구제 관련 법률의 제정이나 개정 등이 필요하다.

이처럼 다양한 소비자 문제 발생에 대비한 소비자정책은 법률의 제정이나 개정도 필요하고, 소비자 교육이나 소비자정보 제공을 통해서도 수립하여야 한다. 보다 근본적으로 어떠한 소비자 문제라도 소비자 중심의 마인드를 통해 소비자안전과 소비자의 권리를 침해하지 말아야 하며, 아무리 편리한 사회를 추구하는 것이 필요하더라도 인간의 보편적인 사회적 가치를 깊이 생각하는 마인드가 중요하다.

3. 소비 관련 법제도 혁신

(1) 관련 법제 개선

인공지능(AI)이 적용된 제품이나 서비스는 이미 우리의 일상생활에 깊숙이 자리 잡고 있다. 따라서 인공지능으로 인한 사고에서 법적인 손해배상 책임에 대한 기준을 명확히 하고, 안전성 심사의 법적 기준도 마련하는 것이 필요하다. 민법에서는 기본적으로 사람이 불법행위를 하는 주체로 되어 있는데, 인공지능이 적용된 기계내지 제품에서 책임주체를 어떻게 해야 될지에 대한 법적 책임 관련 법제 개선의 검토가 필요하다.

가상현실(VR) 관련 제도도 지금까지 구체적인 안전기준이 없어 탑승형 VR 게임 등에 대한 사고 우려가 제기되어 왔는데, 관련 안전기준의 마련이 필요하게 되었다. 향후에는 로봇이나 인공지능을 통해 실제와 가상현실이 통합되어 사물을 자동적·지능적으로 제어할 수 있는 사이버물리시스템이 구축될 것이 예상된다. 자율주행자동차, 로봇 등 모든 것을 자동화하는 기계문명과 지능정보서비스가 보편적으로 제공될 경우 국민의 생활은 매우 편리해질 것으로 보는 것이 일반적이다. 반면에 제4차 산업혁명과 자동화가 모든 국민들에게 편리함을 극대화시킨다고 하여도 자동화가 급속하게 진행되면서 기계가 실수라도 하게 되면 막대한 피해가 발생하게 될 것이고, 개인정보의 유출로 인한 침해사고가 대량으로 발생할 가능성이 높게 될 우려가 있어서 이 또한 심각한 문제로 대두될 수 있다.

세계 각국은 제4차 산업혁명을 이끄는 핵심기술들에 대한 법제의 체계적인 정비가 매우 중요한 정책이슈로 대두하게 될 것으로 판단하고 이에 대한 다양한 논의를 하고 있다. 제4차 산업혁명이 기술, 산업, 사회 등 모든 영역에서 총체적 변화를 초래하면서 선진국들의 규범적 대응은 윤리, 법제도 등 다양한 방식으로 나타나고 있다. 논의의 대부분은 로봇윤리, 데이터윤리, AI윤리 등 새로운 기술에 대한 윤리적 연구와 사회적 논의가 규범 형성에 매우 중요한 기여를 하였고, 이 과정에서 윤리와 법제도 간의 탈경계화라는 공통된 변화와 특징도 보여주고 있다.

유럽의회가 정보통신기술의 비약적 발전으로 인하여 발생하게 되는 중요한 문제의 하나로 검토하는 것은 개인정보 침해이다. 이에 대비하기 위해 2015년 12월 정보보호 통합규제(GDPR; General Data Protection Regulation)를 제정하였으며, 2018년 5월 25일부터 유럽연합(EU)의 각 회원국에서 시행되었다. 이번 통합규제안의 가장 큰 특징은 1995년 개인정보보호지침의 채택 이후 인터넷 등으로 변화된 디지털경제의 새로운 상황을 반영하고 있다는 점이고. 동시에 산업적인 활용과 아울러 국가와 거대 자본에 의한 독점을 방지하기 위한 통제장치를 강화하고 있으며, 이러한 추세는 향후에도 EU에서 계속 유지될 것으로 보인다(지성우, 2017). 우리나라에서도 산업분야별로 개인정보의 활용 정도가 차이가 있고 정보주체가 가지는 자기정보결정권의 보호 수준에 차이가 있으므로 EU GDPR의 시행과 관련해 우리나라도 국제 규범의 변화 추세를 적극 수용하는 것을 검토할 필요가 있다.

일본 정부는 최근 제품안전법령을 정비하여 사물인터넷 제품의 안전사고발생 시에 사업자는 소비자제품안전법 제35조에 따라 10일내에 정부에 보고하여야 하며, 정부는 소방서와 합동으로 사고원인을 규명하도록 규정하고 있다. 나아가 전기용품안전법에 원격조정장치를 장착한 제품들을 설계할 때 준수하여야 할 10개의 안전기준(동시원격조정금지. 공공통신망에서의 안전유지 등)을 제정하여 사물인터넷 제품의 안전성을 확보하는데 주력하고 있다. 또한 일본 정부는 인공지능 윤리와 관련된 글로벌 규범 리더십을 선점하기 위해 적극적으로 나서고 있다.

이처럼 제4차 산업혁명으로 초래할 새로운 지능정보사회에서 나타나는 법적인 이슈는 새로운 산업에 대한 규제완화의 요구와 함께 소비자(피해자)의 안전과 개인정보의 보호를 위한 규제강화라는 이율배반적이고 상호 모순된 법제의 개선요구가 병존하고 있다는 점이 특징이다.

이에 우리나라 국회에서는 2018년 2월에 제4차 산업혁명에 효율적이고 체계적으로 대응하기 위한 범정부 추진체계를 정비하고, 인프라와 산업·사회변화를 규율하기 위하여 기존 국가정보화 기본법을 전면 개정한 지능정보화기본법(안)이 발의되었다. 지능정보화기본법(안)의 핵심은 4차 산업혁명위원회에 대한 법률상 근거를 명확히 하고 범정부 컨트롤타워 역할을 부여하는 것이다. 정부는 과학기술정보통신부 주관으로 3년마다 지능정보사회 종합계획을 수립해야 하고 4차위의 심의·의결을 거쳐 확정하도록 하였다. 모든 정부부처와 지방자치단체는 지능정보화 실행계획을 3년마다 수립하도록 하였다.

또한 산업통상자원부는 초융합·초연결·초지능화가 가속화되는 제4차 산업혁명 시대에 적시 대응하기 위하여 국가표준심의회를 개최하고, 범부처 합동으로 국가표준화 방안을 확정했다. 표준은 제품·서비스의 품질과 안전의 기준을 제시할 뿐만 아니라 시스템 간, 산업 간, 이해 관계자 간의 융합과 연결을 가능하게 해주는 수단이자 제4차 산업혁명의 성공을 위한 열쇠로 주목받고 있다.

(2) 실효성 있는 제도 운영

기존 법제 개선에 더하여, 새로운 산업의 형성 및 발전과 관련한 정부규제 개선 요구도 다양하게 제기되고 있다(김경환, 2017). 우선, 형식면에서는 개별부처 소관이 아닌 공동 소관 법령의 확대가 필요하다. 구시대적인 규제 구조는 청산하고 제4차 산업혁명 시대에 맞는 입법 형태가 필요하다는 점에서는 의견이 모아질 수 있다. 융합시대에 걸맞은 융합적 법령 체계를 확립하는 것이 필요하고 산업규제정책과 산업진흥정책의 충돌과 모순을 해소하는 것이 필요하다. 또한 관련 법령의 통합을 통한 수요자 중심의 법령 체계화로 중복·이중 규제는 최소화하는 것이 바람직하고, 부처 이기주의와 보신주의를 견제하기 위하여 국회의원의 규제입법에 대한 통제를 강화하는 것이 필요하다. 한 가지 예를 들면 흩어져 있는 개인정보 관련 법령은 개인정보보호법으로 통합하고, 자동차관리법과 도로교통법을 통합하여 가칭 자동차안전법으로 일원화하는 방안도 고려할 필요가 있다.

한편, 규제완화는 여전히 위험성도 내포하고 있다는 점에 주의할 필요가 있다. 미국의 대형 유통업체가 가전 구매내역을 통해 고객의 임신사실을 추론하여 내었다는 발표문은, 빅데이터 기술로 생년월일, 주소 등으로 개인식

별정보를 수집하는 데 그치지 않고 데이터마이닝, 매칭프로그램 등의 분석기술로 알려지지 않은 개인정보까지 추론하여 생성하고 있다는 것을 볼 때 심각성이 느껴진다. 이는 빅데이터 시대에 초래될 개인정보보호 문제의 심각성을 보여준 사례이므로 합리적인 개인정보보호정책의 적극적인 추진이 필요하다.

따라서 법제개선방향에 대하여 크게 두 가지를 제시하면 다음과 같다. 첫째, 제4차 산업이라는 용어를 도출한 독일, 제4차 산업혁명을 실질적으로 이끄는 미국, 제4차 산업혁명을 전면에 내세우고 있는 일본, 중국 등의 입법동향, 신산업 분야별 법·제도적 쟁점을 분석해서 제도개선 과제나 모델 입법례 등을 발굴하는 것이 요구된다.

둘째, 드론, 자율주행자동차, 사물인터넷, 로봇공학, 3D 프린팅, 빅데이터, 인공지능 등 제4차 산업혁명에 관한 논의에서 공통적으로 언급되는 핵심기술에 대하여 각각의 법제 개선과제를 도출하여 관련 부처에 제공하고 해당 부처와 협업을 통해 입법에 반영되도록 할 필요가 있다. 예컨대, 민간부문 드론시장은 2020년 100억 달러로 성장할 것으로 전망되고 있는데, 2016년 글로벌 드론 시장의 84%를 취미·레저용이 차지할 정도로 드론은 국내외 소비자 일상에 빠르게 확산되고 있다. 그러나 드론 시장이 급속히 확대됨에 따라 관련 소비자 상담도 증가하고 있다. 1372소비자상담센터에 접수된 드론 관련 소비자상담은 2015년에 37건에서 2016년에는 63건으로 2015년 대비 70.3% 증가했다(한국소비자원, 2017). 주로 제품의 애프터서비스, 안전, 품질 등의 문제가 제기된다.

드론에서 최근 쟁점이 되고 있는 것들은 사생활·개인정보 침해 예방, 비행장치 신고, 비행 승인 등 규제주체의 일원화 필요성 등이다. 이와 관련된 법령으로는 개인정보보호법 외에도 국토부 소관의 '항공법'(비행장치 신고, 비행금지 규정 등 운행 요건, 조종사 준수사항 등 규정), 과기정통부 소관의 전파법(사용주파수, 조종장치 출력) 등이 있다. 이외에도 국방부, 산업통상자원부 등 다수의 관련 부처가 있으므로 이들 부처와의 협업과 협의를 통하여 사생활 침해예방에 대한 가이드라인을 제시한다거나, 비행승인 절차를 간소화하는 내용을 종합적으로 개선하는 것이 필요하다.

제2절 일의 변화 : 직업에서 직무론

1. 일자리 변화

(1) 논의의 진화: 일자리 변화에서 직무변화로

근래의 기술변화에서, 미래사회의 일자리 구조가 어떻게 변화할 것인지에 대한 연구는 많은 연구자, 국제기구 및 각국 연구기관. 유력 컨설팅기관 등에서 지속적으로 추진되어 왔다. 논의가 진전되면서, 일자리의 직접적인 변화에 대한 논의에서 직무변화를 반영한 일자리 변화 및 직무변화 자체에 대한 논의로 발전하고 있다.

2016년 세계경제 포럼의 제4차 산업혁명의 고용효과에 대한 논의에서는 2015~2020년 기간 동안에 710만개의 일자리 소멸과 200만개의 일자리 생성으로 순 510만개의 일자리 감소를 전망하여(World Economic Forum, 2016) 고용충격에 대한 세계적인 관심을 촉발시켰다. 그런데 이러한 수치는 부문별 글로벌 대기업들을 중심으로 한 설문조사 결과에 기반한 것으로서, 제시되는 510만개 일자리 순감소가 전체 어느 정도의 고용규모에 대한 것인지는 불분명하다.[23] 또한 기존 대기업에 대한 조사이었기 때문에 제4차 산업혁명에서 새롭게 등장하여 새로운 고용을 창출할 것으로 예상되는 신규 기업에 의한 고용 사항은 전체적으로 누락되는 한계가 있다.

한편, 제4차 산업혁명의 고용효과에 대한 좀 더 체계적인 최근의 연구로는 프레이와 오스본(Frey and Osborne, 2013)을 들 수 있다. 이들은 미국에서 기계학습(machine learning)과 자동화(mobile robotics)의 확대를 전산화(computerization)라 명명하며, 이러한 전산화에 의해 대체될 수 있는 고용규모를 추정하였다. 미국의 직업정보인 O*NET 상의 702개 직업(occupation)에 대하여 각각의 전산화 확률을 도출하고, 전산화에 의해 대체 가능성이 70% 이상인 직업의 고용비율이 2010년 기준으로 전체고용의 43%에 이를 수 있음을 제시하였다.[24]

그런데 이러한 프레이와 오스본의 전산화에 의한 대체 가능성이 지나치게 과장되었다는 비판이 제기되었는데, OECD의 연구(Arntz et al 2016)는 미국의 고용에서 대체 가능성이 70%가 넘는 고용이 전체 고용에서 차지하는 비율을 최대 9% 수준으로 제시하였다. OECD의 연구에서는 프레이와

---

23) World Economic Forum(2016)에서는 설문조사의 결과를 각국별 통계(중국 제외)에 접목하여 전 지구적 총 고용의 변화를 추정한 것으로 제시하였으나, 수행된 설문조사의 제한성 측면에서 전 지구적 고용변화로 해석하기에는 상당한 무리가 있으며, 전 지구적 고용변화로는 지나치게 작은 수준이다.

24) 프레이와 오스본(2016)은 전체 고용의 43% 라는 것이 가능수치일 뿐이며, 어느 정도 현실화 될지는 대체 노동비용 수준과의 관계, 전산화 확대에 대한 정책 및 규제의 문제, 전산화 실현 시기의 문제, 직종 내 제반 이질성 등의 제 사항과 긴밀하다는 것을 본문 중에서 상기시키고 있다.

오스본의 직업별 전산화 확률을 직업 내 직무단위(task)로 재구성하고 직업 내 직무구성에 성별, 교육수준별 등의 차이를 반영하여 분석을 수행한 것이다. 이를 통해, '직무' 변화를 매개로 일의 내용이 바뀌는 것이 일반적인 가운데, 완전히 소멸되는 직업은 제한적일 것으로 제시하였다. 또한 매켄지(Mckinsey & Company, 2017)도 미국 일자리 구조 변화를 분석한 결과에서 OECD와 유사하게 전체 직업의 60% 중에서 30%의 직무만이 자동화되며, 자동화 기술이 완벽하게 사람을 대체할 수 있는 직업은 단지 5%에 불과할 것으로 전망하였다.

이러한 일자리 변화와 관련된 주요 연구를 통해 얻어진 종합적인 결론은, 일자리 변화가 직무변화를 매개로 이루어지는 가운데 직무변화 및 이에 대한 대응이 중요하다는 것이다.

(2) 한국에서의 직무변화 전망

김진하(2017)는 (그림 4-1)과 같이 제조업과 전문, 과학 및 기술서비스업에 초점을 맞추어 국내의 미래 일자리 지형 변화에 대한 전망을 제시하였다. 이에 따르면 빅데이터, 사물인터넷, 신에너지 기술 및 첨단제조 및 3D 프린팅 기술 등이 미래사회의 주요 변화동인일 것으로 전망하고 있다. 미래사회 주요 변화동인에 대한 중요도 변화에 대해서, 빅데이터는 현재 시점과 더불어 미래시점에서도 영향력이 높을 것으로 판단되는 변화동인으로 나타났고, 인공지능은 현재 시점 대비 미래시점에서 영향력이 가장 크게 변화할 것으로 전망되었다.

(그림 4-1) 미래사회 변화동인 및 영향력 변화 전망

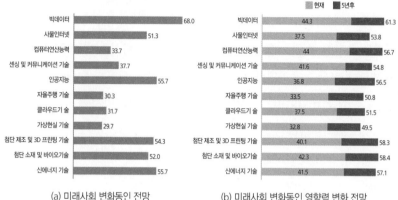

(a) 미래사회 변화동인 전망

(b) 미래사회 변화동인 영향력 변화 전망

자료 : 김진하(2017)

2. 직무 역량의 변화

(1) 핵심역량의 전환

제4차 산업혁명에 따른 기술·산업 측면의 변화와 일자리 지형의 변화는 직무역량(skills & abilities) 변화와 직무역량 안정성(skills stability)에도 영향을 미친다. 복합문제 해결능력과 인지능력 등에 대한 요구가 높아질 것으로 전망되고 있으며(WEF, 2016), 효율적인 업무수행을 위해 컴퓨터/IT 및 STEM(science, technology, engineering, mathematics)분야의 지식도 강조되고 있다(Citi Research & Oxford Univ., 2016; Jang, 2016).

근래에 유럽연합(EU)을 비롯한 선진국은 물론 글로벌 기업들은 특히 미래사회에서 요구되는 핵심역량에 대해 높은 관심을 갖고 연구에 많은 투자를 하고 있다. 한 예로 시스코, 마이크로소프트, 인텔과 같은 글로벌 기업들이 후원하고 호주, 핀란드 등 여러 국가들이 참여한 21세기 역량의 평가와 교육(ATC21S; Assessment and Teaching of 21st-CenturySkills) 프로젝트를 들 수 있다. ATC21S에서는 특히 21세기 미래사회에서 요구되는 핵심 역량을 측정할 수 있는 방법을 개발함으로써, 평가방식의 변화를 교육 혁신의 지렛대로 삼고자 하였다. 이 프로젝트에서는 21세기에 요구되는 역량을 〈표 4-1〉과 같이 사고방식, 직무방식, 직무수단, 생활방식의 4개 영역으로 구분하여 제시하였다.

〈표 4-1〉 ATC21S프로젝트가 제안한 21세기 핵심 역량

범주	사고방식	직무방식	직무수단	생활방식
역량	• 창의력 · 혁신능력 • 비판적 사고력 · 문제해결력 · 의사결정력 • 자기주도학습 능력	• 의사소통력 • 협동능력(팀워크)	• 정보 문해 • ICT 문해	• 시민의식(지역/글로벌) • 인생 및 진로개척 능력 • 개인 및 사회적 책임의식

자료 : Griffin, P. et al.(2012)에서 정리

네트워크 시스템이 급속히 발전하여 가상세계와 현실세계 간의 연결이 연결이 원활해짐에 따라 자원은 한 공간과 시간에 집중되기 보다는 전 세계를 기반으로 분산되어 있다. 디지털 데이터의 급격한 증가로 2005년 이래로 전통적인 상품과 서비스 차원의 교류는 증가하였으며, 인터넷 연결을 기반으로 한 산업은 기하급수적으로 증가하였다.

디지털 기술의 발전은 숙련 수요에 대해 광범위한 영향을 끼친다. 지금까지의 디지털 기술 발전은 단순하고 반복적인 작업을 대체하여 저숙련 노동자들의 일자리를 감소시켜 왔다. 디지털 기술의 발전은 숙련 수요에 대해 구체적인 영향을 끼친다 현대 사회에서 디지털 기술 활용 역량은 특수한 능력이 아닌 모든 직종에서 요구되는 기초 역량이 되었다. 과학, 기술, 공학, 수학 기반 직종뿐만 아니라 모든 업무에서 기술 기반의 역량을 요구함에 따라 21세기 시민으로서 반드시 가져야 할 역량으로 정보와 기술을 처

리할 수 있는 능력(information, media, and technology skills)이 선정되었다는 사실은 이러한 현상을 잘 설명하고 있다(Finegold er al., 2010).

디지털화는 운송경비를 절감해주고 효율성을 증가시킨다. 경제는 네트워크를 기반으로 하여, 자원(인적, 시간, 물적)의 관리가 중요해지게 되었다(장혜원, 2017). 이러한 경향은 각 직종에서 요구하는 숙련의 중요도의 변화를 통해 알 수 있다. 최근 한국직업능력개발원의 연구진들은 2000년대 이후의 기술 발전은 직종에서 요구되는 숙련의 변화 연구에서 고차원적 인지 및 관리 역량에 포함되던 물적, 인적, 재정 자원 관리 지표를 분리하여 새로운 숙련 요인으로 구분하였다(황규희 외, 2016). 이 연구의 핵심 내용은 미국 직업정보네트워크(O*NET)의 스킬(skill)을 기술하는 35개의 지표를 활용하여 2002년과 2016[25]년의 주요 숙련을 추출하여 비교하였는데, 결과는 〈표 4-2〉와 같다.

<표 4-2> 2002년과 2016년의 미국 주요숙련(스킬지표 활용)

2002년		2016년	
34%	고차원적 인지 및 자원 관리	고차원적 인지	33%
21%	수리 과학 문제 해결	기계 설비 및 관리	25%
20%	기계 설비 및 관리	수리 과학 정보	15%
14%	사회적 서비스	사회적 서비스	13%
7%	기계 분석 및 설계	물적·인적·재정 자원 관리	10%
4%	기계 작동 및 설치	기계 작동 및 설치	3%

자료 : 황규희 외(2016)

25) 2002년도 자료는 모두 2002년에 수집되었으며, 그 이후에는 조금씩 업데이트가 이루어지고 있다. 2016년도의 숙련 지표의 경우 전체 954개의 직종 중 43%는 2010년, 11%는 2011년, 11%는 2012년, 13%는 2014년, 11%는 2015년에 수집되었다. 특정 연도에 수집된 자료로만 분석할 경우 오히려 특정 직종에 요구되는 숙련에 치우치는 결과가 나올 수 있다. 그러므로 본 연구에서는 2002년과 가장 최근의 자료인 2016년 데이터를 활용하여 2000년대 들어 10년 전후의 숙련 중요도의 변화를 중심으로 살펴보았다.

(2) 관리역량의 부상

디지털 기술의 확산은 업무를 협력과 소통 중심으로 변화시켜 왔다. 아울러 디지털 기술은 국가를 초월하는 교역과 협력을 확산시키는 방향으로 사회를 변화시켜 왔다. 이로 인해 노동 시장에서 물적, 재정적 자원을 관리하는 숙련이 부상하고 있다.

관리 역량의 부상은 첫째, 기업의 경쟁력 강화를 위한 협업 확대, 둘째, 네트워크 기반의 경제 측면에서 이해할 수 있다. 급속한 기술발전과 정보화에 따라 기업들은 경쟁력 강화를 위해 기업 간 협업을 기반으로 공급 사슬을 만들었다. 기업 내에서는 경영기획에서부터 설계, 생산, 물류, 판매 등 기업 활동 전반의 업무 흐름에 걸친 협업과 지식 공유를 통해 수익을 창출하는 전자상거래를 활용하고 있다(임춘성, 2007). 특히 제조산업의 경우 개별기업 간의 경쟁에서 공급사슬 혹은 가치사슬 간의 경쟁으로 변화하고 있으며, 제조기업 간, 부문 간, 시스템 및 어플리케이션 간, 프로세스 간의 협업이 중요한 전략적 위치를 담당하고 이를 지원하는 협업 정보화가 중요한 관건으로 대두되었다(최완일 외, 2001).

협업(collaboration)이란 '다양한 방법을 기반으로 정보 및 업무 프로세스를 공유하고 함께 일하는 것'으로 정의할 수 있다(Levitt, 2001; 임춘성 외, 2008). 기업간의 협업은 자사의 경쟁력 강화와 전략적 목표를 위해서 공급사슬(supply-chain) 내에서의 협력 관계이다. 이는 업무 프로세스의 공유를 통해 보다 효율화될 수 있다. 이와 같은 협업은 공급사슬을 구성하는 거래 파트너들 간의 다양한 관계 및 네트워크를 기반으로 한다. 협업의 성과는 공급 사슬 내의 관계에 관한 성과라 할 수 있다. 따라서 이러한 기업 환경에서는 공급 사슬에서의 자원 관리가 핵심이라 할 수 있다.

기업의 프로세스를 정보 시스템이 지원한다는 차원에서 협업과 정보화는 밀접한 관련이 있으며, 공급 사슬의 원활한 관리를 위해서 자원 관리 숙련을 요구하는 직종을 생성하게 된다. 정보화는 시장의 글로벌화를 가져왔으며, 이로 인해 운송업에서도 관리를 담당하는 숙련의 수요가 늘어났다. 예를 들어, 2002년에는 화물 운송 매니저(logistics manager)[26]라는 직업이 없었으나 2016년에는 새로 생겼다. 기술이 보편화되면서 글로벌 경제가 활성화되고 무역량이 증가함에 따라 전산화된 화물 운송 시스템을 관리하는 직종이 생성된 것으로 해석할 수 있다.

이러한 기업간의 협업 확산으로 인한 관리 역량의 부상은 네트워크 경제와도 연관지어 생각할 수 있다. 네트워크 경제는 인터넷 기반의 거래를 뒷받침하는 개념으로 경제가 여러 가지 형태의 네트워크로 구성되어 있음을 의미한다(Liebowitz, 2002). 이 네트워크는 포럼, 메일 리스트, 비즈니스, 컴퓨터, 트럭, 팩스 등과 같이 온라인과 오프라인, 유형과 무형을 포함한 다양한 형태의 네트워크이다. 네트워크 경제라는 개념이 나타난 이유는 인터넷 거래는 이러한 네트워크 없이는 존재할 수 없기 때문이다. 여기에서 네트워크란 모든 형태와 규모 차원에서 정보를 교환하는 관계이다.

네트워크 경제에서는 개인의 네트워크 및 산발적으로 분포한 자원을 관리하는 역량이 중요하다. 그 자원의 형태는 유형일수도 있고 무형일수도 있으며, 한정된 것 일수도 있고 무한할 수 있다. 모든 것이 네트워크로 이어지

---

26) 2016년에 관리 숙련이 높은 직종으로 chief executives, lodging managers, industrial production managers, construction managers, purchasing managers, logistics managers, supply chain managers 등이 제시되었다.

는 시대에는 생산과정, 장비, 상품, 서비스가 빠른 속도로 진부화되고 장기적으로 소유하는 것은 불리하며, 단기적으로 사용하거나 접속하는 것이 유리하다. 따라서 혁신주기는 갈수록 짧아지므로 네트워크 기반의 경제에서는 시간자원을 관리하는 역량도 더 많이 요구하게 된다(장혜원, 2017).

3. 인력 양성 및 운용의 혁신 필요성

스위스연방은행(UBS)은 세계경제포럼(WEF)의 국가경쟁력지수(GCI; global competitiveness index)를 기반으로 〈표 4-3〉과 같이 5개 평가기준과 10개 세부기준에 따라 국가별 제4차 산업혁명 준비정도를 측정한 바 있다.

UBS의 평가결과에 따르면 스위스, 싱가폴, 네덜란드, 미국이 상위권을 형성한 가운데, 일본은 12위, 한국은 25위로 평가되었다. 세부적으로 보자면 한국은 교육혁신 및 스킬 수준 측면에서 각각 19위와 23위를 보였으나,

〈표 4-3〉 제4차 산업혁명 준비수준 평가기준

5개 평가기준	10개 세부기준(GCI)
1. 고용구조는 유연한가?	• 노동시장 효율성
2. 숙련은 높은 수준인가?	• 고등교육 및 훈련
3. 교육은 새로운 숙련을 습득할 수 있는 능력을 배양하는가?	• 혁신
4. 사회적 인프라는 적합한가?	• 기술준비 인프라
5. 법적 제약은 어떠한가?	• 재산권 • 지식재산보호 • 사법독립 • 기업윤리

자료 : UBS(2016) 재구성

노동시장 유연성은 83위에 위치하여 인력운영의 개선 필요가 우선적으로 제기되었다.

UBS는 제4차 산업혁명 시대의 산업·시장경제에 도움이 되기 위해서는 노동시장이 충분히 유연해야 한다는 측면에서 노동시장 효율성(labor market efficiency)을 노동시장 유연성으로 해석하여 주요 평가기준으로 설정하였다. 이는 미래사회 일자리 구조 변화에 효과적으로 대응하기 위해서는 노동시장의 유연성이 필요함을 의미하는 것이다. 그리고 이러한 결과는 앞서 논의되었던 제4차 산업혁명으로 인해 야기되는 미래사회 고용구조 변화 대응에 있어 한국의 현황은 긍정적이지 않음을 보여주는 결과라고 할 수 있다.

많은 전망보고서와 미래학자들이 제시하는 미래사회 변화의 주요 변화동인을 종합해보면, 빅데이터, 클라우드 및 사물인터넷 등 정보통신기술(ICT) 기반의 기술이 주를 이루고 있다. 예를 들어 빅데이터는 제조업에 영향을 미쳐 품질관리 및 생산 인력의 수를 감소시키는 반면, 산업데이터 전문가의 수요는 증가시킬 것으로 전망하고 있다(Boston Consulting Group, 2015). 그렇다면 제4차 산업혁명 시대의 주요 변화동인에 대한 우리나라의 대응 수준은 어떠할까?

시티 리서치와 옥스퍼드 대학(Citi Research & Oxford Univ., 2016)의 연구결과에 따르면 우리나라는 청소년층의 ICT 역량은 최고 수준에 위치하고 있으나, 중장년층의 ICT 역량은 부족한 것으로 평가했다. 따라서 제4차 산업혁명에 대비하기 위해서는 재직자에 대한 ICT 기반의 새로운 숙련 향상을 위한 재교육과 재훈련이 시급한 것으로 여겨진다.

한편 청소년층의 ICT 역량이 높다는 평가와는 별도로, 인력양성의 혁신과제는 여전히 제기된다. 4차 혁명시대에는 인공지능 등이 발달하면서 인지적 업무가 자동화됨에 따라 협업과 네트워크 기반의 비즈니스는 기업에서 개인으로 확산될 것으로 여겨진다. 과거에는 개인이 할 수 없었던 기업활동을 할 수 있는 시스템을 갖게 될 것이며, 개인의 기업활동을 도와주는 네트워크 비지니스가 늘어날 것이다. 이에 따라 다양한 규모로 사업이 가능해지는 가운데, 1인 창업 등 개인 기업활동도 늘어날 것이다. 개인의 기업활동 참여는 산업의 분화를 가져오는 한편, 소규모 기업의 수가 늘어나고 이로 인해 기업과 기업, 개인 기업과 소규모 기업 간의 협업이 늘어날 것이다. 따라서 각종 자원을 관리하는 숙련성에 대한 수요가 증가할 것이다.

미래 세대를 위한 학교교육은 이러한 사회 변화에 맞추어 교육과정 및 환경을 혁신해야 할 것이고, 앞서 분석된 일자리 변화 및 요구역량 변화도 교육 방식이나 학교의 역할에도 큰 변화로 이어질 것이다. 새로운 변화가 도래한다는 것은 결국 새로운 교육과 학습을 해야 한다는 것을 의미한다. 종합적으로 기존의 지식 축적 중심의 교육에서 벗어나 역량 축적 중심의 교육으로 변화되어야 할 것이다.

제3절 인력양성의 혁신

1. 외국의 인력양성 현황

제4차 산업 혁명시대가 요구하는 인재 역량에 대한 논의가 뜨겁게 다루어지면서 세계 각 주요국도 이에 부응하는 인재를 양성하고자 혁신적인 교육정책을 수립하여 실행하고 있다.[27]

(1) 미국: 혼합형 학습(blended learning)

미국은 교육혁신 정책의 일환으로 연결성(connectivity)을 화두로 하여 인프라 구축에 중점을 두고 있다. 이의 하위정책으로는 Future Ready School로서 모든 교사는 IT기술 활용 능력을 갖추어 교육에 활용할 수 있도록 훈련을 받고, 이로써 학생들이 풍부한 디지털콘텐츠를 접하여 개별화된 교육을 받을 수 있도록 하는 것이다. Future Ready School의 사례로서 학생 개개인의 학습수준과 학습 성향에 맞게 개별화된 교육을 하고 있는 캘리포니아의 로켓쉽 교육(Rocketship Education)을 들 수 있다. 초등학교 학생들은 수업의 20%를 온라인 강의를 활용하여 개인의 중점 학습 영역에 맞추어 개별 학습을 할 수 있다.

또한, 미국의 여러 주에서는 온라인 코스를 제공하고 있는데 학생들은 수강 과목을 다양하게 선택할 수 있고 이를 통해 개별화된 학습과정 설계가 가능하게 되었다. 한편, 연방교육부는 교사가 학습의 촉진자 또는 팀 프로젝트 학습의 코치역할을 담당할 수 있도록 교사의 디지털학습 관련 연수를 지원하고 있다. 2016년 1월에 발간된 Future Ready Learning에는 기술을 활용한 교수학습, 학교리더십 평가, 인프라구축 등에 대한 제안 및 다양한 참고 자료가 담겨있다. 나아가 기술을 통해 학교와 학부모, 학교와 지역사회, 학

---

27) 이하의 각국 사례는, 교육정책연구네트워크(2016a, 2016b)에서 현장방문을 통해 정리한 사항을 요약한 것이다.

교와 직업현장, 학교와 사회문제 현장 등을 연결하여 학습에의 동기부여와 현실문제 해결에 함께 참여할 수 있도록 교육혁신을 진행하고 있다.

(2) 영국: 코딩학습과 기초지식 교육 강화 동시 추구

영국은 컴퓨팅(computing) 교육과정으로서 코딩학습에 대한 지원활동을 강화하고 있다. 이의 목적은 컴퓨터를 활용하기 위한 사고력과 창의력을 함양하기 위한 것으로 컴퓨팅 과목을 수학, 과학, 디자인과 기술과목 등과 연계한다. 또한 자연적 시스템과 인공적 시스템 모두에 대한 깊은 통찰을 제공하며 컴퓨터과학을 통해 정보와 연산의 원리, 디지털체계의 작동원리, 디지털체계를 활용하는 방법을 가르친다. 컴퓨팅 과목은 정보통신기술을 사용하고 자신을 표현하며 생각을 발전시킬 수 있는 디지털 문해력(文解力)(digital literacy)를 고양시키기 위한 것이기도 하다.

아울러 영국은 고등사고기술(higher order thinking skills)을 함양시키기 위하여 기초지식 교육을 강화하고 있다. 교과목들의 토대가 되는 기초과목들을 선별해 핵심 교육과정에 편입시키고, 이 과목들에 대해 양질의 교육이 실시될 수 있도록 장려하고 있다. 만 16세까지 중등교육학적 인정 시점(GCSE; general certificate of secondary education)의 수학과 영어과목에서 C학점 이상을 받지 못하면, 이후의 대입교육과정 또는 직업교육과정에서 통과 점수를 받을 때까지 반복하여 재응시하도록 하는 규정을 도입하였다. 이는 전통적 기초학문으로 분류되는 과목들을 의무화함으로써 학문 분야나 직업계열에 상관없이 모든 학습자가 지능정보 시대를 준비하도록 하려는 것이다.

(3) 독일: 직업교육의 디지털화와 평생교육의 강조

독일은 세계적으로 인공지능 기술을 선도하는 국가 가운데 하나이지만 사회전반의 디지털화 속도는 비교적 느리다. 그러나 인공지능을 포괄하여 디지털관련 교육과 MINT 교육은 전반적으로 강화되고 있는 추세이다. 최근 독일 연방교육연구부(MBF)와 주 교육부장관회(KMK)에서는 디지털화를 미래교육을 개선할 기회로 보고 디지털관련 교육을 개선하고 강화할 방안에 대해 논의하였다. 특히, 연방교육연구부는 직업교육의 디지털화에 중점을 두고 개선하기로 하였으며, 주 교육부장관회는 학생의 디지털매체 활용능력 강화를 위해 미디어교육과 이를 위한 교사 연수전략을 개발하였다.

독일 인더스트리 4.0 보고서에 의하면 학교 직업교육의 비중이 2015년 58%에서 2025년에는 12%로 줄고 가정, 학교, 직장, 사회생활, 노후생활 등 전체 삶의 영역들과 연결되고 활용될 수 있는 평생교육이 원활하게 이루어질 것으로 전망했다.

(4) 핀란드: 학생중심 교육

핀란드는 학생중심 교육을 지향하는데, 이의 대표적 사례로서 핀란드 카우니아이넨(Kauniainen)의 지역학교(local school authority)를 살펴볼 수 있다. 2006년부터 기존의 학교 시스템을 개선하기 위해 드림 스쿨이라고 불리는 새로운 학교 프로젝트를 추진하고 있는데, 이는 기존 학교 모델에서 벗어나 학생 중심의 접근법을 강조하는 전향적인 모델이다. 이 프로젝트는 핀란드 국립교육위원회(Finnish Board of Education)의 재정지원과 지역 중소기업들이 참여하는 민관협력 파트너십을 통해 추진되고 있다. 민관협력 파트너십을 통해 개발된 오픈소스 어플리케이션을 활용하며, 학생

들의 학습과정과 결과물들을 누적적으로 관리하고 이를 맞춤형 교수학습의
자료로 활용하도록 하였다.

2. 한국의 인력양성 현황

근래 수십 년 간 우리 학교는 알기 위한 학습, 일하기 위한 학습, 자아실
현을 위한 학습은 비교적 열심히 해 왔다. 그러나 더불어 살기 위한 학습과
지속 가능 발전을 위해 자신과 사회를 변화시키기 위한 학습은 상대적으로
소홀하였다. 학벌주의 사회, 서열화된 사회는 입시중심의 문제풀이 교육,
암기 중심의 교육을 할 수 밖에 없는 환경을 부추기고 있다.

먼저 미래교육의 혁신을 위해 우리나라 대학입시와 평가제도에 기인한
다양한 문제점들을 살펴볼 필요가 있다. (그림 4-2)는 우리나라 학생들의 학
교만족도가 OECD 국가 중 최저 수준임을 보인다. 학생들의 학습동기 및 학
생의 사회성 수준 또한 OECD국가 중 최하위 수준인 상황이다. 교원들 역
시 무기력한 상태에 빠져 있고 교원의 자기 효능감은 OECD 최저 수준이다.

서구 선진국의 경우 고등학교 3년 동안 고차적 사고능력, 토론능력을 집
중 훈련하여 대학 수학능력을 키우고 있는 반면, 한국은 시험지식 교육, 문
제풀이 교육으로 인하여 막대한 능력 손실을 보고 있다. 이로써 지속가능한
교육경쟁력 확보가 매우 취약한 상황이며, 미래의 국가경쟁력도 미흡하다
고 할 수 있다,

우리 교육은 대학입시부터 학교의 내신평가에 이르기까지 선다형 평가
에 크게 의존하는 가운데, 선다형 평가로 측정할 수 있는 좁은 범위의 인지
역량 이외의 다양한 역량들을 제대로 배양하지 못하고 있다. 이러한 문제를

해소하기 위하여 1990년대 말부터 수행평가(performance assessment)가 도입되었으나 여전히 우리 교실에 뿌리를 내리지 못하고 있다. 우리 교사들의 수행평가지를 수집하여 분석한 결과를 보면, 1/3은 실제로 어떤 수행요소도 포함하지 않고 있었고, 75%는 정답을 비교하거나 답안의 숫자를 세는 방식으로 채점을 하고 있었다(이주호 외, 2014).

이처럼 학교 내신평가에서 수행평가가 제대로 이루어지지 못한 중요한 이유는 교사들의 수업이 프로젝트 학습과 같이 수행평가가 내재된 방식으로 이루어지지 못하여 학생들이 사교육이나 학부모의 힘을 빌려 수행평가에서 좋은 성적을 올리는 것이 가능하기 때문이다. 또 다른 이유는 거의 모든 학생들이 전적으로 선다형 평가에 의하여 이루어지는 수능을 준비하여야 하는 대학입시 제도와 연결되어 있기 때문이다. 이 수학능력고사라는 획

(그림 4-2) 미래사회 변화동인 및 영향력 변화 전망

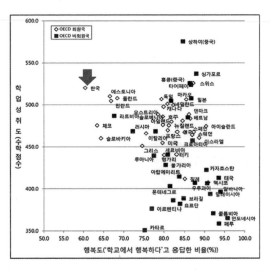

자료 : 이주호 외(2016)

일화된 제도는 학생의 재능뿐만 아니라 어릴 때부터 키워줘야 하는 기본적인 올바를 가치관, 도덕적인 교육, 인간애 등을 상실하게 한다.

한편, 기존의 직업·평생교육의 체계와 내용이 새롭게 등장하는 제4차 산업혁명 시대에도 여전히 유용할 것인지, 변화가 필요하다면 어떻게 변화해야 할 것인지 등에 대한 논의가 아직 본격적으로 제기되지 못하고 있다. 기존 시스템의 문제점을 살펴보면, 평생교육·직업교육·직업훈련 운영 체계간 연계가 만족스럽지 못한 가운데, 각각의 시설 및 기관 간 연계나 공공 교육훈련기관 전체적으로 연계가 미비하다는 점이 지적되고 있다. 평생 직업교육훈련 운영 지원 체제에서도 평생교육 지원체계와 직업교육훈련 지원체계가 분리 운영됨으로써 초래되는 비효율성과 지역 단위의 평생교육이 이원화되는 문제 등이 지적되고 있다.

평생 교육훈련에 대한 재정 현황 분석 결과에서는, 정부의 재정투자 재정 자체가 기본적으로 열악하다는 점, 예산 편성이 체계화되지 못했다는 점, 전 국민을 대상으로 하는 정책임에도 중앙부처에서의 예산 확보가 미흡하다는 점, 관련 재정 현황이나 소요 비용에 대한 명확한 정보가 부족하다는 점, 지역 단위의 평생 교육훈련에 대한 재정 지원이 효율적이지 못하다는 점 등이 지적되고 있다.

3. 인력양성 혁신 방향과 교육 패러다임의 혁신

(1) 인력양성 혁신 방향

제4차 산업혁명을 이끌 것으로 논의되고 있는 빅데이터, 사물인터넷 등의 기술적 변화동인의 기술개발 주체는 사람이다. 또한 기술적 변화동인으로 인해 나타날 미래사회 일자리 지형 변화를 받아들여야 하는 대상도 사람이다. 이와 연관되어 자동화로 인한 노동력 대체는 직업 단위가 아닌 할 수 있는 일 단위로 평가되어야 하며, 직업이 자동화되더라도 비판적 사고능력, 의사소통능력, 협동성 및 창의성과 같은 역량이 요구되는 업무에서 인간의 역할이 필요하다는 점이 강조되어야 한다. 제4차 산업혁명으로 인한 일자리 지형 변화에 대응하기 위해서는 단순히 일자리 증감이라는 피상적인 현상에 초점을 맞추지 말고, 역량적 변화에 초점을 맞출 필요가 있다.

미래사회가 요구할 것으로 전망되는 직무역량을 확보하기 위한 교육시스템 전환이 필요하다. 맥킨지(Mckinsey & Company, 2017)는 이미 역량 격차(skill gap)가 주요 사회적 이슈로 등장하였음을 제시하고 있다. 미국 내에서 고용주의 40%가 자신의 회사가 원하는 역량을 갖춘 인재를 찾기 어려운 상황이고, 그 이유의 60%가 직무를 수행할 수 있는 역량준비가 미흡하기 때문이라는 것이다.

이러한 문제는 미국만의 문제가 아니다. 국내에서도 한국과학기술기획평가원(김진용, 2017)의 조사결과는 유사하다. 신입 과학기술인력의 지식, 스킬 및 창의성 수준조사를 수행하였는데, 우선 창의성 측면에서 국내 신입 과학기술인력의 창의성 수준은 높지 않은 것으로 나타났다. (그림 4-3)에서 최근 2년간 입사한 신입 과학기술인력의 전반적 창의성 수준은 53.5점에 불과한 것으로 나타나고 있는데, 이는 2014년과 비교할 때 1.8점이 하락한 상황이었다. 특히 창의성과 관련하여 문제해결을 위한 창의적 해결책 마련 지표의 점수가 가장 낮은 것으로 도출되었다.

이와 더불어 국내 신입과학기술인력이 가지고 있는 역량과 산업계가 요구하는 역량 수준에 대해 조사하였는데, (그림 4-4)와 같이 각 역량 수준 간

(그림 4-3) 신입 과학기술인력 창의성 수준(단위: 점/100점)

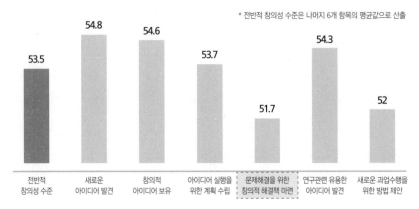

* 전반적 창의성 수준은 나머지 6개 항목의 평균값으로 산출

전반적 창의성 수준	새로운 아이디어 발견	창의적 아이디어 보유	아이디어 실행을 위한 계획 수립	문제해결을 위한 창의적 해결책 마련	연구관련 유용한 아이디어 발견	새로운 과업수행을 위한 방법 제안
53.5	54.8	54.6	53.7	51.7	54.3	52

자료 : 김진용(2017) 재구성

(그림 4-4) 신입 과학기술인력 스킬(Skill) 수준 격차(단위: 점/100점)

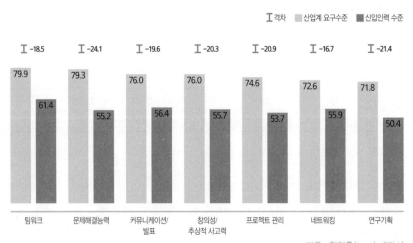

Ⅰ 격차 ▨ 산업계 요구수준 ▪ 신입인력 수준

	팀워크	문제해결능력	커뮤니케이션/ 발표	창의성/ 추상적 사고력	프로젝트 관리	네트워킹	연구기획
격차	Ⅰ -18.5	Ⅰ -24.1	Ⅰ -19.6	Ⅰ -20.3	Ⅰ -20.9	Ⅰ -16.7	Ⅰ -21.4
산업계 요구수준	79.9	79.3	76.0	76.0	74.6	72.6	71.8
신입인력 수준	61.4	55.2	56.4	55.7	53.7	55.9	50.4

자료 : 김진용(2017) 재구성

격차가 존재하며 특히 창의적/추상적 사고능력 및 문제해결능력 등의 역량 항목에서 격차가 심한 것으로 조사되었다. 그러나 이러한 항목들은 제4차

산업혁명 시대에 주요하게 요구되는 항목이자 산업계가 향후 미래사회에서 중요할 것으로 전망하고 있는 역량[28]이라는 점을 주목할 필요가 있다.

미래사회 변화에 대한 선제적 대응을 위해 경력다변화스킬(Transferable Skills) 및 복합문제해결능력 등 미래사회가 요구하는 역량을 향상(upskilling)시키고 강화(reskilling)하기 위한 재직자 중심의 직무역량 재교육 시스템도 강화되어야 한다.[29] 이코노미스트(2017)에 따르면 새로운 지식과 역량 습득에 대한 요구와 역량 간 융합에 대한 요구 증가로 하이브리드 잡(hybrid jobs) 형태의 직업이 증가하고 있고, 이에 재직자나 이직자를 중심으로 기술변화에 따른 직업/직무 변화에 대응하기 위해 새로운 분야의 재학습 도전이 증가하고 있다. 이는 재직자 중심의 직무역량 재교육의 필요성을 더욱 강조하는 것으로 보인다.

(2) 교육 패러다임의 혁신

교육이 미래의 사회 변화 트랜드에 부응하기 위해서는 본질적인 교육 패러다임의 혁신이 요구된다. 즉, 교육에서 학습으로, 교사 중심에서 학생 중심으로, 지식에서 역량으로, 지식교육에서 감성교육(예술교육)으로, 합리에서 통찰로, 집어넣는 교육에서 끄집어내는 교육으로의 패러다임 전환이 요구된다.

---

28)   산업계가 전망하고 있는 주요역량으로는 팀워크(42.8%), 문제해결능력(32.7%), 창의성/추상적 사고 능력(19.8%) 등으로 나타나고 있다.

29)   미국의 Udacity는 MOOC 서비스를 이용하여 기업에서 요구하는 기술 및 직무과정을 특화하여 개설하고, 해당 과정 이수자와 각 기업과의 취업을 연계시키는 '나노디그리(Nano-degree)'를 운영 중에 있다.

첫째, 교육 내용과 평가의 개선이 요구된다. 미래 핵심역량인 창의성, 인성, 세계관, 글로벌 의식을 강화하기 위하여 학교교육은 창의적이고 감성적인 인성교육과 컴퓨팅 사고력(computational thinking)을 키우는 방향으로 강화할 필요가 있다. 이를 위하여 메이커교육(창조작업: 만들기 등 체험학습)과 소프트웨어 언어교육(코딩교육)이 실시될 수 있어야 한다. 또한, 제4차 산업혁명 시대에 더욱 심화될 것으로 예측되는 양극화 문제에 대한 해결 방안으로 참여적 민주시민 교육과정을 개발하여 학생들이 성숙한 시민으로서 타인과 더불어 살아갈 수 있도록 하는 감성 · 인성 함양 교육에 중점을 두어야 한다.

지능정보 기술 확산은 기존 일자리의 소멸과 함께 새로운 사업 기회를 지속적으로 창출할 것이다. 특히, 시제품 제작의 지원 및 생산 자금 조달을 위한 크라우드 펀딩, 기술로 인한 창업비용 감소 등으로 창업이 용이하게 되었다. 신기술의 전개와 함께 메이커 스페이스(maker space) 서비스 및 온·오프라인 창작자 커뮤니티 등을 지원하여 창업 활동이 활발하게 일어나고 있다. 따라서 창업 활성화를 위한 창작자(maker) 교육 혹은 창작자 창업을 교육과정에 포함하여야 한다.

이를 위해서, 평가 패러다임의 변화가 필요하다. 즉, 참된 교육성취의 의미에 부합하는 평가도구가 개발되어야 한다. 객관식에서 주관식으로, 문제풀이형 및 선다형에서 서술형으로, 일답(一答)에서 다수답(多數答)으로, 正答(폐쇄성)에서 無答(개방성)으로 창의적 사고(아이디어)와 상상적 사고 및 뒤집기 사고를 존중하는 평가시스템이 개발될 필요가 있다. 그동안 주입식 교육과 선다형 평가에 의존하여 왔으나 이러한 교수학습 방식을 과감히 바꾸어야 한다. 아래로부터는 학교 현장에서 교사들이 프로젝트학습과 수행평가 중심으로 교수학습 방식을 전환하도록 지원하면서, 다른 한편으로는 대학입시에서 더 이상 수능과 같은 선다형의 전국단위 시험의 부작용을 방치하지 않는 근본적인 대학입시 제도의 개혁이 추진되어야 한다. 나아가 미래사회 인재상, 대학의 인재상에 부합하는 선발시험 제도가 개발되어야 한다.

평가 개선에서, 특히 정보통신기술 활용 교육과 개인 중심 맞춤형 학습·평가체제가 마련되어야 한다. 정보통신기술 활용 교육은 단순히 정보통신기술 교육과정의 신설로만 끝나는 것이 아니라, 컴퓨터 중심 교육체제로의 대대적인 변화가 요구되며, 개인 중심 맞춤형 학습·평가체제 또한 개인 자료 수집 데이터 시스템 구축, 절대평가와 같은 개인 성장 중심 평가 시스템 구축이 선행되어야 한다.

둘째, 교육방법의 개선이 필요하다, 제4차 산업혁명에 대응하기 위해서는 무엇보다 교수학습 방식을 과감히 바꾸어야 한다. (그림 4-5)에서 보여

(그림 4-5) 학생참여비중에 따른 신뢰도 비교

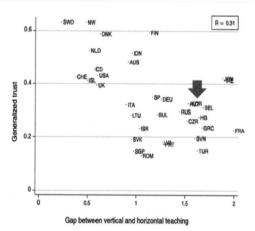

Figure 3. Trust and the Gap between Vertical and Horizontal Teaching

Source: TIMSS, WVS

자료 : Algan et al.(2013)

지듯이, 학생 참여형 수업비중이 높은 국가일수록 신뢰수준이 높게 나타났다. 강의식 중심에서 토론법, 탐구학습, 프로젝트 또는 리서치 수업, 체험학습, 그룹학습, 주제중심 학습(교과초월, 범교과 학습), 브레인스토밍, 협동학습 등으로 전환되어야 한다. 또한 학생의 역할이 소비자에서 창작자로 전환됨에 따라, 학습자에게 창작자로서의 권한을 부여하고 시스템적 사고를 창발할 수 있는 창의적 질문이 있는 수업을 운영할 수 있어야 할 것이다.

한편, 기술변화, 인재역량 변화로 인하여 오프라인 활동과 온라인 활동이 결합된 혼합형 학습(blended learning)방법이 증가할 것이다. 미국의 조지아공과대학(Georgia Tech)은 컴퓨터과학(CS) 석사과정을 온라인으로 개설하여 해당 석사인력 공급규모를 10% 증가시키고 있다. 플립러닝(flipped learning)[30], 스마트 교육 모델, e-포트폴리오 생성과 성찰 등의 활동과 관련된 학습모델이 활성화되도록 혼합형 학습에 대한 교육과정 운영 지침, 정보의 접근성 나아가 정책적 의지 등을 준비하여야 한다.

아울러 지역사회 자원과의 연계 교류, 적용학습 기술, 메이커 스페이스 심층학습이 실시될 수 있어야 한다. 심층학습(deep learning)[31]의 대표적인 교수학습 방법으로서 프로젝트 학습은 학생이 중심이 되어 현실 문제 및 과제의 해결을 위하여 협동적인 그룹 활동으로 진행하는 학습방법이다. 이의 성공적인 운영을 위해서는 프로젝트 학습을 위한 교과간 융합학습 모델,

---

30) 플립러닝이란, 수업 전에 학생들이 스스로 공부할 강의영상 등을 제공하고, 수업에서는 학생들이 해결하지 못한 문제를 풀거나, 심화된 학습 활동을 수행하도록 하는 학습방식을 말한다.

31) 기존의 표층학습(surface learning)이 많이 아는 것만 추구하는 것과 대비되게, 심층학습(deep learning)은 많이 알면서 동시에 깊이 알고 새로운 산출물을 만들어 낼 수 있는 능력을 길러 주는 학습이다.

교육과정 운영의 유연성, 다양한 창작 활동이 지원(메이커 스페이스, 3D프린터 등)이 전제되어야 한다.

셋째, 교육제도의 개선이 요구된다. 교육제도 측면에서는 학교제도, 교수역량, 평가와 입시제도, 직업교육 및 평생교육 제도를 중심으로 교육혁신 방안이 요청된다. 우선 학교 제도 관점에서 적어도 5년 이내에 전통적인 학교의 기능과 역할에 대한 조정이 요구될 것이다. 학교교육 유연화의 대표적인 해외 사례로서 알트스쿨, 칸랩스쿨 등의 스타트업 학교 등이 있다. 그러나 대부분 사립학교로서 소외계층에 소홀할 수 있다. 따라서 공립학교이지만 비영리단체, 대학, 기업 등에서 학교를 운영하는 제도 등에 대한 연구가 필요하다.[32]

다양한 형태의 학교 운영 확대, 과도하게 구조화된 전형적인 학사 일정에 대한 대응, 시험성적, 정확성, 숙련도 평가에 대한 전통적인 평가 방식에 대한 혁신, 학습 커리큘럼 선택 등에 대한 종합적인 대응전략이 요구된다. 이에 기반하여 초·중등교육과 고등교육 체제 또한 창의적 인재를 양성할 수 있도록 혁신되어야 한다. 즉, 교육과정 및 전공과 연계된 핵심 역량 표준의 개발, 이를 잘 가르칠 수 있는 교수학습 방법, 역량을 평가할 수 있는 평가제도, 혁신적 리더십 및 미래학교/대학에 적합한 교육시설·환경 조성을 포괄하는 통합적 교육개혁 전략이 요청된다.

이때, 교수역량의 강화를 위한 제도 구축도 필요하다. 교육내용과 교육방법이 변하기 위해서는 그것을 책임지는 교육의 변화가 반드시 따라야 한

---

[32] 미국에서 주정부 예산으로 설립되었으나 학교 자율운영권이 주어진 Charter School, 영국 공립학교의 민간운영 아카데미 전환 등이 흥미로운 사례이다.

다. 학생으로 하여금 스스로 생각하고(창의성, 사고력) 상호교류(소통, 협력)하도록 교사가 유도할 수 있어야 할 것이다. 미래 교육패러다임에 따라 교수의 역할을 재검토하고 교수의 역량(수업전문성)을 강화하고 교원양성 및 연수제도를 개혁할 필요가 있다.

넷째, 평생교육의 일환으로서 직업교육의 개선이 요구된다. 국민 누구나 언제든 직업교육을 받을 수 있는 유연한 직업교육 체제가 필요하다. 일과 학습의 경계가 모호해짐에 따라 교육정책과 노동정책의 연계가 중요한데, 이를 위하여 교육부, 고용노동부, 지자체로 분화된 시스템을 통합할 필요가 있다. 한편, 평생교육에 대한 중소기업 근로자의 참여를 높이기 위해서는, 근로시간 유연화 및 휴직 인정 등에 대한 관련 정책 혁신이 수반되어야 한다.

한편, 지역 중심의 직업교육훈련도 강화되어야 한다. 최근 전 세계적으로 확산되고 있는 메이커 운동을 보면 디지털 기반의 공공 또는 민간 시설(이를 메이커 스페이스라고 칭함)을 이용하며, 온라인을 통해 공유되어 있는 디자인과 소프트웨어 등을 활용하고 협력하여 문제해결을 도모하고 있다. 이러한 메이커 스페이스는 특정 업종과 특정 기술과는 상관없는 ICT 기반의 지역 공공시설이며, 지역 중심의 직업교육훈련의 역할이 증대되고 있다.

제4절 인력운용 방식의 변화와 양극화 보완

제4차 산업혁명에서의 기술혁신은 힘든 일에서

인간을 자유롭게 하고, 복잡한 직무를 분할하며, 중개 사이트를 통해 일을 공유하도록 하며, 새로운 일자리의 기회를 만들 수 있다. 그러나 이러한 인력운용 변화와 노동형태 변화는 일자리 양극화와 소득 양극화를 가져올 가능성도 높인다.

미국에서 지난 2005 ~ 2015년 기간 동안 파견노동, 호출노동, 용역노동, 프리랜서 등으로 정의된 대체적 고용형태의 비중이 10.1%에서 15.8%로 증가하였고, 같은 기간 용역노동(contract workers)도 0.6%에서 3.1%로 증가하였다(이인재, 2017). 인공지능의 급속한 발달과 인터넷 사용의 확대로 이러한 추세는 더욱 강화될 것이며, 이는 또한 소득 분배를 악화시킬 것으로 여겨진다.

근래 많은 사람들이 지능정보 기술 및 사물인터넷 등이 일자리 감소, 고용구조 변화 등을 가져올 것으로 우려하고 있는데, 이러한 우려의 핵심은 일자리의 변화 및 소멸 그 자체보다도 이로 인한 일자리 양극화와 소득 양극화를 걱정하는 것이다. 특히 연령이 높거나 학력이 낮은 사람들이 그렇지 않은 사람들에 비해 변화에 대한 수용성 혹은 대응성이 떨어짐으로써 소외와 배제의 대상이 될 가능성이 높다. 앞서 논의한 역량개발에 부가하여, 이러한 양극화에 대한 보완이 필요하다.

1. 인력운용 방식의 변화와 고용 불안정성 증대

제4차 산업혁명은 온디맨드 경제(on-demand economy)를 확대시키며 인력운용의 변화와 노동형태의 변화를 가져오고 있다. 불안정성을 지칭하는 의미에서 긱 경제(gig economy)로 지칭되기도 하는데, 이는 산업현장에서 필요에 따라 사람을 구해 임시로 계약을 맺고 일을 맡기는 형태의 경제 방식이다(한경경제용어사전, 2016). 긱 경제는 일반적으로 단순한 업무를 대행하는 사람들로 구성된다. 예를 들어, 아마존의 메커니컬 터크(https://www.mturk.com/)는 상품 설명을 작성하거나 사진을 찍는 것과 같은 단순 업무를 대행하는 사람을 찾을 수 있는 웹사이트다. 그러나 복잡한 업무를 하는 사람들도 긱 경제에 참여한다. 고급 전문기술을 요구하는 일은 세계 최대의 온라인 클라우드 소싱 문제해결 플랫폼인 이노센티브(Innocentive)의 첼린지 플랫폼과 탑코더(Topcoder)를 통해 해결할 수 있다.

키터(Kitter, 2013)는 공동 글쓰기 작업과 같이 복잡한 과업도 휴먼 클라우드 시스템을 통해 가능함을 보였으며, 복잡하고 창의적이면서 부가가치가 높은 일을 위한 클라우드 시스템의 프레임워크를 제안하였다. 이에 따르면, 휴먼 클라우드 시스템에서 해결해야 할 사항은 공유된 자원의 관리, 생산자와 소비자의 관계 관리, 클라우드 시스템이 갖는 특징인 동기부여, 보상, 양질의 과업 보장이다. 이 플랫폼은 과업과 노동자의 풀(pool)을 관리하며, 복잡한 과제는 더 작은 과제로 쪼개져야 하고, 각 과제는 그 일을 잘 해낼 수 있는 노동자와 매칭이 되어야 한다. 과업은 지금의 기업과 같이 위계구조를 가질 수도 있는데, 이때 인공지능은 이러한 작업을 자동화하는데 기여할 수 있다.

각 경제는 컨설팅, 용역계약, 파트타임, 임시업무, 프리랜서, 자기 고용(self-employment), 온디맨드 일(on-demand work)을 포함한다(Mulcahy, 2016). 이들 노동이 디지털 플랫폼을 통해 중계된다는 측면에서 플랫폼 노동이라고 불리기도 한다. 이들 플랫폼 노동은, 어딘가에 고용되어 있지 않고 시간과 장소, 일의 양을 선택하면서 필요할 때 일시적으로 일을 한다. 이들은 전통적 고용관계와 달리, 고용주를 거치지 않고 소비자와 직접 대면하는 과정에서, 근로기준, 최저임금 등 사회적 보호제도에 포함되지 않으면서 각종 문제가 발생한다. 특히 일자리 불안정성과 함께, 소득 안정성이 심각하게 위협될 수 있다. 플랫폼 노동의 부정적인 측면에도 불구하고, 이러한 고용형태 및 이의 기반인 온디맨드 경제가 제4차 산업혁명의 본질일 가능성이 크다. 온디맨드 경제의 확대 및 플랫폼 노동의 확산이 제4차 산업혁명의 산물일 뿐 아니라, 제4차 산업혁명을 견인하는 사회경제 시스템이라고 여겨진다. 생산력으로의 제4차 산업혁명의 기술혁신에 대응하는 생산관계로의 주문형 경제 및 플랫폼 노동에 대한 엄밀한 분석이 요청된다.

플랫폼 노동의 기원 중 하나이자, 플랫폼 노동의 대표적 사례로 앞서 언급한 아마존 메커니컬 터크를 좀 더 살펴보자. 이는 처음에 아마존 직원 업무 게시를 위한 것으로서, 지역적 경계를 넘어서 업무수행을 가능하게 하는 플랫폼으로 시작되었다. 그러나 2005년 출범 직후, 아마존 밖의 근로자에게도 개방될 수 있다는 것이 인식되었고, 이후 플랫폼 노동의 전형이 되었다. Ross(2010)의 조사에 따르면, 아마존 메커니컬 터크 참여자의 국가별 비율에서 미국 자국민의 비율은 점차 감소하나 인도와 영국의 노동자들의 비율이 증가하고 있으며, 40 ~ 50대의 참여는 감소하나 10 ~ 20대의 참여는 증가하고 있다.

휴스와 조이스(Huws & Joyce, 2016)은 영국, 독일, 네덜란드, 스웨덴 등 유럽 4개국의 클라우드 워크에 대한 조사를 수행하였다. 자신의 노동력을 온라인 플랫폼을 통해 개인 고객이나 기업 고객에게 판매해 금전적 보상을 받는 성인인구 비율이 스웨덴 24%, 독일 22%, 영국 21%, 네덜란드 18%로 조사되었다. 적어도 매주 이를 활용해 일을 하고 있다고 답한 응답자의 비율은 3 ~ 4%였으며 적어도 한 달에 한 번 정도는 이를 활용한다고 답한 응답자의 비율은 이보다 높은 4 ~ 6%였다. 이들 대부분은 자신의 다른 수입원을 보완하기 위하여 플랫폼을 활용한다고 응답했다. 모든 응답자가 자신의 수입 정보를 공개하지는 않았으나, 2%(독일) ~ 6%(네덜란드)만이 이러한 노동 활동이 자신의 유일한 수입원이라고 응답했으며, 이를 통해 얻는 수입이 전체 수입원의 절반 이상이라고 답한 응답자는 많지 않아, 영국 24%, 스웨덴 22%, 독일 18%, 네덜란드 14%로 조사되었다.

한국에서도 플랫폼 노동은 이미 존재하고 있다. 대표적으로 대리운전과 앱을 통한 배달대행업 종사자를 들 수 있다. 스마트 폰을 이용한 앱이 등장하기 이전부터, 콜센터라는 중개업체를 통해 플랫폼 노동으로의 대리기사가 나타났다. 스마트 폰의 앱을 통한 대리기사 중개는 카카오 드라이버의 등장으로 본격화되었다. 한편, 앱을 통한 음식 주문과 배달은 플랫폼 경제의 등장과 함께 나타났다. 배달의 민족, 요기요 등 주문대행업체에 의한 방식이 대표적이다. 이들은 특정 회사에 전속이 되지 않아 근로자는 아니나 독립적인 자영업자와 달리 경제적으로 종속된 자영업자 형태로, 특수형태 근로종사자로 간주되기도 한다(황덕순, 2016).

대표적 플랫폼 노동인 대리운전 기사나 배달대행업 종사자의 수입이 열악하다는 사회적 인식이 일반적이나, 이에 대한 구체적 정보수집 및 통계집계 등이 쉽지 않아 명확한 소득수준은 알려지지 않고 있다. 한편 대리운전 기사나 배달대행업 종사자의 수입이 실적에 직접 연계되어 있고 단위 실적에 대한 단가가 높지 않은 가운데, 소득을 올리기 위해 스스로 노동강도를 높이며 상당한 스트레스를 받는 것으로 여겨진다.

플랫폼 노동은 복잡한 직무의 세분화로 인해 기존에 전통적인 고용관계의 직원들만이 할 수 있던 일을 중개 사이트를 통해 다른 사람들에게 맡길 수 있게 한다. 이는 사업기회와 인력 채용형태를 변화시킨다. 직무를 세분화하였기 때문에 기업은 생산성을 높일 수 있다. 이를 위해 기업과 근로자는 일을 구성하는 요소를 재정립해야 한다. 오래 지속된 직무의 구체적인 구성요소와 필수 조건은 개인과 기업 모두에게 중요할 것이다. 전체 업무 중에서 특별한 기술이 필요없는 직무를 분리해 맡기는 방식으로 해결할 수 있다. 이 과정에서 새로운 직업이 만들어지거나, 이를 클라우드 소싱하여 생산성을 높일 수 있다. 그로 인해 고급 전문인력은 더 가치있는 일에 시간을 쓸 수 있게 된다(Dobbs et al, 2016)는 시각이 있다. 그러나 한편으로는 플랫폼 노동이 고용의 사각지대를 만들고, 노동의 양극화를 심화시킬 것이라는 우려도 있다.

휴스와 조이스는 플랫폼 노동을 3개의 범주로 분류하고 있다.[34] 첫째 범주는 온라인으로 수행하고 인터넷 접속이 되는 곳이면 어디서든 일을 할 수 있고 개인이 이에 부합하는 적합한 기술 수준을 갖춘 경우이다. 고급 전문자격을 포함하는 높은 기술을 요하는 일에서부터 단순 작업에 이르기까지 매우 광범위하며, 이러한 일은 어디서든 할 수 있기 때문에 이들은 전 세계 노동시장에서 활동하고 있으며 전 세계의 개인들과 경쟁한다. 둘째 범주는 고객이 요구하는 장소에서 일을 해야 하는 경우로서, 이러한 일의 관리는 온라인으로 이루어지지만 실제 일의 수행은 오프라인에서 이루어진다. 청소·정원 손질·집안 수리·정리나 심부름 등 다양한 육체노동이나 사무업무가 이 범주에 해당된다. 서비스 공급자와 고객의 연결은 전 세계에서 걸쳐있을 수 있으나, 이러한 형태의 일을 수행하는 것은 특정 지역에서 이루어진다. 셋째 범주는 운전이다. 가장 잘 알려진 플랫폼인 우버를 따라 우버화(uberisation)'라고도 부르는 이 범주는 둘째 범주와 많은 측면에서 유사하다.

휴스와 조이스의 설문 결과는 매우 흥미로운데, 첫째 범주에 스웨덴 성인 인구의 21%, 영국과 독일의 18%, 네덜란드의 15%가 참여하는 것으로 나타났다. 둘째 범주에는 스웨덴 성인 인구의 15%, 독일과 영국은 12%, 네덜란드는 9%가 참여하고 있었다. 세 번째 범주인 운전에는 영국 성인 인구의 7%, 네덜란드와 스웨덴은 8%, 독일은 12%가 참여하고 있다. 휴스와 조이스는 많은 응답자들이 세 범주 중 두 개 이상의 범주에 참여하고 있음을 제시하며, 이러한 노동형태에 참여하는 사람들이 자신의 본업과 관계없이 가능한 모든 수단을 통해 수입을 얻으려 하고 있음을 보이는 것으로 해석한다. 이러한 해석은 다수의 플랫폼 노동이 불안정성을 가진다는 것과 연결된다.

우리 주변에는 여전히 전통적인 형태의 직장에서 일하는 직장인들이 대부분이다. 전통적으로 직장인들은 정규직이든 비정규직이든 피고용인으로 직장에 출근한다. 여러 가지 성격의 업무를 함께 담당하며, 일을 하기 위해 다른 부서의 사람들과 협업한다. 이들은 조직, 부서, 개인과 소통하며 사내 정치에도 관여하게 된다. 이들의 연봉은 자신의 업무 성과에 따라 결정된다. 이들은 노동조합에도 가입되어 있으며 복지, 처우 등에 관하여 기업과 협상을 한다. 어슐러 휴스·네일 스펜서·사이먼 조이스(Huws, Simon and Joyce, 2016)는 플랫폼 노동자들이 노력에 비해 낮은 소득을 받는다고 하였다. 이러한 원인 중의 하나는 개별화된 플랫폼 노동을 지켜주거나 임금을

---

34) 휴스와 사이먼 조이스의 본문에서는 플랫폼 노동이라는 표현이 아닌 클라우드 워크로 표현하고 있는데, 여기에서는 같은 의미로 사용한다.

교섭할 단체가 없기 때문이다.

새로운 노동형태를 자의로든 타의로든 선택한 플랫폼 노동자는 현재의 사회제도에서 자신을 대신해서 임금을 협상할 단체가 아직은 미흡하다. 휴먼 클라우드 시스템은 자국의 근로자들만 참여할 수 있는 것이 아니다. 업무에 대한 보상에 만족하면서 요구하는 과제를 해낼 수 있는 사람은 전 세계에서 참여가능하다. 이로 인해 임금 협상은 본질적으로 불가능할 수 있다. 긱 경제, 플랫폼 노동은 단순하고 반복적인 과업을 대상으로 전 세계적으로 운영됨으로써, 단순 반복적인 과업의 임금을 늘 최하위에 머무르게 할 것이다.

2. 양극화 보완을 위한 혁신 방향

기존 기업의 고용이 축소되는 한편, 사회 전반적으로 비정규직과 시간제 노동 등 불안정 노동이 증대되는 상황에서, 다른 한편에서는 기초적 생활보장에 대한 요구도 확산되고 있다. 특히, 2016년 6월에 스위스에서 전 국민을 대상으로 기본소득 도입에 대한 국민투표가 실시된 것은 매우 흥미로운 상황이다. 기본소득 도입이 부결되기는 하였지만, 전 세계의 이목을 기본소득 논의에 집중시키는 데에는 충분하였다(정원호, 2017).

기본소득 논의의 기원은 역사적으로 상당히 소급될 수 있을 것이나, 근대적 논의의 기원은 1980년대 이후로 간주된다. 유럽의 복지국가 개혁 속에서 1986년 기본소득 도입을 위한 시민단체인 '기본소득 유럽네트워크'가 만들어졌고, 2004년 기본소득 지구네트워크(BIEN; basic income earth network)로 확장된 것이 그것이다(Raventos, 2007). 기본소득 지구네트워크(BIEN)에 따르면, 기본소득은 모든 구성원 개개인에게 아무 조건 없이 정기적으로 지급하는 현금으로, 심사와 노동요구가 부과되지 않는다. 기본소득을 수령하기 위한 유일한 조건은 시민권이나 공인된 거주권뿐이다(보편성 원칙). 기본소득 지급조건 부과여부와 관련해서는 자산 심사나 노동 요구 없이 지급되어야 하며(무조건성 원칙), 또한 가구 단위가 아니라 구성원 개개인에게 직접 지급되는 개별적 소득보장(개별성 원칙)을 지향한다. 한편, 2009년 만들어진 기본소득 한국네트워크(http://basicincomekorea.org/)에서는 기본소득은 국가 또는 지방자치단체(정치공동체)가 모든 구성원 개개인에게 아무 조건 없이 정기적으로 지급하는 소득으로 제시하고 있다.

기본소득은 일을 생계를 위해서가 아닌 열정으로 수행할 수 있도록 하며, 개인의 자유와 독립성을 신장시키도록 한다는 의의를 가진다고 할 수 있으나, 이러한 기본소득논의에 대한 비판은 다양하다. 가장 기본적인 비판 혹은 거부감은 소득이 노동의 대가라는 입장에서 일하지 않는 사람에게 소득을 제공한다는 것에 대한 문제제기이다. 스위스의 기본소득 도입 투표에 대한 부결, 성남시 청년지원프로그램 지원에 대한 비판 등이 이에 해당한다고 할 수 있다. 고용 상태와 관계없이 모두에게 주어지는 기본소득이란 개념이, 현재 제기되는 고용대체 및 고용형태 변화 등에 대한 해결책이 될 수 있을지, 재원조달 등의 측면에서 실현 가능성이 있는지는 상당한 논란이 있다. 도입을 하더라도 원래의 기본소득론에서 제시한대로 모든 사람에게 개인단위로 무조건적으로 자산심사나 노동요구 없이 정기적으로 지급되는 현금으로 도입되기보다는, 구체적인 지급대상과 지급방법 등에 대한 엄밀한 검토가 필요할 것이다.

기본소득의 구체화를 위한 재원조달 방법과 정치적 실현가능성의 문제가 여전히 제기되는 가운데(복거일 외, 2017). 근래 제시되고 있는 또 하나의 대안은 음소득세(negative income tax)이다. 1962년 프리드먼(Friedman)에 의해 확산된 음소득세는 고소득자에게는 세금을 징수하고 저소득자에게는 보조금을 주는 조세 운영 체계이다. 프리드먼은 기존 소득이전 프로그램에 대한 문제의식에서 출발하여 모든 가정에 최소한의 명백한 생계수단을 제공하는 한편, 복지제도의 단순화를 통해 방대한 복지체계의 축소를 도모하고자 하였다. 복거일 외(2017)는 기존 기초생활보장제도 일부에서 현재 논의되는 기본소득체계가 저소득층의 일에 대한 유인을 약화시키는 문제와 함께, 엄청난 행정비용을 수반하는 문제를 지적한다. 이에 비해 음소득제 방식은 행정비용 및 예산누수를 억제하면서 저소득층에 대한 근로유인을 제공할 수 있음을 논의하고 있다. 음소득세는 면세점 이하의 소득계층에 대한 일정 세율을 적용하여 계산된 금액을 조세환급을 통해 지급하고자 하는데, 이는 기본소득에 대비하여 철학적 기반이나 급여 지급방식이 명백히 다른 것이다. 가난한 사람을 식별하고 선별적으로 지원하도록 하는 가운데, 시장기능을 유지하며 노동공급을 유인하고자 하는 것이다.

한편, 플랫폼 노동의 확산에 대한 또 다른 대응방안은 현존하는 고용보험을 플랫폼노동에 적용할 수 있도록 하는 것이다. 근래 최영섭 외(2017)는 기존 고용보험제도를 소득보험으로 전환할 것을 다음과 같이 제안하고 있다. 기존의 고용보험제도는 전일제 근로계약의 전통적 근로방식을 전제로 근로소득의 완전한 상실에 대해 보상하기 위한 것인데, 근래 플랫폼 노동 등의 비전통적 근로형태에 대해서는 적절하게 대응할 수 없기 때문이다. 이에 대하여, 비전형적 근로자의 가입 확대를 위한 가입 요건·절차의 개편, 소득보험료의 징수 방식 개편, 일부 소득 감소에 대한 보험금 지급 등을 수용하는 방식을 소득보험제도라 명명하며 이를 제안하고 있다. 소득보험금의 지급과 관련하여 근로소득의 전면적 상실에 대해서만 실업급여를 지급하는 것이 아니라 일부 일자리의 상실 또는 소득 감소로 인해 전체 소득이 줄어 드는 경우 그 감소분의 일정 부분에 대해 실업급여를 지급해야 한다는 것이다. 가입실적은 복수기업장에서의 가입실적을 모두 합산하되, 프리랜서와 같이 일정기간의 근로에 대한 대가성 여부를 확인하기 어려운 경우 일정 수준의 소득에 대해 일정기간의 근로를 매칭하는 방식으로 가입실적을 인정할 수 있을 것이다. 이러한 소득보험제도는 소득수준에 따른 보험료 납입과 보험금 수급이란 측면에서 음소득세와 유사한 측면이 있으며, 향후 '소득보험제도'와 기본소득 및 음소득세 등과 종합 연계가 본격적으로 검토될 수 있을 것이다.

참고문헌

교육정책네트워크연구센터(2016a), "2016해외교육동향 기획기사(상권)", 한국교육개발원.

교육정책네트워크연구센터(2016b), "2016해외교육동향 기획기사(하권)", 한국교육개발원.

구경태 (2017). "생활속의 제4차 산업혁명과 소비자이슈", 「2017 소비자정책세미나: 제4차 산업혁과 소비자정책의 미래」, 한국소비자원.

김경환 (2017). 「4차 산업혁명과 법제도 개선방향", 정보통신정책연구원.

김성천 (2017). "제4차 산업혁명시대의 소비자정책 대응방안", 「2017 소비자정책세미나: 제4차 산업혁과 소비자정책의 미래」, 한국소비자원.

김진용 (2017), 「2016 HRST Scoreboard」, KISTEP.

김진하 (2017), 「과학기술분야 미래일자리 지형변화 전망연구」, KISTEP.

김희연(2016), "세계경제포럼(WEF)의 미래기술과 사회적 영향 분석 동향", 「정보통신방송정책」, 27(18), 24-31.

복거일·김우택·이영환·박기성·변양규 (2017). 「기본소득– 논란의 두 얼굴」. 한국경제신문.

산업통상자원부 (2017) http://www.kats.go.kr/content.do?cmsid=240&mode=view&page=3&cid=19424, (2017. 6. 20).

심진보 (2017). "제4차 산업혁명과 산업생태계, 그리고 소비자", 「2017 소비자정책세미나: 제4차 산업혁과 소비자정책의 미래」, 한국소비자원.

어슐러 휴스·네일 스펜서·사이먼 조이스 (2016), "영국과 유럽의 주문형 경제 규모 및 특성", 황덕순 외 (2016), 「고용관계변화와 사회복지 패러다임 연구」, 노동연구원.

어슐러 휴스·사이먼 조이스 (2016) "유럽 크라우드 워커의 경제사회적 상황과 법적 지위" 「International Labor Brie」, 2016년 8월호: 9-18.

에릭 브린올프슨, 엔드루 메가피(저자), 정지훈, 류현정(옮김) (2013), 「기계와의 전쟁」, 트옴.

이은민 (2016). "4차 산업혁명과 산업구조의 변화", 「정보통신방송정책」, 28(15).

이인재 (2017). "제4차 산업혁명과 노동정책 패러다임". 「제4차 산업혁명 선도국가」, 224-250.

이주호·류성창·이삼호(2014), "수행평가의 문제점과 현장 착근 방안", 「KDI FOCUS」, 58호.

이주호·김부열·박윤수·최승주 (2016), "프로젝트 학습을 통한 교육개혁", 「KDI FOCUS」 66호.

임춘성·유은정·김병건 (2008). "업무성과 기반의 기업 간 협업 정보화 수준 분석 방안 연구", Entrue Journal of Information Technology, 7(1): 7-30.

장혜원 (2017). "미래의 노동과 교육", Unpublished paper.

장혜원·김혜원 (2014). "한국의 숙련 수익률 변화: 2000~2012년을 중심으로". 「직업능력개발연구」. 17(1). 67-105.

정원호 (2017), "기본소득이라는 유령", 「마래정책포커스」, 14: 46-47.

지성우 (2017), "4차 산업혁명시대 개인정보보호법제 정비 서둘러야", 「아주경제」, http://www.ajunews.com/view/20170721102615528, (2017. 7. 23.).

최영섭·채창균·황규희·정재호·장혜원 (2017). 「인력양성 패러다임의 전환에 대한 대응」, 한국직업능력개발원.

최완일·김성홍·백종현·이정섭·정병주·오정연 (2001). 「정보기술을 이용한 기업 간 협력강화 방안에 관한 연구」, 한국전산원.

한견표 (2017). "신기술 관련 소비자보호 선제적 대응을", (http://news.jtbc.joins.com/article/ArticlePrint.aspx?news_id=NB11393106). (2017.07.20.).

한국소비자원 (2017), "소비자 드론시장 활성화, 안전관리 강화 필요해", 보도자료 (2017. 4. 26.)

허재준 (2016), "기술진보가 일자리에 미치는 영향과 정책과제", 정진호 외, 「일의 미래와 노동시장 전략 연구」, 고용노동부/한국노동연구원.

황규희·이상호·장혜원(2016), 「지능정보 기술확산과 수요의 변화」, 한국직업능력개발원.

황덕순 외 (2016), 「고용관계변화와 사회복지 패러다임 연구」, 노동연구원.

Algan, Y. P. Cahuc, and A. Shleifer (2013), "Teaching practices and social capital", *American Economic Journal: Applied Economics*, 5(3): 189-210.

Arntz, M. T., Gregory and U. Zierahn (2016a) *The Risk of Automation for Jobs in OECD Communities: A Comparative Analysis: A Comparative Analysis*", *OECD Social, Employment and Migration Working Papers. 189, OECD Publishing: Paris.* , OECD.

BMAS (2017) http://www.arbeitenviernull.de/, (2017.10.31.).

Boston Consulting Group (2015), Man and Machine in Industry 4.0.

Citi Research&Oxford University (2016), Technology at work v2.0.

Dobbs, R.,, J. Manyika and J. Woetzel(2016). *No ordinar disruption: The four global forces breaking all the trends.*

Economist(2017) *Life Long Learning.*

Finegold, D., M. Gatta, H. Salzman and S.J. Schurman (eds) (2010) *Transforming* the *U.S. Workforce Development System: Lessons from Research and Practice*, Labor and Employment Relations Association.

Frey, Carl Benedikt and Michael A. Osborne (2013). "The Future of Employment: How Susceptible are Jobs to Computerasation?", Oxford Martin School.

Griffin, P., B. McGaw, E. Care (eds) (2012) *Assessment and Teaching of 21st Century Skills, Springer.* Dordrecht.

Jang, H. (2016) "Identifying 21st century STEM competencies using workplace data", *Journal of Science Education and Technology,* 25(2): 284-301.

Kittur A., J.V. Nickerson, M. Bernstein, E. Gerber, A. Shaw, J. Zimmerman, M. Lease, and J. Horton (2013) "The future of crowd work", *Proceedings of the 2013 conference on Computer supported cooperative work,* 1301-1318.

Kottus, A., B. Sumsm S, Khamkar, R.R. Kraut (2011) "CrowdForge: crowdsourcing complex work", *Proceedings of the 24th annual ACM symposium on User interface software and technology,* 43-52.

Levitt, M., & Mahowald, R. (2001). *Context Collaboration: On Tap, Targeted, and Inside Website and Applications Near You,* Retrieved from www.idc. com (2008.08.21.).

Liebowitz, S.(2002), Rethinking the Networked Economy: The True Forces Driving *the Digital Marketplace* (https://www.researchgate.net/profile/Stan_Liebowitz/ publication/265226712_Rethinking_the_Networked_Economy_The_True_ Forces_Driving_the_Digital_Marketplace/links/56f02e8d08ae584badc92d54/ Rethinking-the-Networked-Economy-The-True-Forces-Driving-the-Digital- Marketplace.pdf). (2018.03.15).

Liebowitz, 2002 *Rethinking the Networked Economy: The True.*

Mckinsey&Company (2017), A Future that works; *Automation, Employment and Productivity.*

Mulcahy, D. (2016). *The Gig Economy,* New York, NY: AMACOM.

OECD (2016), *Government at Glance: How Korea Compares,* OECD.

UBS (2016), *Extreme Automation and Connectivity : The Global, Regional and Investment Implications of the Fourth Industrial Revolution.*

World Economic Forum(WEF) (2016), The Future of Jobs - *Employment, skills and workforce strategy for the Fourth Industrial Revolution.*

http://terms.naver.com/ (2017.07.07).
http://www.etnews.com/ (2018.02.18)
http://basicincome.org/ (2017.06.24).
http://basicincomekorea.org/ (2017.06.24.).
http://www.ktv.go.kr/ (2017.09.25.).

66

The Fourth Industrial Revolution from
the Perspective of Policy Innovation

99

제 5장

제4차 산업혁명과
정책혁신

황병상 외

* 이 장의 내용은 분과장인 황병상이 강선준, 김방룡, 김서균, 석재진, 손주연, 송환빈, 오길환, 조형례, 최영훈과 공동으로 수행한 연구결과를 종합·정리한 것이다.

인공지능과 사물인터넷(IoT) 등에 의해 만물이 서로 연결되고 스스로 생각하고 융합되는 초연결-초지능-융합 사회는 우리의 삶 자체를 근본적으로 바꾸어 놓을 가능성이 크다. 이러한 변화는 초지능·초연결·융합이 중심가치가 되는 새로운 사회의 대두로 이어질 것으로 보인다. 따라서 제4차 산업혁명은 다양한 기술 분야의 동시 다발적인 혁명적 진화를 기반으로 경제혁신, 사회혁신, 정책혁신 등이 총체적으로 이루어지는 패러다임의 변화로 볼 수 있다.

이와 같이 제4차 산업혁명은 이전의 산업혁명들에 비해 속도와 범위, 영향력 면에서 크게 차별화될 것으로 전망되며, 제4차 산업혁명으로 인한 기술, 경제 및 사회의 혁신은 정책의 패러다임 전환과 함께 정책의 혁신을 요구하고 있다.

이 장에서는 먼저 제4차 산업혁명이 진행됨에 따라 정책의 현장에서 일어나는 혼란과 새로운 시도를 다루고자 한다. 드론 군집비행기술, 암호화폐 노란, 원격의료와 당뇨폰 및 인터넷 전문은행 사례를 통해 제4차 산업혁명의 진흥을 위해 필요한 정책이 적절한 국가계획으로 수렴되지 못하거나, 이해관계자들의 저항이나 규제에 의해 정책이 활성화되지 못하는 사례들을 살펴본다. 아울러 정보통신기술과 IoT 등의 발달에 의해 새롭게 시도되고 있는 리빙랩이나 사이버 정책토론방에 대해서도 다루려고 한다.

둘째, 제4차 산업혁명에 내재되어 있는 특성이 정책의제형성, 정책결정, 정책집행, 정책평가 및 정책변동이라는 정책과정의 각 단계에 어떠한 변화와 혁신을 가져올 것인지에 대해 간략히 검토해 보고자 한다. 제4차 산업혁명 시대에 다양하고 때로는 상충되는 정책목표를 우리 스스로가 탐색하고 설정해야 하는 상황에서는 거시 수준에서 과학기술 정책과정에 대한 혁신이 강조되어야 하기 때문이다.

아울러 제4차 산업혁명은 정부의 개념 자체를 바꿀 것으로 보이므로 이를 다루고자 한다. 특히 인공지능의 발전에 의해 기존의 전자정부를 넘어 지능정부(intelligent government)라는 새로운 정부형태를 구현할 것으로 예측된다. 지능정부의 인공지능 활용방식은 증강(augmentation)과 자동화(automation)가 혼재된 형태로 발전할 것으로 예측된다(황종성, 2017).

셋째, 각국이 제4차 산업혁명을 준비하고 견인하기 위해 펼치고 있는 정책혁신의 내용과 시사점을 살펴보고자 한다. 독일의 인더스트리 4.0, 미국 트럼프 정부의 미국우선주의에 입각한 정책, 일본의 신산업 구조비전과 Society 5.0 그리고 중국의 중국제조 2025 및 인터넷 플러스의 내용을 살펴보고, 우리나라에 주는 시사점을 도출하고자 한다. 아울러 우리나라가 2014년 6월에 발표한 제조업 혁신 3.0 전략부터 2018년 2월에 세운 제4차 과학기술기본계획에 이르기까지 제4차 산업혁명 관련 정책의 변화과정을 정리하고자 한다.

제1절 제4차 산업혁명에 따른 정책의 패러다임 전환

사피엔스와 호모 데우스의 저자인 유발 하라리 교수는 2017년 5월 24일 가디언지에 기고한 글에서 인공지능(AI)이 점점 더 많은 기술에서 인간을 능가하기 때문에 점점 더 많은 직업에서 인간을 대체할 가능성이 있다. 생명 공학과 생체 공학의 급속한 발전으로 역사상 처음으로 경제적 불평등을 생물학적 불평등으로 변환하는 것이 가능해질 수 있다. 21세기에 인공지능과 생명공학의 부상은 확실히 세계를 변혁시킬 것이다. 그것들을 현명하게 사용하는 것이 오늘날 인류가 직면한 가장 중요한 질문이다라고 하였다. 이는 인공지능과 생명공학이 가져올 변화에 대한 대응이 필요함을 역설한 것이다. 아울러 그는 2017년 7월에 방한하여 기자들과의 인터뷰에서 제4차 산업혁명을 심각하게 받아들이고 준비하는 건 굉장히 중요한 일이다라고 대답한 바 있다.

제4차 산업혁명이라는 변화의 바람은 이미 시작되었고, 시간이 갈수록 강해지고 있다. 세계경제가 저성장으로 대표되는 뉴 노멀(new normal) 시대에 접어들면서 기존의 성장엔진들은 한계에 봉착하고 있고, 새로운 성장엔진에 대한 기대가 커지고 있다. 인공지능, 빅데이터, 클라우드 등으로 인해 디지털화와 융합이 가속화되어 사회와 개인의 삶에 미치는 영향이 점점 커지고 있다.

주지하는 바와 같이 토마스 쿤(Thomas Kuhn, 1962)은 과학혁명의 구조에서 패러다임의 전환이라는 개념을 제시한 바 있다. 패러다임이란 한 시대 특정 분야의 학자들이나 사회 전체가 공유하는 이론이나 법칙, 지식, 가치를 의미하는 말이며 넓게는 가치관이나 사고방식을 의미한다.

IoT와 인공지능 등에 의해 사람과 사물 간, 사물과 사물 간 그리고 현실 세계와 가상세계 간 등 만물이 서로 연결되고 스스로 생각하고 융합되는 초연결-초지능-융합 사회는 우리의 삶 자체를 근본적으로 바꾸어 놓을 가능성이 크다. 이러한 변화는 인류사회가 걸어 온 농업사회, 산업사회, 정보사회 다음으로 초지능·초연결·융합이 중심가치가 되는 새로운 사회의 대두로 이어질 것으로 보인다.

따라서 제4차 산업혁명은 다양한 기술 분야의 동시다발적인 혁명적 진화를 기반으로 경제혁신, 사회혁신 및 정책혁신 등이 총체적으로 이루어지는 패러다임의 변화로 볼 수 있다. 제3차 산업혁명까지가 지난 시기를 규정하는 개념이라면 제4차 산업혁명은 앞으로 다가올 변화를 개념화하고 미래를 상정하여 그렇게 바꾸어 나가고자 하는 전략적 개념이기도 하다.

제4차 산업혁명은 단일 기술에 의해 촉발되었던 과거의 산업혁명과는 달리, 분야간·영역간·기술간의 융복합에 의해 진행될 것으로 예측된다. 기술혁신을 기반으로 하는 과거의 산업혁명들은 경제 및 산업구조와 사회 체계에의 영향이 다소간의 시차를 두고 발생하는 선형적 모형으로 설명이 가능했지만, 제4차 산업혁명에서는 기술, 산업, 사회, 정책에의 파급 영향이 순차적인 아닌 동시 다발적이며 상호 연관적으로 발생할 것으로 예측된다.

이에 따라 제4차 산업혁명은 이전의 산업혁명들에 비해 속도와 범위, 영향력 면에서 크게 차별화될 것으로 전망되며 인류사의 새로운 대분기가 초래될 것으로 예측되고 있다. 앞의 여러 장에서 살펴보았듯이 제4차 산업혁명으로 인한 기술, 경제 및 사회의 혁신은 정책이라는 과정과 결과물에 영향을 미치기 때문에 정책의 패러다임 전환과 함께 정책의 혁신이 필요불가결한 상황이다.

제4차 산업혁명으로 인해 먼저 민간부문에서 시작된 변화는 공공부문에 영향을 미치고, 이는 정책과정 및 정책내용 자체의 혁신으로 연결될 것이다. 먼저 인공지능과 IoT 등의 발달은 정책과정 즉, 정책의제형성, 정책결정, 정책집행, 정책평가 및 정책변동의 과정을 변화시킨다. 이와 함께 제4차 산업혁명에 대응하거나 제4차 산업혁명을 진흥하기 위해서는 정책내용의 혁신이 뒷받침되어야 한다. 즉, 제4차 산업혁명에 따라 정책의 패러다임적 전환이 펼쳐지는 것이다.

이러한 변화의 바람이 불고 있지만 우리나라의 제4차 산업혁명 준비도는 낮고, 특히 법적 보호를 포함한 제도 부문의 준비도는 더욱 낮다. 스위스의 글로벌 금융기업인 UBS는 2016년 1월 다보스 포럼의 개막을 앞두고 백서인 자동화와 연결성의 극단: 제4차 산업혁명의 국제적, 지역적 및 투자적 함의를 발표한 바 있다. 이 보고서에서 제4차 산업혁명에 대한 준비 정도를 평가하여 국가 순위를 매겼다. 1위는 스위스가 차지했으며, 싱가포르 2위, 미국 5위, 일본 12위, 독일 13위의 순이었다. 우리나라는 25위를 기록하여 대만(16위), 말레이시아(22위)에도 뒤처지고, 중국(28위)에 근소하게 앞선 상황에 있다. 우리나라는 특히 노동시장 유연성 항목에서 83위, 법적 보호 측면에서도 62.25(평균 순위)를 받는 등의 낮은 평가를 받았기 때문이다. 이를 표로 정리하면 〈표 5-1〉과 같다.

우리나라는 독일의 인더스트리 4.0 정책에 영향을 받아 2014년부터 제4차 산업혁명을 진흥하기 위한 정책을 수립하여 시행하고 있다. 한편, 2017년 5월에 새롭게 출범한 정부는 동년 7월에 문재인 정부 국정운영 5개년 계획을 통해 제4차 산업혁명 선도 의지를 천명하였으며, 동년 11월에는 관계부처 합동으로 4차 산업혁명 대응계획을 밝힌 바 있다.

<표 5-1> 스위스 UBS의 각국에 대한 '제4차 산업혁명 준비 정도 평가[34]

구분	노동시장 유연성	숙련도	교육 적합도	인프라 적정성	법적 보호	종합 영향도	종합 순위
싱가포르	2	1	9	3.5	9.00	4.9	2
미국	4	6	4	14.0	23.00	10.2	5
일본	21	21	5	12.0	18.00	15.4	12
독일	28	17	6	9.5	18.75	15.9	13
한국	83	23	19	20.0	62.25	41.5	25
중국	37	68	31	56.5	64.25	51.4	28

자료 : UBS(2016)

제2절 정책의 현실: 혼란 또는 새로운 시도

1. 근시안적인 국가계획: 드론 군집비행 기술

2018년 2월 평창 동계올림픽의 개회식과 폐회식에서 환상적인 드론 쇼가 펼쳐졌다. 개회식에서는 강한 바람 때문에 녹화된 것을 방송했지만 1,218대의 드론이 밤하늘에서 오륜기를 만들어 보였다. 폐회식에서는 실제로 300대 드론이 대회 마스코트 수호랑의 실루엣을 밤하늘에 수놓아 보는

---

34) 노동시장유연성은 노동시장효율에 대한 국가별 순위, 숙련도는 고등교육 및 훈련에 대한 국가별 순위, 교육 적합도는 혁신에 대한 국가별 순위, 인프라 적정성은 기술 준비도와 인프라에 대한 국가별 순위의 평균, 법적 보호는 사유재산권, 지식재산권, 사법독립성, 기업윤리에 대한 국가별 순위의 평균, 종합 영향도는 MSCI 국가분류방법론을 적용하여 산출한 것이다.

이들의 감탄을 자아내었다. 여기에 사용된 슈팅스타 드론의 크기는 384㎜ ×384㎜×93㎜, 무게 330g이었다.

그러나 드론 쇼의 기술이 우리나라가 아니라 미국의 인텔(Intel) 것이었다는 점에서 많은 아쉬움이 남았다. 올림픽 개회식과 폐회식은 개최국의 첨단기술과 전통 및 문화를 전 세계인들에게 선보이는 자리인데 그런 기회를 다른 나라 회사의 첨단기술을 홍보하는 자리로 빌려 준 것 같기 때문이다. 이런 쇼를 위해서는 1,000여대 드론을 프로그램 하나로 제어하는 기술이 필요한데, 국내 드론 업체 중에는 이를 수행할 기술력을 보유한 곳이 없었기 때문이다.

안타깝게도 드론 군집비행 기술은 한국항공우주연구원이 2013년에 개발하여 드론 20대까지 군집 비행하는 데 성공했지만 예산이 부족하여 수십 대 급에서 더 이상 진전 시키지 못한 것이다. 드론택시로 전용이 가능한 수직이착륙 무인기도 2012년 세계 두 번째로 확보했으나 상용화 문턱을 넘지 못했다. 반면에 인텔은 2014년부터 군집 비행 기술개발에 뛰어들었으며, 2015년 드론 100대의 군집비행에 성공한 이후 3년 만에 그 수를 12배로 늘린 것이다.

군집 비행기술은 드론 쇼뿐만 아니라 촬영, 재난 시의 수색, 지도 제작, 자율주행차, 측량, 농업 등에 광범위하게 응용될 수 있다. 시장조사업체인 유로컨설트(Euro Consult)에 따르면 전 세계 드론 시장은 2016년 29억 달러에서 연평균 18%씩 성장해 2030년 291억 달러에 이를 전망이다.

2015년도와 2016년도에 세워진 국가계획에서도 드론 분야를 육성하겠다는 내용이 담겨져 있다. 2015년도 산업융합발전 실행계획에는 IoT, 웨어러블, 자율주행자동차, 드론 등 4대 유망 융합 신산업분야 중점 지원을 통해 민간의 본격적인 산업융합 촉진이라는 방향 아래 어군탐지용 틸트로터 무인기 개발 추진과 시스템 운용, 센서 등 핵심 원천기술 분야에 투자한다고 명시했다. 2016년도 산업융합발전 실행계획에도 드론을 활용한 8개 분야에 대한 신규 비즈니스 모델 발굴 및 활용가능성 등 안전성 검증을 통해 상용화를 지원한다고 하였다.

이러한 국가계획을 지금에 와서 돌이켜보면 적극적으로 글로벌 시장을 공략하는 내용이 되지 못하고, 국내 시장만 고려한 근시안적인 계획에 머문 것은 아닌가하는 안타까움이 생겨난다.

국토교통부는 2018년 1월에 이르러 드론산업발전 기본계획을 발표하였다. 5년간 3,500억원을 투자하고, 2021년까지 3,700대의 드론 수요를 발굴한다는 것이다. 이미 외국의 드론기술이 월등히 앞서 나가서 게임이 끝난 상황이라는 평가도 있는 마당에 뒷북만 요란한 것은 아닌지 걱정스럽다.

2. 신기술 관련 이슈에 침묵하는 담당부처: 암호화폐[35] 논란

2016년 4월 10일에 암호화폐의 가치가 1비트코인당 421.63달러였다가 2017년 5월 9일에는 1,700달러를 돌파하는 등 폭등하기 시작하자, 금융감독원과 금융위원회는 동년 6월과 9월에 투자 유의사항과 합동대책을 마련하여 발표한 바 있다. 2017년 12월 6일에는 1비트코인당 19,343.01 달러

---

35) cryptocurrency의 번역으로는 가상화폐, 암호화폐, 가상통화 등 다양하다. 2018년 1월 법무부에서는 통화로도 볼 수 없다며 가상증표라는 새로운 용어를 제시하기도 했다. 그러나 최근에는 암호화폐라는 용어로 수렴되어 가는 경향을 보이고 있다.

에 도달하였고, 한국에서 거래되는 암호화폐들이 해외 거래에 비해 10% 이상 거품이 끼어 있는 김치 프리미엄 현상까지 더해지며, 동년 12월 8일에는 거래소인 빗썸 기준으로 1비트코인당 2,499만원에 달하는 과열 현상을 보이게 되었다.

이에 국무조정실은 2017년 12월에 차관회의를 소집한 후 투기근절 특별대책을 발표했고, 2018년 1월에 들어서는 법무부장관이 암호화폐 거래소 폐쇄 법안을 준비한다고 발표하기에 이르렀다. 그러나 어느 청원인이 청와대에 '〈가상화폐규제반대〉 정부는 국민에게 단 한 번이라도 행복한 꿈을 꾸게 해본 적 있습니까?'라는 국민청원을 올렸고, 이에 대한 동의가 1월 16일에 20만 명 이상을 넘어가자 청와대는 긴급 진화에 나서 법무부장관의 발언은 청와대와 조율되지 않은 사항이라고 밝혔다. 정부는 불법행위 때만 암호화폐 거래소를 폐쇄하는 등의 방안을 검토하고, 암호화폐 거래 실명제 실시 등으로 어정쩡한 봉합을 하였다. 이러한 경과를 정리하면 〈표 5-2〉와 같다.

문제는 이러한 논란의 와중에 제4차 산업혁명 주무부처인 과학기술정보통신부(이하 과기정통부라 한다)가 별다른 역할을 하지 않았다는 점이다. 암호화폐는 블록체인을 기반으로 하고 있고 블록체인은 제4차 산업혁명의 주요 기술 중 하나인데, 과기정통부가 제4차 산업혁명의 주무부처이기 때문이다. 암호화폐와 블록체인 기술을 분리하여 생각하는 것이 일면 수긍이 가는 점도 있지만, 장기적으로 블록체인 플랫폼에서 암호화폐로 결제하는 단계로 발전해 나갈 수 있기 때문에 암호화폐 논란에 무대응으로 일관한 과기정통부가 제 역할을 하고 있는지 의심스러운 상황이다.

관계부처 합동으로 2017년 11월 30일에 발표한 4차 산업혁명 대응계획에 의하면 성장동력 기술력 확보를 위해 금융·제조·유통 등 다양한 산업군

<표 5-2> 암호화폐 논란의 경과

날짜	내용
2017. 5월 이후	암호화폐의 가치가 폭등하기 시작함. 김치프리미엄이 더해짐
2017. 6.22.	금융감독원, 가상화폐 투자시 유의사항 발표
2017. 9. 3.	금융위원회가 주도하여 '가상통화 관계기관 합동 TF' 회의에서 가상통화 과열에 따른 합동대책 마련 및 발표
2017.12.28.	국무조정실, 가상화폐 투기근절 특별대책 추가 발표
2018. 1.11.	법무장관, 가상화폐거래소 폐쇄 법안 준비한다고 발표 금융위원장, 법무부와 같은 생각이라고 밝힘
2018. 1.16.	경제부총리, "가상화폐 거래소 폐쇄도 살아있는 옵션"이라고 말함
2018. 1.16.	2017. 12. 28 청와대에 등록된 '가상화폐 규제 반대' 국민청원에 20만명 이상의 동의에 도달함
2018. 1.16.	청와대, 법무부장관의 발언은 청와대와 조율되지 않은 것이라고 밝힘. 국무조정실 경제조정실장, 법무부의 거래소 폐쇄방안은 향후 범정부 차원의 협의를 거쳐 결정예정이라고 말함
2018. 1.17.	청와대, 관계 부처에 외국 규제사례 등을 종합검토해 합리적인 규제를 마련하라고 주문("불법행위 때만 가상화폐거래소 폐쇄"하는 방안 등)
2018. 1.17.	공정거래위원회, 가상화폐거래소의 전자상거래법상 의무 준수여부 등 조사 착수
2018. 1.30.	암호화폐 거래실명제 시행

에 공통적으로 적용가능한 블록체인 인프라 핵심기술을 개발 확보(2018 ~ 2020)한다고 하고, 주무부처로 과기정통부를 적시하고 있다.

이런 와중에 암호화폐 거래소에 대한 해킹이 국내·외적으로 이루어졌다. 2017년 4월 거래소인 야피안에 대한 해킹으로 55억 원 규모의 암호화폐가 탈취 당했다. 논란이 커지자 이름을 유빗으로 변경하였으나 같은 해 12월에 170억원 규모의 해킹 사고가 다시 발생하자 파산절차를 밟겠다고 일방적으로 발표한 바 있다. 2018년 6월에는 국내 7위권 거래소인 코인레일이 해킹을 당해 400억원 대의 암화화폐가 유출되었고, 가상화폐 거래소인 빗썸이 해킹을 당해 350억원 규모의 암호화폐를 도난당했다. 일본에서도 최대 암호화폐 거래소인 코인체크(Coincheck)가 2018년 1월 해킹을 당하여 고객들이 맡겨놓은 580억엔(약 5,600억원) 상당의 암호화폐를 탈취 당했다. 또한 동년 2월에는 이탈리아의 암호화폐 거래소인 비트그레일(BitGrail)은 자체조사를 통해 신생 암호화폐의 하나인 나노(Nano) 1,700만개(1억 7천만달러, 1,850억원 상당)가 무단 인출되었다고 공지한 바 있다.

한편, 2018년 1월 24일 국회에서 4차산업혁명특별위원회 소속 의원들이 블록체인과 암호화폐에 관한 전문가의 강연을 듣는 자리에서 의원들은 "문과라서 그런데 정말 이해하기 어렵다"는 반응을 보였으며, 국회 내의 이해수준이 낮은 것으로 보도된 바 있다.

3. 이해관계자의 저항과 규제: 원격의료와 당뇨폰

의료법 제34조(원격의료)에는 의료인 간에만 컴퓨터·화상통신 등 정보통신기술을 활용하여 원격의료를 할 수 있게 제한하고 있어 의사와 환자 간 원격의료가 금지되고 있다. 이에 따라 갤럭시S8 원격진료 헬스케어 애플리케이션의 경우 의료법에 저촉돼 한국에서는 안 되고, 미국·중국 등 해외에서만 이용가능한 상황이다.

이러한 법률 조항을 정부는 개정하려고 하지만 의사단체에서 반대하고 있어 의사와 환자 간 원격진료를 실시하지 못하고 있다. 2013년 12월 대한의사협회 주도로 여의도 문화공원에서 열린 원격의료와 영리병원 허용 반대를 위한 '의료제도 바로세우기 전국의사궐기대회' 집회에는 전국 각지에서 2만여 명(경찰 추산 1만여 명)의 의사들이 참석한 바 있다. 보건복지부는 의사-환자 간 원격의료를 할 수 있게 하는 내용의 의료법 개정안을 만들어 2016년 6월 국무회의를 통과하여 국회에 제출되어 있으나 계류 중이다. 대한의사협회는 이를 시기상조라며 반대하고 있다.

문재인 대통령 역시 2017년 5월 대통령 선거 당시 원격의료는 의료인-의료인 사이의 진료 효율화를 위한 수단으로 한정하겠다는 공약을 한 바 있다. 박능후 보건복지부 장관은 2018년 7월 19일 취임 1주년 기자간담회에서 우리가 아무리 원격의료를 안하려 해도, 다른 나라들의 기술 진보를 도외시할 수가 없다. 현재 의료 서비스가 첨단에 와 있는데, 계속 도외시하다가는 추락할 수밖에 없을 것이라며 단계적으로라도 의사-환자간 원격의료를 추진하겠다는 입장을 밝혔다. 그러나 여당과 시민단체의 반발로 닷새 만에 "의료인 간 원격의료를 적극적으로 활성화하겠다는 취지로 말한 것이 오해를 불러 잘못 전달됐다"며 말을 바꾼 바 있다.

2018년 8월 2일 조선일보 보도에 따르면 청와대와 여당 지도부가 의사와 환자 간 원격의료 도입을 위한 의료법 개정안을 올해 정기국회 통과를 목표로 추진하기로 방침을 정했으나, 국회 보건복지위원회 소속 여당의원 9명 중 7명은 반대, 2명은 유보 입장을 가진 것으로 조사되었다.

의사단체가 의사-환자 간 원격의료를 반대하는 것은 의료업계의 경쟁이 심화되고 있는 상황에서 원격의료 서비스에 의해 접근성의 제약에서 벗어날 경우 유명 병원이나 특정 의사에게 환자가 더욱 집중될 가능성 때문인 것으로 보인다. 이해관계자들에 의해 서비스 혁신에 필요한 원격진료가 계속 규제되고 있는 것이다.

규제가 기술발전의 속도·추세를 따라가지 못하고 혁신을 가로막은 또 하나의 사례는 당뇨폰이다(정준화, 2017). 지난 2004년 국내의 한 전자회사는 개인의 혈당 측정과 투약관리 기능이 있는 당뇨폰을 개발했지만, 정부는 당뇨폰을 의료기기법상 의료기기에 포함시키고, 제조사뿐만 아니라 이를 유통하는 이동통신 판매점에 까지 의료기기법상 제조·유통·판매업자의 자격을 충족하도록 규제했다. 그러나 이동통신 관계자들 입장에서 적법한 자격·시설 기준을 충족하는 것은 현실적으로 수용하기 어려웠고, 결국 그 전자회사는 당뇨폰 사업을 포기하였다.

이러한 규제를 완화하려는 노력이 최근에 들어 시도되고 있다. 대통령이 2018년 7월 발표한 의료기기에 대한 규제혁신정책에 따르면 안전성이 확보된 체외진단 검사기기에 한해 사전평가에서 사후규제 방식으로 전환하고, 신의료기술평가 절차를 간소화해 최대 280일이던 평가기간을 250일로 줄이겠다는 것 등이다.

4. 핀테크 서비스를 저해하는 은산 분리규제: 인터넷 전문은행

우리나라에서는 2017년 4월에 케이뱅크, 동년 7월에 카카오뱅크가 인터넷 전문은행으로 출범하였다. 은행법에 따르면 금융회사가 아닌 산업자본은 은행의 의결권 있는 지분을 최대 4%까지만 가질 수 있다. 이와 같은 은산 분리규정의 당초 목적은 거대한 산업자본이 금융을 지배하여 은행이 특정 산업자본의 사금고가 되는 것을 방지하고, 은행에 산업자본의 위험이 이전되는 것을 방지하기 위한 것이다. 그러나 이 규제가 인터넷 전문은행에도 적용되어 ICT기업이 의결권을 행사할 수 있는 지분이 4%에 불과함에 따라 비금융기업 입장에서는 여기에 투자를 하고 다양한 핀테크서비스를 제공하는데 제약이 되고 있다.

최종구 금융위원회 위원장은 2017년 12월 21일 서울 광화문 정부서울청사에서 진행된 송년 기자간담회에서 인터넷전문은행이 시장에 미치는 영향을 극대화하기 위해 은산분리에 대한 예외를 인정하는 게 바람직하다고 밝힌 바 있다. 하지만 청와대와 민주당은 원칙에 예외를 둬서는 안 된다는 입장을 견지하였으며, 2018년 2월 임시국회의 논의 테이블에도 오르지 못했다.

그러나 새정부가 내걸었던 소득주도성장이 성과를 내지 못하자, 혁신성장과 규제개혁으로 정책을 전환하기 시작하였다. 문재인대통령은 2018년 8월 인터넷전문은행 규제혁신 행사에 참석하여 은산분리라는 대원칙을 지키면서 인터넷은행이 운신할 수 있는 폭을 넓혀줘야 한다며 ICT기업이 자본과 기술투자를 확대할 수 있는 길을 열기로 했다. 이에 2018년 9월 국회 본회의에서 인터넷전문은행 특례법을 의결하여 은산분리 원칙을 인터넷전문은행에 한해 이를 34%까지 완화하기로 했다. 다소 늦었지만 큰 진전을 이루어 낸 것으로 평가된다.

5. 새로운 시도: 리빙랩과 사이버정책토론방

정보통신기술과 IoT의 발전에 의해 미시민주주의(Microdemocracy) 또는 디지털 민주주의(Digitalcracy)의 일환으로 리빙랩과 사이버정책토론방 등이 시도되고 있다. 리빙랩은 생활 실험실 이라고 할 수 있으며, 우리가 살아가는 삶의 현장 곳곳을 실험실로 삼아 다양한 사회 문제의 해법을 찾아보려는 시도가 이루어지는 공간이다. 따라서 그 곳에 살고 있거나 직접적으로 관련되는 사람들 모두가 실험의 설계와 과정에 참여하여 결과를 얻는 주체가 된다.

리빙랩은 사용자의 수요와 참여를 기반으로 혁신활동이 이루어지는 사용자 기반혁신 플랫폼이며, 리빙랩에 참여하는 행위자간의 협력, 특히 사용자를 지향하는 PPPP(4Ps; public-private-people-partnership)가 핵심역량으로 작용한다(성지은 외, 2016). 북촌한옥마을 리빙랩, 서울 상도동 성대골의 에너지 전환 리빙랩과 대전 리빙랩 프로젝트 건너유가 주요 사례이다.

2017년 3월에는 산업통상자원부가 융합 신제품·서비스 사용자 참여형 실험 시설을 갖춘 리빙랩 구축 사업을 벌인다고 밝혔다. 대표적으로 내세운 스마트 안전분야 융합신제품·서비스실증 리빙랩은 사용자가 가상·유사환경에서 직접 융합신제품 안전을 검증하는 것으로 안전·헬스케어 융합신제품이 대상이다. 정부는 2021년까지 융합신제품·서비스실증 리빙랩을 구축할 방침이며, 총 100억 원을 투입할 예정이다. 중소·중견기업 대상 시범운영으로 성공사례를 발굴한 이후 산학연을 연계해 대상을 확대한다는 계획이다.

한편, 사이버 정책토론방이나 트위터 등을 통한 의견수렴과 정책토론이 활성화되기 시작했다. 서울특별시 송파구는 2009년 11월부터 지역현안과 정책이슈에 대한 주민의 의견을 수렴하기 위해 사이버 정책토론방을 새롭게 단장하여 주민들이 매달 정해진 주제를 가지고 심도 있는 집중적인 토론을 벌인다. 평택시 역시 2012년 2월부터 시민들이 시정 운영에 참여할 수 있는 사이버정책토론방을 운영하고 있다. 부산광역시는 홈페이지에 사이버 정책토론방을 2017년 1월부터 운영 중이며, 매월 쟁점 주제별 토론회도 열고 있다.

서울특별시는 시장의 개인 트위터 계정과 시청의 공식 트위터 계정을 통해 시민들과 소통하고 시정 정보를 제공하며, 시민들로부터 정책제언을 받아 시정에 반영하는 트위터 행정을 본격화하고 있다(엄석진, 2017). 특히 시장 개인의 소셜 미디어 계정을 통해 제기되는 민원이나 정책제언들을 서울시 소셜 미디어센터(2014년 3월 이후는 서울시 응답소)의 계정과 연계하고 있다. 서울시 소셜 미디어센터는 서울시장의 소셜 미디어 계정을 포함하여 39개의 서울시 SNS 계정으로 들어오는 시민의견을 접수 → 부서배정 → 업무담당자 검토 및 답변처리의 과정을 통해, 그 결과를 모든 시민에게 공개하는 일종의 소셜 미디어 기반의 민원플랫폼이라 할 수 있다.

제3절 제4차 산업혁명을 위한 정책과정의 혁신

정책과정의 혁신은 정책내용의 혁신을 견인할 수 있는 지도적인 역할을 수행하게 되므로 선행적인 논의가 필요한 중요한 주제이다. 제4차 산업혁명과 관련해서는 과학기술정책의 역할이 좀 더 중요해질 것이다. 이런 관점에서 과거, 과학기술정책의 목표가 비교적 단순했던(예를 들면, 과학기술의 진흥 등) 시절에는 목표달성의 효율성을 위해 중범위 수준에서의 과학기술 공공관리와 연구관리의 역할이 중요하였다. 그러나 제4차 산업혁명 시대에 다양하고 때로는 상충되는 정책목표(예를 들면, 파괴적 혁신과 일자리 창출)를 우리 스스로가 탐색하고 설정해야 하는 상황에서는 거시 수준에서 과학기술 정책과정에 대한 혁신이 강조되어야 하기 때문이다. 특히, 과학기술 정책과정 중에서도 정책의제 형성, 정책목표 설정, 정책변동 관리 등의 영역에서 새로운 변화와 혁신이 필요할 것으로 보인다.

여기서는 제4차 산업혁명의 초지능, 초연결 및 융합이라는 특성이 정책의제형성, 정책결정, 정책집행, 정책평가 및 정책변동이라는 정책과정의 각 단계에 어떠한 변화와 혁신을 가져올 것인지에 대해 간략히 검토해 보고자 한다.

한편, 제4차 산업혁명은 정부의 개념 자체를 바꿀 것으로 보인다. 특히 인공지능의 발전에 의해 기존의 전자정부를 넘어 지능정부(intelligent government)라는 새로운 정부형태를 구현할 것으로 예측된다. 지능정부는 사이버공간에 축적된 엄청난 양의 지식과 지능을 현실공간에 적용하는 것을 핵심으로 한다. 지능정부의 인공지능 활용방식은 증강(augmentation), 자동화(automation) 및 자율화(autonomous)로 구분할 수 있다.[36) 이중에서 자율화는 AI현실주의 입장에서는 아직 받아들이기 어렵고, 증강과 자동화가 혼재된 형태로 지능정부가 발전할 것으로 전망된다. 정부운영에서 인공지능이 다른 기술과 경쟁하지만 없어서는 안 될 기술로 인정받는 단계인 지능정부 초기단계는 향후 5년 내외가 될 것으로 보인다 (황종성, 2017).

---

36) 증강(augmentation)은 인공지능이 공무원의 정책결정에 필요한 기초 정보를 제공하고 결정은 공무원이 내리는 방식을 말하며, 자동화(automation)는 인간이 인공지능을 훈련시키면 정책결정은 인간의 감독 하에 인공지능이 내리는 방식이다. 자율화는 인간의 능력에 필적하는 초지능이 나타나 인간의 개입 없이 자율적으로 정책을 운영하는 방식을 의미한다(황종성, 2017).

1. 정책의제형성의 혁신

앞 절에서 소개한 것처럼 제4차 산업혁명과 관련된 기술의 발달로 소셜미디어나 사이버정책토론방을 통해 다양한 참여자들이 자유롭게 논의하고 이슈를 생산함으로써 정책의제형성에 참여하게 된다. 사물인터넷(IoT), 모바일 기기, 클라우드 컴퓨팅, 빅데이터 등의 기술은 수평적인 통합과 연결을 촉진하는 속성을 통해 빠른 속도로 정책의제형성에 기여할 것으로 보인다.

플랫폼 기반의 지능정부에서는 정책의제형성단계에 사람들이 언제 어디서든 사이버공간과 물리적 공간에서 편리하게 의견을 제시하고 그것이 정부에 의해 수렴되는 일이 자연스럽고 일상적으로 이루어지게 될 것으로 보인다. 국민은 점점 더 정책의제형성 단계에서 정책행위자로서의 지위를 상승시켜 나갈 것이다.

아울러 정부와 민간이 융합하는 제3의 거버넌스로 발전하여 과거에는 정부조직 외부에 위치했던 행위자들인 NGO나 다국적 기업, 국내 기업 등이 정책의제형성 단계에서 정부의 협력자 겸 공동책임자로서 역할이 활성화 될 것으로 보인다. 이에 따라 제4차 산업혁명시대의 정책의제형성은 정부와 민간을 포함한 모든 정책참여자간의 열린 소통과 협업이 가능한 플랫폼 기반의 정책생태계 속에서 활성화될 수 있을 것으로 예상된다.

모든 사람이 정책의제형성에 참여할 수 있는 제4차 산업혁명시대에 정부의 역할중 하나는 그들에게 정확한 지식과 정보를 제공하는 것이다 IoT와 빅데이터 및 인공지능 분석을 통해 재해석하거나 새롭게 만들어낸 고급 지식과 정보를 제공하고 확산함으로써 많은 사람들이 공유하고 활용할 수 있게 되면 정책의 질도 같이 높아질 것이기 때문이다. 이렇게 하여 공무원과 일반 국민 그리고 기업이 함께 자유롭게 소통하며 정책의제를 공동으로 형성해 나가게 될 것이다.

2. 정책결정의 혁신

제4차 산업혁명과 같이 과거 또는 선진국의 성공사례를 참고할 수 없는 정책환경에서는 급변하는 정책환경에 대응할 수 있는 유연한 정책방향 탐색 및 정책목표 설정이 중요해질 것으로 생각된다. 따라서 미래의 과학기술 정책에서는 목표설정과 효과적인 정책수단 개발에 치중하는 정책결정보다는 정책 자체의 합리성과 타당성을 사전적으로 제한하는 역할을 하는 미래예측과 정책기획 기능이 좀 더 강화될 필요성이 크다.

아울러 제4차 산업혁명 시대의 정책결정은 그동안 소수의 관료들이 독점하던 정책결정과정이 과학화, 민주화되는 새로운 정부의 모습일 것으로 보인다. 인공지능이 정부에 미치는 가장 큰 영향은 그동안 인간이 넘지 못했던 큰 장벽인 정책결정의 과학화를 실현시켜 줄 것이라는 점이다. 지능정부의 구조는 정책지능(policy intelligence), 공공지능(public intelligence), 정부봇(GovBot) 및 지능형 서비스(GovTech)로 모델화하는 것이 가능하다. 이 중에서 의사결정과 관련되는 것은 정책지능과 공공지능이다. 정책지능(PI)은 정부가 올바른 의사결정을 내릴 수 있도록 지원하는 인공지능 서비스이다. 공공지능은 일반 국민, 정치인 등도 올바른 정치적 결정을 할 수 있도록 인공지능의 지원을 받는 시스템을 말한다(황종성, 2017).

그러나 정책결정 과정에서 정책지능에 의한 정책분석 결과와 정치적인 과정 사이에 불일치가 노정될 수 있다. 현실적으로 정책결정은 가장 합리적인 대안이 아니라 정권의 핵심세력이 추구하는 가치가 무엇인지 그리고 어떤 대안이 더 많은 정책집단의 지지를 받느냐에 따라 결정되는 것이 사실이기 때문이다. 따라서 정책지능에 의한 지적작업의 결과와 정치적 과정 사이의 조화와 타협이 요구된다.

한편, 모든 지식, 정보 및 의견이 하나의 플랫폼 위에서 작동하는 지능정부에서는 정책결정 단계에서 정책융합이 필요하다. 정책을 부처별 칸막이로 따로 보지 않고 묶음으로 봐서 그 정책이 갖고 있는 여러 가지 측면을 한꺼번에 보고 결정하는 것이 중요하다. 예를 들면 부동산정책을 국토교통부 시각에서 부동산 가격, 수요와 공급 등의 측면에서만 볼 것이 아니라 국가 경제와 교육 및 환경 등 다양한 시각이 종합되어야 옳은 정책결정을 할 수 있는 것과 같은 이치이다.

정책융합을 위해서는 다음의 네 가지 준비가 필요하다. 먼저, 정책 거버넌스의 효율화 및 정책실행의 수평화가 필요하다. 현재 제4차 산업혁명을 실행하기에는 한국의 정책 거버넌스는 수직형이며 복잡한 특징을 가지고 있는 것으로 보인다. 정책결정 체계, 부처 간 소통 및 협력 등의 수평적 체계가 좀 더 확산될 필요가 있다.

둘째, 제4차 산업혁명에서는 정책이 기술 중심에서 최종 제품 및 서비스, 비즈니스 모델 중심으로 바뀌기 때문에 정책융합에 대한 새로운 프로세스 및 제도 개선이 요구된다. 핵심 소재 및 기술 등과 최종 제품 및 서비스 산업 등은 정책적 접근이 다르기 때문에 정부 주도 혁신분야 및 민간 주도 혁신 분야에 따라 정책융합의 체계가 달라져야 하며, 산업 자체의 구조적 혁신 및 신산업을 촉진시키기 위해서는 정책의 목표점을 잘 찾고, 이를 실행할 수 있는 빠른 혁신시스템이 필요하다.

셋째, 다양한 정책실행 워킹그룹이 필요하다. 정책실행을 촉진시킬 수 있는 중간 역할 플랫폼 그룹들이 활성화되어야 하며, 정책융합을 위한 다양한 협의체 활동이 필요하다. 독일이 플랫폼 인더스트리 4.0과 같은 워킹그룹을 만들어 공공부문과 민간부문의 협업을 통해 정책입안과 실행에 활용하는 것을 참고할 필요가 있다.

마지막으로 정책결정단계에서는 국내라는 좁은 범위에서 생각하지 말고, 국제적인 큰 틀에서 결정해야 한다는 점이다. 제4차 산업혁명으로 저성장, 핵무기, 지구온난화 및 환경 등 범지구적 쟁점 뿐만 아니라 경제, 산업, 안보, 환경 등 모두 정책분야에서 세계적 연결성이 높아지고 있기 때문에 다른 국가의 정책이나 현황을 살펴서 정책결정을 해나가야 할 것이다.

정책결정 단계에서 또 하나 유의할 점은 소셜 미디어나 사이버 정책토론방을 통해 다양하고 많은 참여자들과 의견을 교환하고 소통한다 하더라도 중우정치(衆愚政治)의 우를 범해서는 안 될 것이다. 또한 장기간의 깊이 있는 사회적 논의가 결여된 채 다수 대중의 정서에 의해 결정할 경우 돌이킬 수 없거나 많은 비용이 소모될 수 있기 때문에 정책결정 과정에서 충분한 사회적 숙의 과정이 필요하다. 예를 들면 교육부가 국민여론 수렴이 부족한 상태에서 제시한 대입개편안이나 유치원·어린이집 영어수업 금지 방안에 대해 논란이 많아지자, 정부가 2018년 1월에 정책숙려제를 도입하겠다고 한 사례를 참고할 필요가 있다.

3. 정책집행의 혁신

제4차 산업혁명과 가장 밀접한 관련이 있는 우리나라의 과학기술정책에서는 그동안 연구개발 현장보다는 정부 또는 정책결정자의 시각에서 하향적 정책집행전략이 추구되어 왔다. 그러나 높은 불확실성을 극복하고 미지의 세계를 탐구해야 하는 제4차 산업혁명 시대의 과학기술 활동에서는 자율적이고 탄력적인 연구자들의 판단이 존중되어야 할 필요성이 점차 커지고 있다. 따라서 향후의 과학기술정책의 집행은 연구계와 산업계 현장의견이 최대한 존중될 수 있는 상향적 접근전략으로 전환되어야 할 것이다.

아울러 정책집행단계에서는 인공지능에 의한 자동화를 통해 정부내부에서는 정부봇(GovBot)과 민간지원을 위한 지능형 서비스(Govtech)가 가능하다. 정부봇은 공무원을 대신하여 업무를 수행하는 인공지능으로 반복적이고 사소한 업무를 자동화하여 공무원들이 보다 주요한 의사결정에 집중할 수 있도록 도움을 줄 수 있다. 정부봇을 활용하여 자동화할 수 있는 대표적 업무는 ① 단순 민원처리, ② 문서 작성 등 보고와 정보입력, ③ 제도와 규정 검토, ④ 협의와 거래 등이 있다. 지능형 서비스는 국민이 정부와의 업무를 손쉽게 하도록 하는 서비스이다. 지능형 서비스를 위해 대표적으로 활용될 기술과 서비스는 ① 자연어 대화와 챗봇, ② 선제적 맞춤서비스, ③ 전문 자문 서비스, ④ 임베디드 규제 등이 있다(황종성, 2017).

또한 제4차 산업혁명 시대의 정책집행단계에서는 실시간으로 변화하는 상황을 모니터링하고, 상황변화에 효율적으로 대처하며, 결과를 즉시적으로 피드백하는 '민첩성'이 필요하다. 제4차 산업혁명의 핵심기술들을 활용하여 정부의 정책집행 시스템에서 민첩성이 확보되도록 설계·운영하여야 할 것이다.

4. 정책평가의 혁신

제4차 산업혁명을 견인할 기술혁신에서 국가와 공공부문의 합리적인 역할수행을 위해서는 국가연구개발사업을 비롯한 과학기술 활동에 대한 평가목적이 과거의 정치적 책임성, 조직관리적 책임성, 고객 관점의 책임성 등에서 일반 국민적 관점의 책임성으로 전환되어야 할 필요성이 높다. 과거 과학기술정책의 목적이 경제성장과 국가경쟁력 강화에 초점이 두어지던 (policy for science) 시기에는 과학기술 내부 관점에서의 책임성이 강조되었으나, 과학기술정책의 목표가 과학기술 지식을 활용한 국가사회 문제 해결(science for policy)이 강조되면서 과학기술정책의 평가목적도 과학기술 외부를 지향하는 국민적 관점의 평가가 좀 더 강조되어야 할 것이기 때문이다. 여기서 국민적 관점의 평가란 정부의 과학기술 활동이 국민들의 일상생활에 미치는 긍정적인 영향의 정도로서 과학기술정책의 평가가 이루어져야 함을 의미한다.

아울러 정책의 계속적인 추진여부에 대한 결정, 정책의 내용 수정 및 보다 효율적인 집행전략 수립을 위해 실시되는 정책평가에도 인공지능(AI)과 IoT 등의 제4차 산업혁명 기술들이 활용될 수 있다. 총괄평가와 과정평가 모두에 AI 등의 도움으로 평가의 효율성과 과학적·체계적 평가를 증진할 수 있을 것이다. 특히 아울러 평가성 검토 단계에서 평가의 대상을 구체적으로 확정하는데 AI 등이 활용된다면 평가의 소망성이나 가능성을 높일 것으로 보인다. 아울러 정책평가를 위해 사용되는 비실험적 방법과 실험적 방법의 모두에도 플랫폼 기반의 지식과 정보가 활용될 수 있을 것이다.

5. 정책변동의 혁신

그 동안의 과학기술 정책과정에서는 정책평가와 이에 따른 정책변동이
기존 정책의 유지나 승계에 중점이 두어져 있어 혁신이 기본이어야 하는 과
학기술정책 자체의 혁신을 저해하는 현상이 발생하곤 하였다. 예를 들면 앞
절에서 설명한 것과 같이 암호화폐 관련 정부정책에서 부처 간 이견이 표출
된 사례를 들 수 있다. 향후 제4차 산업혁명 시대의 과학기술정책에서는 급
진적 혁신 또는 파괴적 혁신을 정부정책이 지체시키지 않도록 과감한 정책
종결과 활발한 정책혁신이 일어날 수 있는 정책변동 관리전략이 모색되어
야 할 것이다.

제4절 각국 정책내용의 혁신과 시사점

1. 독일

(1) 정책내용의 혁신

독일은 제조업에서 세계적으로 선도적인 위치를 점하고 있지만 급변하는
시장수요와 전문직 근로자의 고령화 그리고 저비용 대량생산 시스템을 갖
춘 중국 및 인도와의 경쟁이라는 문제에 직면하였다. 이에 독일은 자국의 강
점인 제조업을 중심에 놓고 능동적인 대처 방안을 모색하였다. 앙겔라 메르
켈이 집권한 이후 시작된 독일 내 IT 정상회의에서 대응방안 논의가 시작되

어, 2011년 1월에 연구연합(FU, 경제·산업 및 학술 연구연합)이 인더스트리 4.0 추진을 공식적으로 발의하였다. 인더스트리 4.0이란 기본적으로 제조업과 ICT의 융합을 통한 제조업의 고도화를 뜻하는 것으로, ICT를 전통적인 제조업에 결합시켜 관련 산업의 가치사슬 및 비즈니스 모델을 획기적으로 변화시키려는 시도이다. 이후 논의를 거쳐 2011년 11월에 독일정부의 첨단기술전략인 하이테크전략 2020 실행계획의 일환으로 추진이 결정되었으며, 2013년 4월에 인더스트리 4.0을 위한 구현 제안이 발간되었다.

이 제안에는 인더스트리 4.0 구현을 위한 권고를 하고 있으며, 연구에 대한 필요성과 행동을 위한 여덟 가지 분야를 밝히고 있다(BITKOM/VDMA/ZVEI, 2016).

① 표준화(standardisation): 참조 모델(reference architecture)에 대한 열린 표준은 횡단조직적인 네트워킹과 가치 네트워크에 의한 통합을 가능하게 함

② 복잡한 시스템의 관리(management of complex systems): 자동화한 활동뿐만 아니라 디지털과 실제 세계의 통합을 위한 모델의 활용

③ 산업을 위한 광역 브로드밴드 인프라(area-wide broadband infrastructure for industry): 양과 질 그리고 시간 면에서 데이터의 교환을 위한 인더스트리 4.0 요구사항에 대한 보장

④ 안전성(Safety): 운영의 안전성, 데이터 프라이버시 및 IT 보안을 보장

⑤ 업무조직과 작업장 디자인(work organisation and workplace design): 인더스트리 4.0 시나리오에서 계획가 및 의사결정자들과 근로자들에 대한 영향의 설명

⑥ 교육훈련(training and further training): 교육훈련에 대한 혁신적

인 접근뿐만 아니라 콘텐츠의 구축

⑦ 법적 체제 조건(legal framework conditions): 가능한 정도까지 범 유럽적 통일성을 지닌 인더스트리 4.0 관련 법제(디지털 자산에 대한 보호, 시스템 간에 서명된 계약을 위한 계약법, 책임 이슈 등) 마련

⑧ 자원 효율성(resource efficiency): 미래 산업 생산에 성공요인인 모든 자원(인력, 재정, 원자재 및 운용 용품)에 대한 책임 있는 운용

그러나 인더스트리 4.0 개념 및 정책에 대한 기업의 인식 부족, 연구중심의 추진 및 확산의 지연과 같은 문제점이 나타나자 2013년에 민·관·연·학이 모두 참여하는 범국가적 위원회로 플랫폼 인더스트리 4.0을 새롭게 구성하였다. 이에 따라 인더스트리 4.0의 개념도 점차 확대되었다. 인더스트리 4.0이라는 용어는 제4차 산업 혁명, 조직에서의 다음 단계 및 제품 수명주기에 따른 전체 가치 흐름의 제어를 의미한다. 이 사이클은 점점 더 개인화된 소비자의 희망과 아이디어, 주문, 개발, 생산, 최종 소비자에 대한 배달에서부터 재활용과 관련 서비스까지의 범위에 기반을 둔다. 여기에서 기초는 가치창출에 포함된 모든 사례들의 네트워킹을 통하여 실시간의 모든 관련 정보에 대한 유용성뿐만 아니라 항상 데이터로부터 최선의 가능한 가치 흐름을 이끌어내는 능력에 있다. 사람, 사물 그리고 시스템을 연결하는 것은 역동적이고 자기 조직적이며 횡단 조직적이고 실시간으로 최적화된 가치 네트워크의 창조를 낳으며, 그것은 원가, 유용성 및 자원의 소비와 같은 기준의 범위에 따라 최적화될 수 있다(BITKOM/VDMA/ZVEI, 2016). 이러한 내용은 2015년 4월에 인더스트리 4.0 구현전략으로 발표된 바 있다.

아울러 독일은 산업 생산을 인더스트리 4.0으로 변화시키기 위해 양면전략을 추구할 것이라고 밝히고 있다(BITKOM/VDMA/ZVEI, 2016). 첫째, 독일 설비산업은 전형적인 하이테크 전략과 ICT의 지속적인 통합을 통해 지능적 생산기술의 선도공급자가 됨으로써 계속해서 세계시장에서 리더 역할을 해야 한다. 사이버물리시스템(CPS) 기술과 제품의 새로운 선도 시장은 범위가 정해지고 이용되어야 한다.

둘째, 동시에 독일 제조업(manufacturing)은 효율적이고 자원 절약적인 생산 기술을 통해 매력적이고 경쟁력이 있도록 계속해서 개발되어야 한다. 목표는 인터넷을 이용한 이용자와 생산자의 활발한 네트워킹과 가까운 물리적 근접성을 통해 독일 기업의 경쟁 우위를 확대하는 것이다. 독일의 자동화, 프로세스, 그리고 생산기술은 이러한 전략을 통해 똑같이 이익을 얻는다.

셋째, 인더스트리 4.0으로의 길은 진화론적인 과정이다. 현재의 기초기술은 경험을 축적하고 전체 가치 흐름을 최적화 하는데 관한 통찰력을 얻기 위해 더 연구되어야 한다. 온라인 서비스를 통한 새로운 비즈니스 모델을 구현하는 것은 파괴적인 요소를 가지고 있다. 좋은 제품과 서비스 그리고 판매시장에서 증가하는 수요를 가진 성공적인 기업은 파괴적일 수도 있는 변화에 적절하게 준비해야 한다. 특히, 이것은 새로운 비즈니스 모델의 개발뿐만 아니라 기업 내에서 존재하는 프로세스를 한 층 더 개발하는 것을 말한다.

한편, 인더스트리 4.0 논의가 무르익어 가면서 독일에서는 디지털화에 대응하기 위해 노동 4.0, 행정 4.0, 건강관리 4.0, 복지 4.0 서비스 4.0 등 각 부문에 걸쳐 논의가 활성화되기 시작했다. 이 중 노동 4.0에 대한 논의가 많이 이루어졌다. 노동 4.0 개념을 도입하는 배경으로는 기술력, 사회적 가치, 고용 개념의 변화 등을 꼽을 수 있다. 2015년 4월 연방노동사회부는 사회적 대화를 시작하면서 노동에 관련된 주요이슈에 대한 질문을 담은 「노동 4.0 녹서」를 발간했으며, 2년간의 논의 과정을 거쳐 2016년 말 「'노동 4.0(Arbeiten 4.0) 백서」를 발표했다.

이 백서는 현재의 노동세계를 이끌어가는 트렌드들과 추동력을 디지털화, 글로벌화, 미래의 인구동향 및 노동력 수용, 문화적 변동 등으로 분석하였으며, 노동 4.0을 이루는 중심적인 갈등 영역들이 어떻게 전개될 것인지를 다루었다. 아울러 미래를 이끌어 가는 이상향으로서 디지털화되어 가는 직업세계 속에서 과연 좋은 노동(gute arbeit)이란 무엇인가를 다루었다. 향후 과제로는 ① 노동 역량 : 실직은 줄이고 노동 보장은 늘리기, ② 노동 시간 : 유동성과 자율성, ③ 노동 조건 : '좋은 노동조건'의 강화, ④ 건강한 노동 : 노동자 보호 4.0을 위한 시도들, ⑤ 노동자 정보보호 : 높은 기준의 적용, ⑥ 공동결정과 참여 : 파트너들 간의 협력을 통한 변혁의 창출, ⑦ 개인 창업 : 자유의 보장과 장려, ⑧ 사회 국가[37] : 독일의 미래, 그리고 유럽 내 대화를 위한 전망들을 제시하였다.

(2) 정책적 시사점

독일은 제조업 시장에서 살아남을 수 있는 방법을 오랫동안 고심하였고 그 답을 인더스트리 4.0에서 찾아 스마트 팩토리 구축을 확산하고, 새로운 부가가치를 창출하는 비즈니스 모델을 도출해 내고 있다.

---

37) 사회국가란 사회민주주의 국가를 의미하는 독일식 표현이다(여시재, 2017).

이러한 독일의 고민과 해답은, 제조업과 IT산업을 핵심 산업으로 하는 우리나라에 큰 시사점을 주고 있다. 첫째, 독일과 같이 제조업과 IT간의 효과적인 기술융합을 통해 한국의 제조업을 한 단계 진화시킬 수 있는 기회로 삼는 노력이 필요하다. 특히, IT 인프라 측면에서 보았을 때 한국은 독일에 비해 큰 장점을 가지고 있다. 이러한 디지털 기술 및 인프라의 우위는, 제4차 산업혁명을 맞이하는 한국의 최대 강점이므로 이를 살리는 것이 필요하다.

둘째, 제4차 산업혁명과 연결되는 높은 부가가치를 창출할 수 있는 새로운 비즈니스 모델을 찾아내는 것이 중요하다. 이를 위해선 독일의 수요자 중심의 개방형 의사소통 플랫폼 구축과 기술표준을 선점하기 위한 국가차원의 표준화 R&D 추진을 참고할 필요가 있다. 산업과 산업 간의 원활한 기술 확산을 위해선 표준화 R&D가 필수적이기 때문이다.

셋째, 정부차원에서는 제4차 산업혁명을 사회적으로 안착시키는 데 걸림돌이 되는 규제, 일자리 대체 등 제약요인들을 찾아 제거하고, 사회적인 공론화와 더불어 각 주체 간 원활한 의사소통 노력이 필요하다. 민간(산업협회)을 중심으로 한 플랫폼 인더스트리 4.0을 구성하고 정부는 이를 적극 지원하는 전략을 택했던 독일정부처럼 제4차 산업혁명의 주도적 역할은 민간에 있음을 주지하고 새로운 시대에 맞는 민간과 정부의 역할분담이 필요하다.

넷째, 제4차 산업혁명 혁신생태계 조성이 필요하다. 이를 위해 ① 기술확산을 저해하는 규제에 대한 과감한 개선, ② 국가의 강점을 살릴 수 있는 분야 발굴 및 집중 지원, ③ 정부의 연계능력을 대폭 활용한 산-학-연-관 의사소통 플랫폼 조성, ④ 교육과 일자리를 위한 정책을 주요 추진과제로 삼고 적극 이행해야 할 것이다.

다섯째, 우리나라도 기술과 산업 위주의 제4차 산업혁명 준비에서 벗어나, 독일과 같은 노동 4.0, 행정 4.0, 건강관리 4.0, 복지 4.0 서비스 4.0 등에 대한 논의도 함께 진행해야 할 필요가 있다.

2. 미국

(1) 정책내용의 혁신

제4차 산업혁명과 관련하여 미국은 본 절에서 다루는 다른 국가들과 차별되는 두 가지 특징을 지닌다. 첫째, 미국 정부는 제4차 산업혁명이라는 표현을 공약이나 정책, 기구명칭 그리고 정부보고서에서 사용한 적이 없다는 점이다. 제4차 산업혁명이라는 용어를 사용하지 않는 것은 트럼프 정부는 물론 오바마 정부에서도 마찬가지였다. 둘째, 심지어 트럼프 정부는 제4차 산업혁명의 기조에 역행하는 조치들을 강력하게 추진하고 있다. 이러한 역행조치의 대표적 사례는 미국우선주의에 의거한 강력한 보호무역조치, 자국기업의 국내복귀 종용, 국가·인종에 대한 차별적 인식 등을 들 수 있다.

따라서 제4차 산업혁명과 관련한 트럼프 정부의 구체적인 정책내용 및 체제는 트럼프 대통령이 당선 직후 행정명령 등을 통해 요구한 국정방향 관련 핵심적인 조사 및 법제 준비가 완료되는 시점에 보다 분명해 질 것으로 예상된다. 이러한 이유들로 인해 제4차 산업혁명에 초점을 두어 미국의 관련 정책을 다루는 데 한계가 있다. 그럼에도 주요국들과 비교하기 위해 트럼프 정부의 정책혁신을 핵심적인 측면에 초점을 두어 다루고자 한다.

트럼프 정부에서 주목할 만한 정책의 변화는 국정운영 방향성, 전략적 초점, 정책수단, 중앙-지방관계 등의 측면에서 살펴 볼 수 있다. 첫째, 트럼프 정부의 국정운영 방향성은 미국 우선주의로 요약된다. 트럼프정부의 미국우선주의는 서로 맞물려 있는 8대 핵심의제[38]로 구체화되어 정책내용 및 정책수단의 설계에 분명하고도 일관적인 지침이 되고 있다. 미국 중심적인 국정방향성은 오바마 대통령의 취임사 등에서도 발견되나[39] 오바마 대통령과 크게 차이나는 점은 트럼프 대통령의 경우 미국우선주의에 대한 정책적 강조의 강도를 넘어서 이의 실행의 일관성이 높고 적용범위가 넓으며 정책간 응집성이 매우 강하다는 점이다.

둘째, 트럼프 정부의 전략적 초점은 신규 기술과 산업에 대한 직접적 투자보다는 인프라 등에 대한 간접적 투자, 이와 연동된 정부-민간의 명확한 역할구분이다. 소위 제4차 산업혁명 기술군에 속하는 지능정보기술들에 대해 오바마 정부가 인공지능, 자동화 그리고 경제 등의 보고서를 통해 명시적으로 관심을 가진 것과 달리, 트럼프 정부에서는 소위 지능정보기술 등에 대한 중요성은 인정하고 있지만 과학기술 투자나 정책추진에서 이러한 기술에 대한 고려보다는 국가 인프라에 대한 투자를 강조하고 이를 통해 민간투자를 유인(예, 연방정부의 2천억 달러 예산투자로 1조 달러의 민간투자

---

38) 8개 핵심의제는 미국 우선 에너지 계획(America First Energy Plan), 미국우선 외교정책(America First Foreign Policy), 미국일자리 되찾기 및 성장(Bringing Back Jobs And Growth), 미국 군사력 다시 강하게 하기(Making Our Military Strong Again), 미국 인프라 재건(Rebuilding America's Infrastructure), 오바마 보건정책 폐기 및 대치하기(Repeal and Replace Obamacare), 미국 법집행기관 강화하기(Standing Up For Our Law Enforcement Community), 그리고 모든 미국인들에게 득이 되는 무역협상 하기(Trade Deals That Work For All Americans) 등이다 (https://www.whitehouse.gov).

39) 대통령 취임사는 https://www.whitehouse.gov/inaugural-address, 트럼프 정부의 핵심의제에 대해서는 https://www.whitehouse.gov를 참고할 수 있다.

촉발 계획 등)하는 간접적 접근방식을 보이고 있다. 정부 과학기술 투자에 있어서도 국방연구개발에 대한 강조와 함께 정부영역에 보다 적합한 연구개발에 집중하는 입장이 두드러지고 있다. 예컨대, 오바마 정부에서 시작된 국가제조혁신네트워크사업을 지속하고 있으나 전체 예산의 전년수준 동결 및 상용화와 관련된 지원사업 폐지 등의 예산조정이 이루어졌다.

셋째, 앞서 언급한 국가인프라 등에 대한 촉진적 조치와 함께, 기업환경의 혁신을 위한 세재개혁 및 정부규제 개혁에 초점을 두고 있다. 트럼프 행정부가 경제운영에서 취하는 기저 논리는 매우 강력한 시장주의적 입장이라고 판단된다. 즉 근본적으로 민간이 잘하는 것은 민간에게 맡긴다는 입장이다. 트럼프 정부의 정부규제에 대한 입장은 출범 직후 취한 소위 규제동결 조치에서 명확하게 드러나 있다. 트럼프 대통령은 취임 직후에 행정명령을 통해 연방정부의 모든 집행예정 규제에 대해 동결 조치를 단행하였다. 즉, 트럼프 정부 출범 직후 또는 출범 전 제정되었으나 집행되지 않은 모든 규제들에 대해 시행을 중단하고 일자리 창출에 미치는 영향을 검토하도록 지시하였다. 트럼프 정부는 세제에 대해서도 동일한 입장을 취하고 있다. 세제를 성장지향적인 세제로 개혁할 것임을 분명히 하고 있다. 이에 따르면, 모든 과세구간의 세율인하, 세법 간소화, 법인세율 인하(현재 세계 최고율의 과세라고 트럼프 정부는 판단) 등을 내용으로 하고 있다. 트럼프 정부는 규제개혁 또는 규제완화, 세제의 개편 등에서는 외형적으로는 오바마 정부와 비슷해 보이지만, 규제나 세제에 대한 근본적인 인식은 오바마 정부와 크게 다르다.

넷째, 트럼프 정부는 출범이후 현재까지 행한 조치를 통해 볼 때 국정 핵심의제를 대통령의 효율적인 통제 하에 두어 운영할 수 있는 정책수단들을 최대한 활용하고 있다. 입법화보다는 행정명령을 적극적으로 활용하고 있는 점, 연방정부체제 보다는 백악관 내 애드호크 조직의 신설을 적극 활용하고 있는 점이 두드러진다. 트럼프 정부는 취임 직후부터 정부규제에 대해 전방위적인 근본적인 완화 또는 폐지를 위한 조치를 취해 오고 있다. 취임 직후인 2017년 1월 20일 연방정부의 기관장에 대한 메모랜덤(Memorandum for the Heads of Executive Departments and Agencies)이라는 행정명령을 통해 전방위적인 규제동결을 명하였다. 동결되는 규제의 대상은 보건위생, 안전, 재정, 국가안보, 기타 긴급한 것을 제외한 규제로서, 신정부에서 취하려 하는 규제는 물론 오바마 정부에서 제정된 규제 중 관보에 아직 실리지 않은 규제의 집행까지 포합하는 전면적인 것이었다. 이 행정명령에서 모든 규제는 2017년 1월 20일 정오 대통령이 임명 또는 지명한 기관장의 규제 심의와 승인을 거치도록 하였다. 이를 위해 해당 기관장은 규제심의를 담당하는 전담공무원을 두도록 하였다. 이후 2017년 2월 24일자 규제개혁의제 시행에 관한 행정명령에서 각 부처와 기관들이 규제개혁을 효과적으로 수행하도록 대통령의 규제개혁조치의 실행을 감독하도록 60일 이내에 규제개혁담당관(RRO; regulatory reform officer)을 설치하도록 하였다. 트럼프대통령의 규제개혁의 대상분야는 조세분야 (2017. 4. 21. 행정명령), 금융분야 (2017. 2. 3. 행정명령), 의료보험(특히 오바마케어) (2017.1.20. 행정명령), 환경분야 및 이와 밀접히 관련된 인프라사업 (2017. 1. 27. 및 8. 15. 행정명령) 등 트럼프대통령의 국정의제 전반을 대상으로 하는 것이었다.

다섯째, 이러한 규제에 대한 근본적인 완화 또는 폐지조치와 병행하여 민간부문의 자율성을 촉진하려는 다양한 조치들이 이루어지고 있다. 이러한 조치들은 정부의 가이드라인을 통해서 추진된다. 이의 대표적인 사례 가운데 하나는 교통부가 2017년 9월 발표한 자율자동차의 개발과 사업화에 대한 지침(Automated Driving Systems: A Vision for Safety 2.0) (NHTSA. 2017)이다. 이 지침은 2016년의 연방 자율주행 자동차정책을 발전시킨 것으로서, 자율주행차량 활성화 및 시장 육성을 위해 개발업체들이 지켜야 할 수정된 규제 지침을 포함하고 있다. 이 지침의 골자는 자율주행 자동차 안전검사와 관련된 규제의 완화(예, 오바마 정부당시 자동차 제조사들이 자율자동차 시범주행을 위한 안전성 평가에서 받아야 할 점수를 15점에서 12점으로 완화), 자율주행차량 기술 개발 시 윤리적 또는 사생활 보호 문제 고려요건을 삭제, 자율주행 자동차의 안전성 결정권한을 연방정부로 통일한 것 등이다. 이 지침은 완전히 자발적인 규제방식을 따르는 것으로서, 관련 산업이 자율주행 자동차의 설계, 개발, 테스트 및 배치 등에서 모범사례를 발전시키도록 지원함을 목적으로 한다고 지침은 밝히고 있다.

(2) 정책적 시사점

미국의 경우 외형적으로 제4차 산업혁명에 대한 명시적인 정책내용이 없으나 두 가지 방식으로 제4차 산업혁명에 대응하고 있는 것으로 판단해 볼 수 있다. 하나는 오바마 정부에서 추진된 관련 조치들을 일부 조정을 통해 유지하여 추진하는 경우이고, 다른 하나는 트럼프 대통령의 국정방향에 부응하는 시책을 통해서 제4차 산업혁명 관련 정책효과를 간접적으로 얻는 경우이다. 이상의 내용을 통해서 우리나라에 주는 몇 가지 시사점을 얻을 수 있다.

첫째, 트럼프 정부가 미국의 이익 우선 원칙을 국정운영에 강력하고도 일관성 있게 반영하고 있다는 점이다. 트럼프 정부의 미국우선 원칙은 군사 전략 및 무역의 파트너 국가들에게는 부담이 되고 때로 비판의 대상이 되지만, 미국우선주의의 정책적 의미는 되새겨 볼 필요가 있다. 하나는 우리나라의 제4차 산업혁명 관련 정책에서 대한민국의 이익을 정확하게 설정하고 이를 체계적으로 반영할 필요가 있다는 점이고, 다른 하나는 제4차 산업혁명에의 대응·적응뿐만 아니라 이를 선도하는 것이 우리나라의 중대한 국정 과제라면 이를 위한 대통령의 강력한 리더십이 요구된다는 점이다.

둘째, 트럼프 정부에서 제4차 산업혁명 관련 기술에 대한 정책 개발에 외관상 소극적인 이유는 불분명하나, 미국 기업들이 해당 기술 및 이의 상용화 분야에서 갖는 글로벌 리더십을 그 한 이유로 지목할 수 있다. 이와 관련하여 제4차 산업혁명에 대응하는 우리나라의 기술혁신 정책에서 간접적인 시사점을 몇 가지 제시할 수 있을 것이다. 하나는 종래의 기술선별식(technology-targeting) 혁신정책에 대한 성찰이다. 기술·산업선별식 혁신정책은 성장의 동력을 갖추기 위해 필수적이나 자원을 하나의 기술군에서 다른 기술군으로 재배분하는 것이라는 점에서 자원배분의 효율에 대한 깊은 성찰을 필요로 한다. 또 하나는 이러한 자원 재배분 방식의 정부정책이 실효를 거두기 위해서는 혁신주체들 사이에 자생적인 경쟁과 협력을 통해 혁신이 이루어질 수 있는 혁신생태계 또는 혁신공동체가 활성화 되어야 한다. 이러한 혁신공동체의 활성화는 기술선별적 정책의 탄력성을 증가시켜 정책 효과를 높이는데 기여할 것이다. 즉 정부의 제4차 산업혁명 대응 재정 지원이 단순한 기술개발을 넘어서 이러한 생태계 조성으로 이어질 수 있도록 장기적인 관점에서 고려될 필요가 있다.

셋째, 혁신정책의 가치사슬에 대한 깊은 고려가 필요하다. 미국의 경우

제4차 산업혁명을 위한 정책체제는 물론 기술혁신정책체제도 아직 완료되지 않은 상황에 있지만, 미국우선 원칙을 구현하는 데 중요한 기술혁신의 가치사슬에 대한 검토과정을 진행하고 있다. 이는 제4차 산업혁명에 대한 우리나라 혁신정책의 개발에서도 중요한 시사점을 제시한다. 제4차 산업혁명에 효과적으로 대응하기 위해서는 개발된 기술이 가치를 창출하는 사슬에 대한 체계적인 검토가 요구된다. 특히 여기서 중요한 것은 창출하고자 하는 가치가 무엇인지, 즉 누구의 이익인지 그리고 이것의 실현에서 가치사슬상의 기술적, 행태적, 제도적, 정책적 문제점과 가능성을 발견하려는 노력이 필요하다는 점이다.

끝으로, 미국이 처한 상황과의 차이를 고려할 때, 우리나라에서 중요한 것은 제4차 산업혁명론에서 주장하는 무엇을, 어떻게 우리의 맥락에 가장 적합하게 구성하여 추진하느냐 하는 점이다. 중요한 것은 단순히 관련 기술을 개발하는 문제를 넘어서, 이것을 어떤 방식으로 경제혁신과 사회혁신 등에 활용하느냐의 문제인 것이다. 즉, 과거와 같은 산업 기반 마련을 위한 기술혁신이 아니라, 기술혁신이 경제, 사회, 정치 등의 다양한 영역에서 어떻게 활용될 수 있는 지를 정책화하는 것이 중요하다.

3. 일본

제4차 산업혁명에 대비한 일본의 정책기조는 일본의 강점을 활용한 현실 데이터 활용 및 신로봇 개발과 일본의 약점을 보완할 '글로벌 이슈 해결'의 세 가지 주요 정책을 통해 Society 5.0을 구축하는 것이다. 동경대학의 이토 교수(2017)는 Society 5.0의 핵심 가치를 데이터의 순환으로 보고, 사물인터넷으로 데이터를 수집·전송하고, 인공지능으로 빅데이터를 분석하고, 산업용 로봇으로 현실 세계에 적용시키는 데이터의 순환 속에서 새로운 가치가 창출되는 것으로 보았다. 일본은 특히 자국이 현실 데이터(real data)에 강점이 있다는 점에 주목하여 현실데이터 플랫폼 구축을 통하여 현실데이터가 순환할 수 있도록 핵심 전략을 수립하고 있다.

(1) 정책내용의 혁신

최근 일본이 당면한 가장 큰 사회문제는 자연재해와 저출산·고령화이다. 일본에서는 여기에 대한 대응책으로 현실 데이터 활용을 통하여 자연재해에 신속히 대응하는 한편, 고령자 고용확대와 로봇 활용을 통하여 저출산·고령화에 따른 생산성 저하에 대응하고 있다. 나아가서 일본은 당면한 사회문제뿐만 아니라 운송수단, 스마트 제조, 헬스 케어, 스마트 시티 등 글로벌 이슈 해결에 선제적으로 대처함으로써 제4차 산업혁명에 효과적으로 대응하겠다는 전략을 가지고 있다. 일본의 제4차 산업혁명 대응정책은 이와 같이 자국의 사회문제 해결뿐만 아니라 글로벌 사회가 직면한 문제 해결에 중점을 두는 특징을 보이고 있다.

일본의 경제산업성은 2017년 5월, 일본의 강점을 살리면서 세계의 산업을 선도하기 위해 신산업구조비전을 발표했다. (그림 5-1)에서 보는 바와 같이 일본의 미래 목표상은 Society 5.0의 실현이다. Society 5.0은 개인의 과제를 완전히 해결해 줄 초스마트 사회의 구축과 다양한 사람, 조직, 기계, 기술, 국가가 연결되어 새로운 부가가치를 창출하는 Connected Industries[40])의 구축에 의하여 실현된다.

일본은 제4차 산업혁명을 성공적으로 실현하기 위해 정부 부처별로 다

(그림 5-1) 일본의 신산업구조비전의 조감도

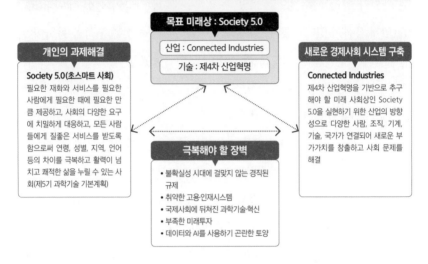

자료 : 産業構造審議会·新産業構造部会(2017).

양한 정책 문건을 발표하고 있다. 내각부 산하의 경제재생본부가 2017년 6월에 발표한 미래투자전략 2017과 경제산업성이 2017년 5월에 발표한 신산업구조비전은 제4차 산업혁명의 산업·경제적 전략을 다룬 포괄적 문건으로 내용면에서 유사하다. 경제산업성은 이 외에도 2015년 5월에 로봇에 특화된 로봇신전략을 발표하기도 하였다.

---

40) Connected Industries는 제조업의 범위를 넘어 사물과 인간, 인간과 기계·시스템, 인간과 기술, 서로 다른 산업에 속하는 기업과 기업, 세대를 초월한 사람과 사람, 제조업자와 소비자 등, 다양한 것들을 연결하는 것을 의미한다(內閣部·經濟再生本部, 2017). 독일의 Industry 4.0, 미국의 Industrial Internet과는 다른 특징이 있다는 점을 강조하기 위해 일부러 영어로 작명한 것으로 보이며, 굳이 번역한다면 연결된 산업 정도로 할 수 있겠지만 이것으로는 원래의 뜻을 살릴 수 없을 것으로 생각된다.

일본의 과학기술정책을 결정하는 최고기구인 내각부 산하 종합과학기술·이노베이션회의는 2016년 1월에 제5기 과학기술기본계획을 발표하면서 최근의 기술변화를 촉발한 새로운 사회상을 Society 5.0으로 명명하고, 일본이 주목하고 있는 주요 정책과제를 소개하였다. 하지만 이들 정책과제들과 제4차 산업혁명의 연결 고리를 찾기는 쉽지 않다. 한편 동 회의는 2017년 3월에 발표한 과학기술이노베이션 종합전략을 통해 Society 5.0의 실현을 위해 과학기술 이노베이션 민관투자 확대 이니셔티브의 착실한 실행과 정부 연구개발 투자목표의 달성을 위한 노력을 강조하였다.

내각관방 고도정보통신 네트워크사회 추진전략본부 산하의 IT종합전략실은 2017년 5월, 세계 최첨단 IT국가 창조선언·관민데이터 활용추진 기본계획을 발표했다. 이 계획에서는 전자·행정 등 8개 중점분야를 정하고, 2020년을 목표로 중점적으로 추진해야 할 시책을 강구하고 있다. 이 계획에는 일본의 강점인 현실 데이터 플랫폼구축을 통하여 제4차 산업혁명의 흐름에 대응하고자 하는 의도가 내포되어 있다.

위에서 살펴 본 바와 같이 제4차 산업혁명에 대비한 일본정부의 정책목표는 정부 기관별로 다양하게 나타나고 있다. 즉 일본은 하나의 전문적 독립기관이 제4차 산업혁명을 전담하는 것이 아니라 산업·경제, 과학기술, IT의 각 측면에서 범부처적으로 포괄적인 접근을 시도하고 있어서 정책 목표도 그만큼 다양할 수밖에 없다.

제4차 산업혁명 정책문건들을 토대로 Society 5.0의 핵심 전략을 도출하면 데이터 활용기반 구축, 연구개발 기반 구축, 혁신생태계 구축, 지역경제 선순환시스템 구축과 글로벌 전개, 규제제도 개선으로 정리할 수 있다. 여기서는 규제제도 개선과 관련하여 일본판 규제 샌드박스 도입 추진에 대하여 중점적으로 살펴본다. 규제 샌드박스는 2016년 영국에서 핀 테크의 활성화를 위해 도입한 일종의 규제 완화 제도이다. 최근 싱가포르. 홍콩, 호주, 말레이시아, 대만 등의 국가들도 핀 테크 활성화를 위해 이 제도를 속속 도입하고 있으며, EU 은행연합(European Banking Federation)도 EU의 모든 국가에 규제 샌드박스를 도입하는 법 개정을 준비하고 있다. 일본은 이 제도를 Society 5.0 실현을 위한 사회 실증 제도로 도입함으로써 다른 어떤 국가들보다 규제 샌드박스 도입에 적극적인 입장을 취하고 있다.[41]

일본의 아베 정부는 획기적 비즈니스 모델이 개발된다 하더라도 기존의 규제에 묶여 신규 사업의 진입이 용이하지 않은 문제점을 해소하기 위해 2013년 국가전략 특구를 창설하였으며, 이어 2014년에는 그레이존 해소 제도 및 기업실증 특례 제도를 도입하였다. 이들 제도는 기업이 스스로 규제 재검토를 제안할 수 있는 참신한 규제완화 제도였지만, 정부 소관부처와의 조정 비용이 많이 든다는 단점을 지니고 있었다. 일본판 규제 샌드박스는 이러한 일련의 규제 완화를 위한 노력 끝에 나온 제도로 현행법의 규제를 일시 정지시키고 국가전략 특구법 개정을 통해 국가전략 특구 내에서 새로운 기술에 대한 실증 실험을 통하여 규제 개혁에 필요한 데이터를 확보하기 위한 제도이다. 아베 정권은 초기에는 여느 국가들과 마찬가지로 핀 테크 영역에만 규제 샌드박스를 적용하다가 최근에는 그 적용 영역을 인공지

---

41) 한국은 2018년 10월 국무회의에서 정보통신융합법 등 3개 법의 개정공포안을 의결함으로써, 한국형 규제 샌드박스를 도입하였다. 이 법률 개정안은 2019년 1월 ~ 4월 중 시행될 예정이다. 신기술, 신산업 분야의 새로운 제품이나 서비스에 대해 일정기간 동안 규제를 면제하거나 유예시켜 주는 것 등을 포함하고 있다.

능, IoT, 스마트시티 등의 첨단 기술 분야로 점차 확장시키고 있다. 일본판 규제 샌드박스의 특징은 실증 우선주의로 기존의 규제 틀에 적합한지를 심사하는 제도가 아니라 Try First를 취지로 한다. 그리고 지방정부가 아닌 중앙정부의 일원적 관리 체제 구축과 사후적 지원과 검증에 제도의 중점을 둔다. 이러한 방향성은 제4차 산업혁명 초기 대응 과정에서 참고할만한 사항이라 판단된다.

(2) 정책적 시사점

일본 정부의 제4차 산업혁명에 대한 대응 전략으로부터 도출할 수 있는 시사점을 제시하면 다음과 같다. 첫째, 제4차 산업혁명 초기 대응단계에서는 데이터 활용기반 플랫폼 구축을 정부 역할로 인식할 필요가 있다는 점이다. 기업은 데이터 기반의 명확한 비즈니스 모델이 존재하지 않으면 그 속성상 데이터 활용기반 구축에 관심을 갖지 않는다. 따라서 국가적으로 추진해야 할 주요 전략분야에 대해서는 협조영역과 경쟁영역을 명확히 설정하고 추진주체를 지정하여 데이터 플랫폼을 구축할 필요가 있다.

둘째, 일본정부는 정부와 민간의 원활한 데이터 순환을 위해 정부부처간에 협력체계를 갖추고 있는 것은 물론 중앙정부와 지방정부간, 지방정부간, 정부기관과 민간사업자간 종합 연계체계를 갖추고 있다. 한국의 경우에도 정부부처간, 중앙-지방정부간, 지방정부간, 정부-민간사업자간의 긴밀한 연계관계 구축은 물론 국제표준 및 다양한 규칙 구축에도 노력을 기울일 필요가 있다.

셋째, 일본의 규제개혁을 위한 제도인 목표역산(目標逆算) 로드맵, 돌파구 프로젝트 등의 제도를 긍정적으로 검토할 필요가 있다. 목표역산 로드맵은 정부의 규제나 제도의 정비시기 및 방법에 대한 예측가능성을 높여 민간 투자를 촉진하는 역할을 수행하기 때문이다.

넷째, 제4차 산업혁명형 제품 및 서비스를 특정하고, 해당 타겟 영역에 대해서는 정부 차원에서 적절한 예산 조치를 강구하는 한편, 관련 기업에 대해서는 R&D 세제 혜택을 부여하는 방안을 검토할 필요가 있다.

마지막으로 우리나라의 제4차 산업혁명위원회가 비록 독립적인 위원회 형태를 띠고 있다하더라도 이 위원회를 중심으로 여타 정부기관들이 체계적 연계 관계를 유지하는 것이 매우 중요하다는 사실을 일본의 사례를 통해서 살펴볼 수 있다.

4. 중국

(1) 정책내용의 혁신

홍콩의 중문대 랑시안핑(郎咸平) 교수는 4차 산업 이후 중국은 무엇을 남길 수 있을까?라는 기고문[42]에서 최근 중국 제조업을 살리기 위한 당면한 문제점을 세 가지로 분석하였는데, ① 2008년 이후 중국 제조업의 평균 임금이 71% 상승하는 등 노동력 생산원가의 대폭 상승, ② 융자금 조달 비용, 전기, 에너지, 물류, 토지 등 기타 요소 비용의 부단한 증가, ③ 구미(歐美) 첨단 제조업의 중국 철수 등으로 분석하였다.

중국의 시진핑 주석은 2014년 말 양적 성장에서 질적 성장으로의 패러

---

42) 愛思想(2015), "郎咸平：第四次产业转移后，中国还能剩下什么?".

다임 전환을 추구하는 신창타이(新常態: new normal) 시대의 개막을 선언하였으며, 이어 리커창 국무원 총리는 2015년 5월에 향후 2025년까지 중국 제조업 혁명의 근간이 되는 국가 계획으로서 '중국제조 2025'와 '인터넷 플러스'를 발표하였다.

중국제조 2025는 산업정책 추진의 기본원칙으로 ① 정부의 시장 주도 유도, ② 현재에 입각한 미래 지향, ③ 총체적 추진, 중점 돌파, ④ 자주적 발전, 개방적 협력을 통해서 제조업의 체질을 첨단기술 기반으로 획기적으로 개선하고, 전통산업에 ICT 기술을 접목함으로써 새로운 성장동력을 창출한다는 전략이다(國務院, 2015a).

중국제조 2025의 정책 기조는 2015년 6월 개최된 제11차 중국산업포럼(第十一屆中國工業论坛)에서 마오위밍(毛伟明) 공업화신식화부 차관이 밝힌 바와 같이, 중국의 제조업 생산성 제고는 스마트 제조, 서비스 제조, 녹색 제조, 인재 육성을 망라한 산업경쟁력 제고로 요약된다.

중국제조 2025는 전체 제조업 대상의 공통적인 목표를 ① 혁신에 의한 구동, ② 품질 우선, ③ 녹색 발전, ④ 구조 최적화, ⑤ 인재 양성으로 설정하고 있다. 이를 달성하기 위한 목표는 3단계로 나뉘는데, 1단계는 10년 내에 제조강국 진입을 위한 발판을 마련하는 것으로 2025년까지 중국 제조업의 수준을 독일, 일본 단계로 제고하는 것이다. 2단계는 2035년까지 제조업의 수준을 글로벌 제조강국의 중간수준까지 높이는 것이다. 마지막 3단계는 2035년부터 건국 100주년을 맞이하는 2049년까지 주요 산업에서 선진적 경쟁력을 갖추어 세계시장을 혁신적으로 선도하는 세계 제조업 제1강국으로 발돋움하는 것이다.

중국은 또한, 중국제조 2025 실행을 위한 정책수단으로서 시범지역 사업을 적극적으로 추진하고 있다. 2017년 11월 발표된 국무원의 중국제조 2025 국가 시범지구 건설 통지에는 중국제조 2025의 시행을 가속화하고, 새로운 방식 및 실물경제모델, 특히 제조업 전환 및 업그레이드를 모색하기 위한 지역의 노력을 장려하고 지원하기 위해 중국제조 2025 국가 시범지구 건설 착수에 대한 내용을 담고 있다(国务院办公厅, 2017). 이외에도 중국제조 2025의 정책수단으로서 시스템 개혁의 심화, 공정한 경쟁시장 환경 조성, 금융완화정책 시행, 재정정책 지원, 다층적 인재양성체계 완비, 중소기업 정책 개선, 제조업의 대외 개방 확대, 조직의 집행 메커니즘 완비 등 8가지 분야의 전략적 지원방안을 마련하였다.

인터넷 플러스는 세계 인터넷 트렌드에 발맞춰 중국 인터넷의 규모와 응용 우위를 활용해 인터넷을 소비 부문에서 생산 영역으로 넓혀 산업 발전을 촉진하고, 나아가 창조적 성장을 유도해 나가겠다는 전략인 인터넷 플러스는 ① 개방 견지, ② 융합혁신 견지, ③ 변혁 견지, ④ 영역 및 분야의 한계 극복 견지, ⑤ 안전한 질서 유지 견지 등을 원칙으로 제시하고 있다(國務院, 2015b).

인터넷 플러스는 명칭에서도 알 수 있듯이, 현재의 중국 인터넷 성장세를 감안할 때 세계 최고의 인터넷 산업국가로 미국을 능가할 수 있다는 자신감에서 나왔으며, 중국제조 2025의 목표를 달성하는 핵심 수단으로 이해할 수 있다. 인터넷 플러스의 정책기조는 2015년 7월에 발표한 인터넷 플러스 행동을 적극적으로 추진하는 국무원의 의견의 기본원칙(工业和信息化部, 2015)에 나타나 있으며 개방 견지, 융합 견지, 변화 개조 견지, 선도 견지 및 안전질서 견지로 요약된다.

2025년을 목표 연도로 설정하고 있는 인터넷 플러스는 ① 인터넷을 통한 제조업, 농업, 에너지, 환경 보호 등의 산업분야에서 생산성 향상과 인터넷뱅킹 활성화를 통한 전자상거래 등 경제 활성화에 기여하는 경제발전, ② 건강의료, 교육, 교통 등 민생분야에서의 인터넷 활용 확대와 온-오프라인의 긴밀한 결합을 통한 공공서비스의 활성화 및 보편화, ③ 차세대 모바일 통신망, 차세대 초고속 인터넷망 활성화와 사물인터넷망, 클라우드 컴퓨팅 등 새로운 인프라 구축, 인공지능 등의 기술과 산업화 능력의 향상, ④ 사회 통합에 대한 사회적 인식의 확산, 인터넷 융합 발전에 직면한 체제 메커니즘의 장애 해소, 공공 데이터 자원 개방의 실질적 진전, 관련 표준 규범과 신용 체계, 법률 법규의 점진적 개선을 정책 목표로 하고 있다.

인터넷 플러스 행동을 적극적으로 홍보하는 국무원 의견에는 인터넷 플러스 목표 달성을 위해 발전기반 마련, 혁신 강화, 여유로운 환경 조성, 해외협력 확대, 지력(智力) 건설 강화, 유인책 마련 등 6개 분야의 지원방안이 제시되어 있다.

2017년 11월 3일에 국가발전개혁위원회는 인터넷 플러스 조직 행동 구현의 효과성 평가 통보를 통하여 베이징시, 상하이시, 장쑤성, 광둥성, 구이저우성 등 6개 지역의 인터넷 플러스 정책 이행에 대한 그동안의 성과평가 결과가 양호한 것으로 잠정 집계됐다고 발표하였다(国家发展改革委办公厅, 2017). 그리고 11월 27에는 인터넷 플러스 첨단제조업의 발전을 심화시키는 공업 발전에 관한 지도 의견을 발표하여, 인터넷은 네트워크, 플랫폼, 안전 3대 기능 체제를 구축하고, 사람과 기계, 사물 전반을 아우르는 새로운 인터넷 인프라를 구축해 스마트폰과 네트워크를 형성하여 인터넷 강국을 구축하는데 필요한 정책방안을 제시하였다(国务院, 2017).

(2) 정책적 시사점

2014년 10월 리커창 총리가 독일을 방문하여 중국-독일협력플랫폼(中德合作行动纲要)을 발표하였으며, 2015년 6월에는 중국 심양에 중국제조 2025와 독일 Industry 4.0 합작시험구를 조성하는 계획을 발표하였다. 또한 최근 2017년 7월에는 시진핑 주석이 독일을 방문하여 양 국가의 전략 추진을 위한 상호 지원과 협력을 강조하였다. 중국의 공업화신식화부 국제 협력국 자오웬치(赵文智) 부국장은 중국제조 2025와 독일 인더스트리 4.0의 전략적 사명과 핵심 이념이 일치한다(中國製造 2025 미디어링크, 2016)고 말하는 등 중국의 전문가들은 중국제조 2025가 독일 인더스트리 4.0의 중국어 버전으로 인식할 정도로 두 전략은 많은 공통점을 가지고 있다. 양 국은 전략적 목표를 제조업에서 미국을 극복하는 것으로 동일하게 제시하고 있으며, 목표 달성 시점도 거의 동일하게 설정하고 있다. 이와 같이 중국 은 독일 인더스트리 4.0와의 유기적 융합을 통하여 중국제조 2025의 목표를 실현하는 중대한 전략적 선택을 한 것으로 생각된다.

2017년 10월 광저우시는 차세대 정보기술(IT)산업 중점 육성 사업에 초점을 맞추어 8대 중점 분야(지능형 장비 및 로봇, 차세대 정보기술, 바이오 신약 및 건강의학, 지능형 신에너지차, 신소재, 신에너지, 도시 소비산업, 생산성 서비스업)를 육성하는 중국제조 2025 시범도시 프로그램 실시 계획을 발표하였다.

이상과 같이 중국이 중국제조 2025와 인터넷 플러스를 중심으로 추진하고 있는 4차 산업혁명 관련 국가계획이 주는 가장 중요한 시사점은 제조업 강국인 독일과의 협력사업과 시범지역 선정을 통한 실증사업을 중점적으로 이행하고 있는 것이다. 2015년 5월부터 본격적으로 시작한 중국의 4차 산업혁명 관련 정책은 현 시점에서 소기의 성과를 거두고 있다고 볼 수 있으며, 이러한 평가는 2017년 9월 포브스지(Forbes) 기고문을 통해서 알 수 있다. 기고문에서는 3년 만에 중국을 대량, 저비용 제품의 세계 선두주자에서 품질 및 혁신분야의 선두주자로 옮기고자 하는 중국제조 2025의 이니셔티브가 효과를 거두고 있음을 보여주는 증거가 있다라고 하면서 2016년 글로벌혁신지수(Global Innovation Index), 생산력, 품질 등 3가지 증거를 제시한 바 있다(Lawton, 2017).

5. 한국

우리나라는 독일의 인더스트리 4.0 정책 추진에 영향을 받아 2014년 6월에 제조업 혁신 3.0전략을 마련하면서 제4차 산업혁명 관련 정책이 시작되었다. 2015년 3월에는 '미래성장동력-산업엔진 종합실천계획'을 발표하여 지능형 로봇, 스마트자동차, 사물인터넷 등 19대 미래성장동력에 대한 연구개발과 신산업 육성을 강화하기로 하였다. 이를 바탕으로 2016년 12월, 지능정보사회 중장기 종합대책을 수립하면서 인간중심의 지능정보사회를 실현하자는 정책기조 하에 기술·산업·사회 측면의 전략과제 및 목표를 설정한 바 있다.

2017년 5월에 문재인 정부가 출범한 후에는 동년 6월 2018년도 정부연구개발사업 예산 배분·조정(안) 수립, 동년 7월 문재인 정부 국정운영 5개년 계획 수립, 동년 11월의 4차 산업혁명 대응계획 수립 및 2018년 2월 제4차 과학기술기본계획(2018~2022)(안) 수립 등 4차례에 걸쳐 제4차 산업혁명과 관련된 현 정부의 정책 추진내용이 확정되었다.

첫째, 2018년도 정부연구개발사업 예산 배분·조정(안)에 따르면, 제4차 산업혁명의 전략적 투자범위를 기초과학, 핵심기술, 기반기술, 융합기술, 법·제도 등 5대 영역으로 설정하고, 영역별 기술·시장 특성과 미래성장동력(19대), 국가전략프로젝트 등 기존 국가성장동력사업 등을 종합적으로 검토하여 투자한다고 밝혔다. 이 배분조정에서 특이점은 제4차 산업혁명에 대응하는 새로운 투자모델로 (가칭)패키지 지원 방식을 도입하는 점이다. 전략적 육성이 시급한 분야를 패키지 단위로 선정하여 2018년도에는 자율주행차, 정밀의료, 미세먼지의 3개 분야에 시범 적용하고, 향후 적용대상을 확대할 계획을 밝혔다.

아울러, 정부는 4차 산업혁명 시대에 걸맞는 투자와 인력확충에 나서는 기업에 세제 혜택을 주는 방안을 중장기 조세정책 과제에 포함하였다. 신성장동력·원천기술 R&D 세액공제 대상 기술에는 당초 11개 분야(36개 세부분야) 155개 기술에 소화면 AMOLED 부품 ·소재 ·장비 제조기술 등 3개 기술이 추가되었다. 즉, 세제혜택을 적용받는 분야는 ① 미래형 자동차, ② 지능정보, ③ 차세대 SW 및 보안, ④ 콘텐츠, ⑤ 차세대 전자정보 디바이스, ⑥ 차세대 방송통신, ⑦ 바이오·헬스, ⑧ 에너지신산업·환경, ⑨ 융복합소재, ⑩ 로봇, ⑪ 항공·우주 산업 등이다. 정부는 해당 과세연도에 신성장동력 관련 연구·인력개발비가 있는 경우 그 합한 금액의 30%를 법인세에서 공제해 주고 있으며, 이는 제4차 산업혁명이 미래 먹거리로 떠오르면서 관련 산업을 육성하자는 취지이다.[43]

---

43) 4차 산업혁명기술 세제지원 확대, R&D 세액공제 대상에 차세대반도체 등 3개 기술 추가…국무회의서 세법 시행령안 심의·의결, e시사저널(2017.1.31.).

둘째, 2017년 7월에 발표된 문재인 정부 국정운영 5개년 계획에서는 5대 국정목표중 하나로 더불어 잘사는 경제를 표방하고, 제4차 산업혁명을 선도하기 위해 과학기술의 발전과 미래 성장산업의 적극적 지원을 제시했다. 특히, 창의적 벤처기업과 혁신적 창업자를 육성하겠다는 기조를 통해 국가비전인 국민의 나라, 정의로운 대한민국을 건설하겠다는 의지를 나타내고 있다. 이를 위해 정부는 제4차 산업혁명을 촉발하는 초지능·초연결 기술(AI, IoT, 5G 등)을 확산하고, 핵심기술 개발, 신산업 육성을 통해 일자리 및 성장동력을 확보한다는 계획을 제시했다.

특히, 정부는 저성장 고착화 및 사회문제 심화문제 해결을 위해 경제성장과 사회문제 해결을 동시에 달성하는 사람 중심의 4차 산업혁명을 강조하고 있다. 이에 맞춰 신사업·신성장동력에 대한 새로운 정책의제를 발굴하여, 제도·인프라·사회·문화 등 전체적 시각에서 통합된 정책을 지향하고 있다. 특히, 상품·서비스의 생산, 유통, 소비의 전 과정에서 모든 것이 연결되고 지능화되는 것을 경제성장의 원동력으로 삼고 있다.[44]

셋째, 2017년 11월 관계부처 합동으로 만든 4차 산업혁명 대응계획에서는 '모두가 참여하고 모두가 누리는 사람 중심의 4차 산업혁명 구현'을 비전으로 정하였다. 이러한 비전을 구체화하기 위해서는 (그림 5-2)와 같이

---

[44] 문재인 대통령은 이러한 가치에 대해서 2017년 11월 4일 4차 산업혁명위원회 회의에서 다음과 같이 말한 바 있다. "4차 산업혁명 역시 사람이 중심이 되어야 합니다. 지능정보화사회로의 발전은 우리의 생활을 편리하고 효율적으로 바꿔주는 한편, 일자리 파괴, 디지털 격차 등 또 다른 경제적 불평등의 우려가 큽니다. 4차 산업혁명 정책을 논의하는 과정에서 일자리에 미치는 영향을 면밀히 검토해 주십시오. 새로운 산업, 새로운 기업에서 더 좋은 일자리를 만들어 내는 정책을 모색해 주시기 바랍니다. 아울러, 노인, 장애인, 여성 등 취약계층이 변화과정에서 소외되지 않도록 정책적 배려가 있어야 하겠습니다."

지능화 혁신으로 다양한 신산업 창출, 튼튼한 주력산업 육성 등의 기본 방향 하에, 지능화 혁신 프로젝트 추진, 성장동력 기술력 확보, 산업 인프라·생태계 조성, 미래사회 변화 대응이라는 네 가지 추진과제를 설정하였다.

　현 정부의 이러한 중점 추진방향은 '기술혁신 → 산업 부가가치 제고 → 일자리 창출 → 사회혁신'이라는 정책의 선순환을 지향하면서, 규제체계의 유연성·민첩성을 확보해 신기술기반의 신산업창출을 강화하는 방향성을

(그림 5-2) '4차 산업혁명 대응계획'상의 비전 및 추진과제

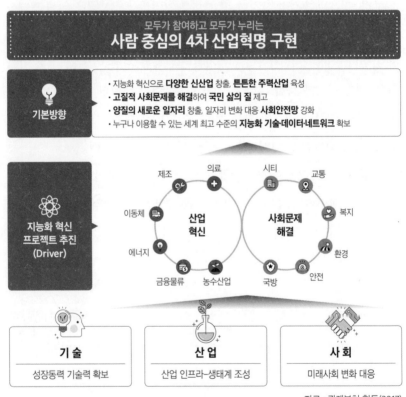

자료 : 관계부처 합동(2017)

가지고 있다. 무엇보다 양적인 경제성장 추구에서 벗어나 국민 삶의 질적인 수준을 높이고, 경제·사회 전반의 혁신을 일으킬 수 있는 핵심 기술경쟁력 확보를 목표로 한다. 이를 위해 '4차 산업혁명 대응계획'의 추진과제는 기술, 산업, 사회의 세 가지 측면을 중심으로 정책과제를 내세운다. 특히, 지금까지 비교적 소홀히 했던 사회문제 해결을 목표로 공공·사회 분야의 지능화 혁신을 통해 국민의 삶을 질적으로 높이는 정책을 강화하고 있다. 그 일환으로, 쇠퇴하는 도심의 다양한 문제 해결과 국민의 삶의 질 개선을 위해 스마트 기술을 접목한 스마트 도시재생 뉴딜 추진(2018~2022)이나, 교통안전시설물 규제정보를 자율주행자에 실시간 전달하여 자율주행자의 안전 운행을 지원하는 정책 등을 새롭게 추진할 계획이다.

넷째, 2018년 2월에는 제4차 과학기술 기본계획(2018~2022)이 수립되었다. 이 기본계획은 5년마다 수립하는 정부의 과학기술분야 최상위 계획으로 이번 기본계획은 5년 단위 계획에서 벗어나 2040년을 향한 장기적 관점에서 비전을 수립하고 이를 5개년 계획과 연계하는데 중점을 두었다. 정부는 과학기술로 달성하려는 2040년의 미래모습을 풍요로운 세상, 편리한 세상, 행복한 세상 그리고 자연과 함께하는 세상 등 네 가지로 설정하고 연구자·기업·국민·혁신생태계의 모습을 구체적인 44개 지표로 제시했다. 특히, 연구자 중심의 연구개발(R&D) 강화를 통한 장기적 성과 추구 및 융합과 협력이 활발한 혁신생태계 조성을 통한 일자리·신산업 창출에 역점을 두고 있다.

이 기본계획은 지금까지 수립되어진 제4차 산업혁명 관련 계획에 비해 장기적이면서 모든 혁신주체들을 대상으로 하는 광범위한 상위 정책과제들을 많이 포함하고 있다. 인류사회 및 우리나라의 난제 해결, 과학문화 및 국민의 행복한 삶 창출, 열린 국가R&D시스템으로의 전환 등 거시적인 정책 방향이 강조되고 있다. 이러한 거시적인 정책방향을 중심으로 제4차 산업 혁명에 대응하는 중점 과학기술의 개발 계획도 강화하고 있다. 기본계획 실현을 위한 중점 과학기술 개발을 위해 11개 대분류를 통해 120개 중점기술을 도출했으며, 인공지능, 스마트시티, 3D프린팅, 대기오염 대응 등 12개 신규기술을 반영했다. 이 외에, 제4차 산업혁명 시대의 신과학문화산업 육성(제4차 산업혁명 기반 첨단기술 콘텐츠 개발 및 과학놀이 산업 등), 국민 참여 확대 및 과학기술계의 사회적 역할 강화, 주체간·분야간 융합연구 활성화, 모든 혁신주체의 창업활성화, 지역 주도 지역혁신시스템 확립 등의 과제를 새롭게 강조하고 있다.

우리나라가 추진하고 있는 제4차 산업혁명 관련 정책을 종합적으로 살펴보면, 주요 선진국과 마찬가지로 제4차 산업혁명을 경제성장의 원동력으로 삼고, 과학기술 및 ICT를 중심으로 새로운 신성장동력 발굴에 힘쓰고 있음을 알 수 있다. 특히, 지능화 기술을 중심으로 기술·인프라 생태계 혁신을 유발하되 '사람 중심 혁신성장'을 정책의 중심으로 두고, 성장과 사회 이슈의 단절을 해결하는 새로운 성장전략을 추구하는 것이 특징이라고 볼 수 있다. 이를 위해 기술혁신, 산업혁신 및 사회혁신이 선순환 구조를 이루는 혁신생태계를 촉진시키는 것 또한 정책의 주요 방향이다. 특히, 일자리 문제, 환경·교통문제, 저출산·고령화 문제 등 사회 난제와 기술혁신이 연계된 국가적 차원의 연구개발 투자에 힘쓰고 있다. 나아가, 질적 수준에서의 경제성장을 목표로 향하고 있는 만큼 국민의 삶과 행복, 사람 중심의 과학기술 정책방향에 우선순위를 두고 있다.

📋 참고문헌

관계부처 합동 (2017), "혁신성장을 위한 사람중심의 4차 산업혁명 대응계획".

관계부처 합동 (2018), "2040년을 향한 국가과학기술 혁신과 도전-제4차 과학기술기본계획(2018 ~ 2022)(안)-".

국가과학기술심의회 (2017), "2018년도 정부연구개발사업 예산 배분·조정(안)".

국정기획자문위원회 (2017), 「문재인정부 국정운영 5개년 계획」.

김은 외 (2017), 「4차 산업혁명과 제조업의 귀환」. 클라우드 나인.

미래창조과학부 (2016), 「지능정보사회 중장기 종합대책」.

성지은 외 (2016), "국내 리빙랩의 현황과 과제". STEPI Insight, 184호.

엄석진 (2017), "제4차 산업혁명 시대의 행정혁신", 「The KAPS」, 제48호, 한국정책학회.

여시재 (2017), "노동 4.0 백서(2017년 1월 독일어판 요약 번역)".

정준화(2017), "규제와 혁신의 관계와 오해: 4차 산업혁명 논의를 중심으로", 한국정책학회 2017 춘계학술대회 발표 논문.

황종성 (2017), "인공지능시대의 정부 : 인공지능이 어떻게 정부를 변화시킬 것인가?", IT & Future Strategy 3호, 한국정보화진흥원.

AAAS (2017), "FY 2018: R&D Appropriations Dashboard". www.aaas.org.

BITCOM/VDMA/ZVEI (2016), *Implementation strategy Industrie 4.0 Report on the results of the Industrie 4.0 Platform.*

BMAS(Bundesministeium für Arbeur und Soziales) (2016), *Weissbuch arbeit 4.0.* Diskussionsentwurf, Berlin. (http://www.bmas.de/DE/service/Medien/publikationen/a883-weissbuch. html).

Deloitte University Press (2017), *"Ai-augmented government : Using cognitive technologies to redesign public sector work".*

Executive Office of the President (2016), Artificial Intelligence, Automation and the Economy. 2016.12.20.

Harari, Yuval Noah (2017), "Are we about to witness the most unequal societies in history?" the guardian, (24 May 2017).

Itoh, M. (2017), "Japan's Strategic Approaches to the Impact of the Fourth Industrial Revolution", 2017 STEPI International Symposium, 2017.5.12.

Kagermann, Henning et al. (2016), *Industrie 4.0 in a Global Context: Strategies for Cooperating with International Partners.*

Kuhn, Thomas (1962), *The Structure of Scientific Revolution*, University of Chicago Press.

Lawton, Jim (2017), "In The Race To Advance Manufacturing, China Is Betting On Robots", Forbes, (21 September 2017).

NHTSA (2017), "AUTOMATED DRIVING SYSTEMS 2.0 : A Vision for Safety. Department of Transportation". https://www.nhtsa.gov/sites/nhtsa.dot.gov / files/documents/13069a-ads2.0_090617_v9a_tag.pdf (1 August 2017).

Office of Management and Buget (2017a), A New Foundation for America Greatness.

Office of Management and Buget (2017b), America First: A Blueprint to Make America Great Again.

PCAST (2016), National Network of Manufacturing Innovation Program Strategic Plan.

UBS (2016), "Extreme automation and connectivity: The global, regional and investment implications of the Fourth Industrial Revolution", UBS White paper for the World Economic Forum Annual Meeting 2016.

White House (2017a), "An America First Energy Plan, https://www.whitehouse .gov/america-first-energy" (1 August 2017).

White House (2017b), "Bringing Back Jobs And Growth", https://www.whitehouse. gov/bringing-back-jobs-and-growth (1 August 2017).

White House (2017c). "Memorandum for the Heads of Executive Departments and Agencies (January 20, 2017). https://www.whitehouse.gov/the-press -office/2017/01/20/memorandum-heads-executive-departments-and- agencies (1 August 2017).

White House (2017d), "Presidential Executive Order Establishing a Presidential Advisory Council on Infrastructure", https://www.whitehouse.gov/the-press–office/2017/07/19/presidential-executive-order-establishing-presidential-advisory-council (1 August 2017).

White House (2017e), "Presidential Executive Order on the Continuance of Certain Federal Advisory Committees", https://www.whitehouse.gov/the-press-office/2017/09/29/presidential-executive-order-continuance-certain-federal-advisory (1 August 2017).

White House (2017f), "Remarks by President Trump During Roundtable with the American Technology Council (June 19, 2017)", https://www.whitehouse.gov/the-press-office/2017/06/19/remarks-president-trump-during-roundtable-american-technology-council (1 August 2017).

White House (2017g), "Trade Deals That Work For All Americans", https://www.whitehouse.gov/trade-deals-working-all-americans (1 August 2017).

産業構造審議会·新産業構造部会 (2017),「新産業構造ビジョン」概要版.

産業構造審議会·新産業構造部会 (2017),「新産業構造ビジョン」全體版.

內閣部·經濟再生本部 (2017),「未来投資戦略2017–Society 5.0の実現に向けた改革-」, 2017.6.9.

內閣部·閣議決定 (2017),「科学技術イノベーション総合戦略 2017」, 2017.6.2., http://www8.cao.go.jp/cstp/sogosenryaku/2017/honbun2017.pdf, 2017.7.14. 출력.

內閣官房·IT総合戦略室 (2017), 「世界最先端IT国家創造宣言・官民データ活用推進基本計画」, http://www.itdashboard.go.jp/Achievement, 2017.5.20. 개정, (2017.7.10. 출력).

産業構造審議会 (2016), 「新産業構造ビジョン」～第４次産業革命をリードする日本の戦略～, 経済産業省, 資料 5 -1, 2016.4.27.

産業構造審議會·新産業構造部會事務局 (2017), 「新産業構造ビジョン(一人ひとりの, 世界の課題を解決する日本の未来)」, 2017.5.30. http://www.nikkei.com/article/DGXLZO16534080X10C17A5EA1000,(2017.7.14. 출력).

日本文部科學省·科學技術-學術審議會 (2016), 科學技術·イノベ-ション政策に關聯する主な檢討體制について, 資料 2-1, 2016.9.26.

日本経済新聞 電子版 (2017), "第４次産業革命へ法整備 政府, 関連制度を一括改正",

2017.5.18.

經濟産業省 (2015), ロボット新戦略 (ロボット革命実現会議とりまとめ) を公表します, 2015.1.23, http://www.meti.go.jp/press/2014/01/20150123004/20150123004.html, (2017.7.13. 출력).

愛思想 (2015), "郎咸平：第四次产业转移后，中国还能剩下什么?", (2015.11.22.).

工业和信息化部 (2015), "国务院关于积极推进"互联网+"行动的指导意见", http://www. miit.gov.cn/n1146290/n1146392/c3299041/content.html (19 October 2017).

国家发展改革委办公厅 (2017), "国家发展改革委办公厅关于组织开展"互联网+"行动实施效果评估工作的通知", http://www.ndrc.gov.cn/gzdt/201711/t20171121_867361.html (20 December 2017).

国务院 (2015a), "中國製造 2025", http://www.miit.gov.cn/n11293472/n11293877/n16553775/n16553792/16594486.html (19 July 2017).

国务院 (2015b), "国务院关于积极推进"互联网+"行动的指导意见", http://www.gov.cn/ zhengce/content/2015-07/04/content_10002.htm (19 July 2017).

国务院 (2017), "国务院关于深化"互联网+先进制造业"发展工业互联网的指导意见", http://www.gov.cn/zhengce/content/2017-11/27/content_5242582.htm (20 December 2017).

国务院办公厅 (2017), "国务院办公厅关于创建"中国制造2025"国家级示范区的通知", http://www.gov.cn/zhengce/content/2017-11/23/content_5241727.htm (20 December 2017).

中國製造 2025 미디어링크 (2016), "国务院2025"与"德国工业4.0"开辟合作试验区", http://www.miit.gov.cn/n973401/n1234620/n1234634/c3830928/content. html (19 October 2017).

"

Integrated Innovation for the Future of Korea

"

제 6장

대한민국의 미래를 위한
통합 혁신

황병상 외

* 이 장의 내용은 황병상이 5개 분과에서 수행된 연구결과 중에서 정책혁신(정책과정+정책내용)의 내용을 통합 혁신의 관점에서 종합·정리한 것이다.

우리나라는 지난 50여 년 동안 추격형 모방전략을 통해 고도의 경제성장을 이루어 원조 받는 나라에서 원조를 하는 나라로 발전했다. 외국으로부터는 산업화와 민주화에 동시에 성공한 나라로 인정받고 있다. 그러나 2008년 세계 금융위기로 경제 상황이 바뀌어 2010년대부터 연평균 2~3% 대의 저성장 국면에 접어들었으며, 현대경제연구원(2018)의 추정에 따르면 잠재성장률도 2016~2020년 2.7%에서 2021~2025년 2.3%, 2026~2030년 2.0%까지 하락할 전망이다. 그러나 이런 환경을 타개해 나가기 위한 뚜렷한 미래성장동력은 보이지 않는 상황에 처해 있다.

여기서 산업혁명을 태동하고 발전시킨 영국의 사례를 하나 살펴보는 것은 우리가 가려고 하는 길에 많은 통찰력과 시사점을 줄 것으로 보인다. 제1차 산업혁명의 발상지를 정확히 어디라고 특정하기는 쉽지 않지만, 영국 중부 스롭셔(Shropshire)의 세번강(Severn River)의 협곡을 가로 지르는 아이언 브리지(The Iron Bridge)는 종종 산업혁명의 스톤헨지에 비유되는 곳이다. 산업혁명의 기반이 되었던 것이 철(鐵)인데, 바로 이 지역에서 1709년에 새로운 제철기술이 개발되었고 그 기술을 바탕으로 1779년에 세계 최초로 철로 만들어진 다리가 바로 이 것이기 때문이다.

여기에는 다비(Darby) 가문의 3대에 걸친 노력과 혁신의 과정이 축적되어 있다. 먼저 아브라함 다비(Abraham Darby, 1678~1717)는 바로 이 지역의 콜브룩데일(Coalbrookdale)이라는 마을에서 용광로를 만들어 코크스 제철법이라는 새로운 기술을 개발하여 철을 생산하였다. 이것은 종래의 목탄 제철법에서 한 걸음 더 나아가 석탄을 코크스로 만들고 그것을 연료로 하여 철을 대량으로 생산하는 방법이었다. 석탄은 바로 계곡 양쪽에 있는 드리프트 광산에서 가져온 것이다. 콜브룩데일을 중심으로 수많은 용광로가 생겼으며 석탄과 철광석이 채광되었고 운하가 만들어져 가히 산업혁명의 중심지로 성장하였다.

그의 성과는 이후에 아들과 손자에 의해 더욱 개선되었다. 아브라함 다비 2세(1711~1763)의 콜브룩데일 회사는 철을 이용하여 증기엔진용 실린더에 사용하는 값 비싼 황동을 대체하였으며, 코카인 선철을 미관 단조를 위한 공급 원료로 사용하는 매우 중요한 혁신을 이루었다. 아브라함 다비 3세(1750~1791) 역시 콜브룩데일의 제철소를 더욱 발전시켰을 뿐만 아니라 아이언 브리지[45]를 건설하였다.

이 다리는 주철(鑄鐵; cast iron)로 만들어 졌는데, 철교를 만드는 것이 처음이다 보니 당초에는 목재다리 설계양식을 따라 시작했고 철제의 무게

---

45) 이 다리는 건축가인 토머스 프리차드(Thomas Farnolls Pritchard)가 철교 건설을 제안한 후, 아브라함 다비 3세가 당시의 유명한 기술자이자 기업가인 존 윌킨슨(Jhon Wilkinson)과 함께 건설한 것이다. 이 다리는 전체 길이가 42.7미터이고, 철제 부분은 30.6미터이다. 이 철교는 이후에 건설된 스코틀랜드 포스만의 포스교(Forth Bridge, 1890년 완공), 우리나라 한강철교(1900년 완공), 호주의 시드니 하버 브리지(Sydney Harbour Bridge, 1932년 완공) 및 미국 샌프란시스코 금문교(1937년 완공)의 효시이다. 아이언 브리지 계곡 일대는 유네스코에 의해 1985년에 세계 문화유산으로 지정되었다.

때문에 설계를 바꾸기도 하고, 철제 자체를 개량하기도 하는 등 많은 시행착오 끝에 완성한 것이다. 다비 가문의 사람들은 아무도 시도한 적이 없는 일을 추진하여 혁신을 완성하였다. 새로운 제철기술을 개발했고, 그 기술을 발전시켰으며, 당시까지 역사 상 어느 국가도 어느 누구도 시도하지 않았던 철로 다리를 만드는 것을 성공시켰다는 점이 바로 그것이다. 그들의 혁신정신과 거의 100년에 걸쳐 대를 이은 노력과 도전은 제4차 산업혁명 시대를 사는 우리에게도 많은 시사점을 제공하고 있다.

물론 제4차 산업혁명 담론이 연구개발 정책이나 스마트 팩토리, IT 기술개발 수준을 넘어 다양한 기술혁신을 기반으로 경제혁신과 사회혁신을 추동하는 새로운 혁신모델이 될 수 있느냐 하는 것은 미지수다. 또한 문재인 정부의 과학기술정책과 프로그램으로 제4차 산업혁명 시대의 새로운 패러다임을 열어갈 수 있을지도 아직은 불확실하다. 그러나 제4차 산업혁명의 물결은 그 속도, 범위와 깊이 그리고 시스템 충격 면에서 과거의 산업혁명과는 다른 혁명적 변화가 될 것이라는 점에 대해서는 많은 학자들이 동의하고 있다. 그런 점에서 작금의 상황이 제4차 산업혁명이 아니고 제3차 산업혁명의 연장선 또는 불확실한 정치적 구호일 뿐이라거나 제4차 산업혁명을 기술과 제조업 경쟁력 강화라는 측면에서만 접근하는 것은 지속가능성이 불확실한 기존의 추격형 한국식 성장모델을 계속하자는 것밖에 안될 것이다. 이러한 문제인식이 제4차 산업혁명이라는 혁명적 변화와 새로운 패러다임에 능동적으로 부응하는 새로운 성장·발전 모델을 개발하고 적극적으로 실행할 이유인 것이다.

제1절 통합 혁신의 기본 정책방향

●

　　　　　　　연구진은 우리나라에서 제4차 산업혁명의 성공을 위해서는 기존의 단편적·부분적 혁신에서 혁신의 전환과 통합이 필요함을 주장하고 있다. 이러한 통합적 혁신을 위해서는 과거와는 다른 혁신적인 정책과정의 설계와 정책내용의 개발이 필요하게 된다. 이런 관점에서 이 절에서는 먼저 한국적 상황에 부합하는 통합 혁신의 기본 정책방향을 논의하고, 이어 다음 절에서 기술혁신, 경제혁신, 사회혁신의 분야별 세부 정책대안을 제시하고자 한다.

1. 기술-경제-사회-정책 혁신의 패러다임으로 전환

　　제4차 산업혁명이라는 혁명적 변화와 새로운 패러다임의 등장은 기존의 과학, 기술, 혁신 연구의 축을 이루어왔던 국가혁신체제, 지역혁신체제, 산업혁신체제, 기술혁신체제 등의 혁신체제 이론이나 Mode 2, Triple Helix 모델, 개방형혁신 모델로는 설명하기 어렵다. 매우 복합적이고 빠르게 경계를 넘나드는 방식의 통합적 혁신현상이 커지고 있기 때문이다.

　　따라서 수직적으로는 기술, 경제, 사회, 정책 및 제도의 통합이 이루어져야 하고 수평적으로는 과학기술과 인문학의 융합, 기술과 사회의 융합, 분야와 경계를 뛰어넘는 융합을 통해 기술-산업 패러다임이 기술-경제-사회-정책 혁신패러다임으로 전환되어야 한다. 이를 설명하고 미래를 바르게 인도할 수 있는 새로운 이론과 모델을 개발하고 실제로 추진하는 리더십이 요구된다. 기존의 국가 중심이냐 시장중심이냐 하는 이분법적 접근이 아니라 산업적, 사회적 및 지역적 차원의 지속가능한 지능형 혁신시스템이 점점 중요해지고 있다. 기존의 과학기술혁신의 가치와 영역을 확장하여 기술혁신, 경제혁신 및 사회혁신을 통합적으로 추진할 때 새로운 전환이 가능할 것이다.

이러한 통합적 혁신 패러다임으로 정부와 민간의 역량을 융합하는 시너지 창출 체계를 구축해야 한다. 제4차 산업혁명은 일부 선도적인 개인이나 기업의 노력에만 의존하는 것은 충분하지 않고, 국가 차원의 정책적·제도적 대응이 필요하기 때문이다.[46] 우리나라가 대통령 직속 4차 산업혁명위원회 중심으로 범국가적 추진과 정책과제 발굴, 정책 심의·조정을 담당하게 하고, 과학기술정보통신부가 주관부처로서 부처 내 컨트롤 타워 역할을 담당하여 관련 부처와 협력하여 종합적인 정책방향을 제시하도록 역할을 분담한 점 등은 시의적절한 추진체계로 볼 수 있다. 다만, 모든 제도가 그러하듯이 이를 운영하는 것은 사람이므로 이를 위한 인재의 적극적인 확보가 필요하며, 영역이 겹치는 부분에서 효율적인 역할 분담과 협업을 통하여 효율적인 추진체계를 구축하여야 한다.

2. 분야별 내생적 혁신을 통합하는 혁신성장 전략 견인

2017년에 새롭게 출범한 문재인 정부는 경제정책 방향을 사람 중심 경

---

46) 현대경제연구원(2017)은 11면에서 '4차 산업혁명 정책을 효과적으로 실행하려면 정부 주도 혁신이 강하게 요청되나, 최종 목표인 산업 구조적 변혁을 위해서는 민간 기업이 자율적으로 고부가 사업구조로 재편하고, 신 시장 개척과 제품·서비스·프로세스를 개발할 수 있는 혁신 활동이 요구된다'고 주장하고 있다.

제로 잡고, 일자리와 소득주도 성장, 혁신성장 그리고 공정경제라는 세 가지 축을 제시한 바 있다. 여기서 혁신성장은 기술, 산업, 인력, 제도 등 사회 각 분야의 내생적 혁신을 통해 생산성을 비약적으로 제고하여 장기적인 경제성장을 견인한다는 전략을 의미하며(현대경제연구원, 2018), 산업생태계 전반의 생산성과 효율성 제고를 위해서도 혁신성장이 긴요한 상황이다. 제4차 산업혁명을 위한 관련 정책은 이러한 혁신성장을 견인하는 역할을 하도록 설계되어야 할 것이다.

OECD의 2015년 보고서에 따르면, 1995~2013 동안 국내총생산(GDP) 성장에 기여한 다요소생산성(MFP; multifactor productivity)은 한국 2.92, 아일랜드 1.55, 미국 1.11, 영국 0.84, 프랑스 0.68, 일본 0.57로, 한국이 조사대상 20개국 중에서 가장 높다. 여기서 다요소생산성은 노동과 자본을 제외한 요인에 의한 생산성을 의미한다. 즉, 기술, 경영체제, 법·제도 등이 포함되는 기술혁신이 GDP 성장에 가장 많이 기여하는 나라가 한국이라는 것이다(황병상 외, 2016). 기술혁신에 의한 새로운 가치 창출이 GDP 성장에 기여할 가능성 측면에서 우리나라가 아주 높다는 점이 고무적이다.

제4차 산업혁명은 국가적·산업적으로 전 방위적인 변화를 요구하고 있다. 따라서 제4차 산업혁명이 선도하는 신경제 발전은 스마트화, 서비스화, 친환경화, 플랫폼화로 전환되어 산업발전 생태계를 연결·융합형으로 가능하게 하도록 추진해야 한다. 단순한 기술의 개발뿐만 아니라 최종 사용되는 제품과 이를 뒷받침 하는 플랫폼 기술, 또한 최종 제품 개발과 플랫폼 생태계 구축에 요구되는 제조업, 사업기반 서비스업(소프트웨어, 통신서비스 등), 응용서비스업과 이의 촉진을 뒷받침할 인력 확보와 법제도 개편, 그리고 빅데이터를 수집, 분석, 유통하는 기반 산업을 육성 하도록 하여야 한다 (현대경제연구원, 2017).

이와 더불어 4차 산업혁명 시대의 초연결적인 산업·사회 구조가 진행되면 수출, 내수 시장의 구분이 모호해지면서 글로벌 단일 시장으로 급속한 재편이 예상되므로 제품과 서비스를 융합한 토털 솔루션(total solution) 산업정책이 필요하다. 창업부터 성장, 회수에 이르는 사업 전 사이클 활동에서 경쟁력이 떨어지는 사업은 철수하는 한편 신규 성장 사업의 원활한 진입을 촉진하고 보장할 수 있는 체계를 점검·구축해야 한다.

3. 파괴적 기술혁신을 촉진하는 지능형 혁신플랫폼 구축

제4차 산업혁명의 가장 큰 특징은 융·복합 기술에 의한 파괴적 혁신을 통해 다양한 분야의 혁신이 촉발된다는 점이다. 따라서 왕성한 파괴적 혁신을 촉진하기 위해서는 과거와는 다른 연구개발 전략이 필요하게 된다. 이러한 연구개발 트렌드의 변화에 대응하기 위해서는 지능형 혁신플랫폼 구축이 필요하다. 기존의 연구개발이 직접 연구실에서 독자적인 방식으로 수행되어 왔다면 향후 제4차 산업혁명 시대 연구개발은 계산과학, 시뮬레이션, 빅데이터 분석 및 인공지능 솔루션 등을 활용하며 비용을 줄이고 개발속도를 앞당기는 경쟁이 가속화할 것으로 보인다. 따라서 빅데이터 분석과 인공지능 활용을 직접적인 연구개발과 접목시키고 이를 혁신으로 연결하는 지능형 혁신플랫폼 구축이 중요한 이슈로 부상할 것이다. 따라서 정부의 연구개발 투자 분야 중 빅데이터와 연계하여 연구개발 속도를 높이거나 융합을 확산할 수 있는 분야를 발굴하고, 연구와 교육, 기업의 혁신이 동시다발적으로 이루어지는 플랫폼에 대한 투자를 늘리도록 해야 할 것이다.

기존의 R&D와 빅데이터 R&D, IoT R&D 및 AI R&D 등 연구개발 트렌드의 변화를 연구자료와 연구방법 등을 중심으로 정리하면 〈표 6-1〉과 같다. 기존의 R&D는 논문, 특허, 세미나 등 인간의 연구자료를 연구자가 스스로 분석하는 반면에 빅데이터 R&D는 SNS 등의 자료가 추가되어 빅데이터 분석이 가해지는 차이가 있다. 또한 IoT R&D는 센서 등에 의한 사물자료가 추가되어 인간과 사물이 분석하여 새로운 아이디어를 얻게 되고, AI R&D는 AI가 수집한 자료가 추가되며 이를 AI와 인간이 함께 분석하여 연구결과를 얻는 것으로 발전해 갈 것이다.

4. 기술 및 산업 등 모든 분야에서 융합의 활성화 및 내실화 추진

기술과 산업 등 모든 분야에서 전반적으로 융합의 활성화와 내실화가 필요하다. 제4차 산업혁명은 인공지능, IoT, 빅데이터, 클라우드와 양자컴퓨팅, 정보보호 및 보안, 그리고 신소재 및 바이오 등의 기반기술을 활용하여 기존 기술의 융합 및 원천기술융합 개발을 중심으로 발전하여 갈 것으로 전

〈표 6-1〉 연구개발 트렌드의 변화

구분	기존 R&D	빅데이터 R&D	IoT R&D	AI R&D
연구지료	논문, 특허, 세미나 (인간의 연구자료)	+ SNS 등 (인간자료)	+ 센서 등 (사물자료)	+ AI 수집분석자료
연구방법	연구자 자료분석 ⇒ new idea	+ 빅데이터분석 ⇒ new idea	+인간/사물 분석 ⇒ new idea	+ AI아이디어+인간 ⇒ new idea
비고	Mega	Tera	Hexa	?

망된다. 이를 위해서는 연구개발 방식을 혁신하고 산업시스템 고도화와 함께 사회 및 보건, 복지, 환경, 국가안전, 보안, 일자리 창출, 지역경제 활성화 등 국가적 중요과제 해결을 위한 공동·협력 R&D의 확대·강화가 필요하다.

이를 위해서는 연구문화의 혁신도 필요하다. 융합연구에 기관의 벽, 제도의 벽, 거리의 벽, 마음의 벽 등 다양한 벽이 가로막혀 있다. 부처간, 기술분야간, 기술과 산업간, 연구단계 등에 따른 벽이 존재하며, 이 외에도 대학-출연(연)-기업의 경쟁문화, 대기업과 중소기업간 수직계열 문화 등이 융합연구 활성화를 저해하고 있다. 이러한 문제를 해소하기 위해서는 학제간, 기술분야간, 그룹간, 기관간 조성되어 있는 칸막이 문화와 주도권 경쟁을 개방형 융합협력 문화로, 함께 도전하는 문화로 전환하는 노력이 필요하다. 이를 위해 대학과 출연(연) 융합프로그램, 산·학·연 융합프로그램, 출연(연)간 융합프로그램 등을 확충하고, 문제해결 성과중심의 평가 및 보상을 위한 제도 개선, 개방형 소통 협력공간과 문화소통 프로그램 확충, 융합교육-연구-혁신인력 통합양성 등이 필요하다.

한편, 기존의 국가연구개발 예산은 PBS 체제하에서 단일기술 개발 중심이었으며, 융·복합의 사회문제 해결형 연구개발은 전체 국가연구개발 투자비의 10% 수준에 머무르고 있다. 또한 2000년대 이후 추진해 온 과학기정보통신부 중심의 융합기술발전 전략과 산업통상자원부 중심의 산업융합전략은 상호 연계성과 통합성이 떨어져 투자효과를 저하시키고 있다. 그러나 최근의 기술혁신은 학문간, 기술간 영역을 허물면서 융합 혁신을 가속화하고 있다. 신기후 체제와 미세먼지, 대형사고, 지진, 메르스, 조류독감, 녹조 및 화학안전 등 국민의 삶에 불안감을 야기하는 사회문제가 확대되면서 문제해결형 융합기술혁신에 대한 수요와 기회가 더 커지고 있다.

따라서 현재의 국가 연구개발 투자는 새로운 기술혁신 환경에 적합하지 않은 구조적 한계를 가지고 있으므로 새로운 형태의 연구개발시스템이 요구된다. 소규모 과제관리 중심의 PBS를 폐지하고, 그동안 부처별로 추진해 왔던 융합기술전략과 산업혁신전략을 통합·연계한 새로운 설계가 필요하다. 이를 위해 사회문제 해결형 연구개발을 문제해결과 혁신의 기회로 활용하여 대폭 확대해야 한다. 또한 과학기술과 인문학과의 융합, 다양한 분야 간 융합이 보다 활성화되고 내실화되는 것이 필요하다.

이를 위해 4차산업혁명위원회에 융합위원회를 구성하고 과학기술혁신본부와 연계하여 국가기술혁신시스템을 혁신하는 노력을 지속적으로 추진할 필요가 있다. 그 과정에서 융합혁신의 목표를 융합신산업 창출, 고용확대, 사회문제 해결, 환경문제 및 재난재해 대응 등으로 구체화하고 관련 규제 혁신을 통해 실질적인 기술혁신이 발현되도록 해야 할 것이다.

5. 과학기술 혁신의 가치와 과학기술정책의 확장

그동안 우리나라에서 과학기술혁신의 가치는 단일기술의 개발, 제품개발 및 사업화, 기업경쟁력 강화 및 경제성장을 위한 기여를 중심으로 논의되어 왔다. 이에 따라 기술혁신 이론이나 모형도 과학기술과 산업혁신, 기업혁신에 중점을 두고 발전해 왔다. 그러나 포용적 성장, 지속가능한 성장, 삶의 질 제고 등이 기술혁신을 기반으로 이루어져야 한다는 인식과 정책적 전환이 전 세계적으로 확산되고 있다. 더 나아가 지역혁신, 사회혁신, 지구문제 해결 등의 이슈를 과학기술혁신을 기반으로 해결하려는 노력이 확산되고 있다. 아울러 사회문제 해결을 위한 과학기술혁신이 사회적 경제조직을 통한 문제해결로 이어지고, 이것이 사회서비스 혁신과 더불어 새로운 시장과 신산업을 창출하는 기회가 확장되고 있다. 새로운 혁신은 빅데이터와 인공지능에 기반을 둔 플랫폼을 통해 상호 연결되면서 혁신의 전환과 통합이 상승작용을 하면서 혁신의 폭과 깊이가 더해지고 있는 것이다.

대한민국은 이제 과학기술혁신이 기존의 경제성장 우선주의나 경제정책의 하위수단이라는 프레임에서 큰 전환을 해야 하는 시점이다. 기존의 성장모델은 저성장과 저출산, 신기후체제와 날로 확산되는 사회문제 앞에서 실효성이 저하되고 있기 때문이다. 새 정부의 고용, 성장, 복지 비전은 기존의 성장모델을 뛰어넘어 새로운 기술혁신 패러다임을 기반으로 할 때 현실화될 수 있을 것이다.

이에 따라 과학기술정책의 영역 또한 대폭적으로 확장되어야 한다. 제4차 산업혁명 시대의 과학기술정책은 기존의 연구개발 정책이나 사업화 정책을 뛰어넘어 산업혁신과 신산업창출, 일자리 확충, 삶의 질 제고, 사회의 합리성 제고, 미래인재 양성, 혁신기반 확충, 정책의 과학화 등을 포괄할 수 있어야 한다. 지금처럼 부처별로 과학기술정책이 분산되고, 과학기술혁신은 과학기술정보통신부의 연구개발과 기술이전사업화 중심으로 추진된다면 정책실패는 계속 반복되고 과학기술혁신의 효과를 얻을 수 없는 것이 자명하다. 4차산업혁명위원회와 국가과학기술자문회의가 단순히 연구개발정책, 인력정책을 넘어 기술·산업·사회·문화의 융합적인 과학기술혁신정책, 부처간 과학기술혁신 관련 정책의 통합으로 과학기술정책의 프레임을 전환할 수 있도록 2개 위원회의 기능과 역할이 올바로 구축되어야 할 것이다.

제2절 혁신의 전환 및 통합을 위한 세부 정책방향

여기서는 우리나라의 제4차 산업혁명 진흥에 필요한 기술혁신, 경제혁신 및 사회혁신을 종합하여 정책혁신을 위한 세부적인 정책방안을 제안하고자 한다. 이러한 정책 방안들은 각기 독립적이 아니라 서로 연계되어 있고 상호 작용을 하게 되나, 여기서는 비교적 핵심이 되는 내용을 중심으로 분류하여 정리하였다.

1. 기술혁신을 위한 정책 제안

제4차 산업혁명의 출발점인 과학기술 융·복합을 통한 파괴적 기술혁신을 이루기 위한 기술혁신 정책은 다음과 같이 제안할 수 있다.

첫째, R&D방법 자체의 혁신이 필요하다. 도전과 모험 추구, 실패경험의 축적과 활용이 제4차 산업혁명과 함께 할 필수 방법론이 되는 것이다. 기술개발의 속도혁신을 위한 데이터와 인공지능 기반의 R&D 플랫폼을 개발하여 다양한 시험, 시뮬레이션, 분석, 평가, 시제품 제조 등 기술개발 과정은 물론 상용제품 제조에까지 활용함으로써 사업화 기간까지도 단축할 수 있다. 연구개발에 빅데이터 및 시뮬레이션 계산과학의 적용을 확대하고 기업과의 연구혁신 과정을 집적하고, 이를 국가적, 지역적 차원에서 체계적으로 구축해야 할 것이다

둘째, 연구 자율성을 전면적으로 부여하는 방향으로 정책기조를 전환해야 한다. 세계적으로 기술혁신은 상향식(bottom-up)에 의한 기초연구, 자율적 융합연구, 개방형 혁신플랫폼의 확산, 글로벌 네트워크 전략 등의 다

양한 방식으로 이루어지고 있다. 과거 관료 중심의 선진국 추격형 전략으로는 새로운 연구개발 방식에 대응할 수 없으므로, 연구자 중심의 기초원천연구 투자와 문제해결형 융합연구를 확대해야 한다.

아울러 부처별 전담기관별 연구비관리 관련 규정과 가이드라인을 획기적으로 단일 표준화하고 자율성을 부여하되, 발견된 문제에 대해서는 철저하게 책임을 묻는 문화를 정착해야 할 것이다. 이를 위해 4차산업혁명위원회와 국가과학기술자문회의 및 과학기술혁신본부의 거버넌스와 운영철학에 이것을 철저히 반영하고, 국가과학기술연구회와 정부출연(연)의 경우 별도의 내부위원회를 구성하여 임무를 주되 연구 자체는 자율성을 보장하는 방식으로 연구시스템을 재구성해야 할 것이다.

셋째, 선제적인 융합기술 테스트베드 구축이 필요하다. 제4차 산업혁명의 핵심 기반기술들은 개별기술 개발에서 융합형 기술개발로 접근해야 하므로 이에 대한 국가차원의 연구개발 전략이 필요하다. 즉 개별 기술개발에서 목적형 기술개발로 전환하고 이를 위해서는 인공지능, 빅 데이터, 사물인터넷 등이 연결되는 융합 기술개발 전략으로의 전환이 필요하다. 즉 맞춤형·패키지형의 기술개발 전략을 추진할 필요가 있다. 또한, R&D뿐만 아니라 수요, 금융, 인력, 시장 조성 등 기업 성장에 필요한 패키지 지원 정책 수립을 통해 조기 산업화 여건을 조성하는 연구개발 전략이 중요하다. 이를 위해서는 산·학·연 융합연구센터를 구축하는 것도 하나의 방법이 될 것이다.

넷째, 공공연구개발사업의 구조 혁신이 필요하다. 제4차 산업혁명의 진행과 더불어 기술 및 산업간 융·복합 확산, HW제품과 서비스의 통합화 및 서비스산업 비중 증대, SW 및 서비스 R&D 확대 등으로 연구개발 환경이 변화하고 있다. 이에 따라 공공부문의 연구개발도 지금까지의 HW 중심과 단위기술개발 위주인 PBS기반 구조에 대한 전면적인 재검토가 필요하다. 아울러 융합신산업 창출, 일자리 창출, 사회문제 해결, 환경문제 및 재난재해 대응 등 범국가적인 정책문제 해결을 위한 융합 R&D 확대와 이를 위한 공공부문의 선도적 역할 및 허브역할에 대한 요구가 커지고 있다. 그러므로 공공부문의 연구개발사업 구조를 기업과 산업을 직접 지원하는 비중을 조정하고 국가사회적 공공과제 해결을 위한 기술개발사업의 비중을 확대하면서 중소벤처기업을 위한 첨단융합기술 개발, 지원에 대한 전략적 확대가 필요하다.

다섯째, 연구개발의 외주화 또는 Buy R&D 방식을 적극적으로 도입할 필요가 있다. 국가 또는 공공부문이 제4차 산업혁명의 새로운 사업기회에 필요한 지식과 기술을 모두 자체적으로 개발하기는 쉽지 않고 위험한 측면도 있다. 따라서 외부자원을 적극 활용하는 방향으로 연구개발 전략이 전환되어야 하며, 핵심역량의 R&D를 외부에서 조달하는 역발상이 필요한 시점이다. 이러한 방식들은 과학기술이나 빅데이터 분야에서 많이 활용되는 개방형 혁신의 본질과도 부합할 것으로 보인다.

여섯째, 연구개발 세제의 보완이 필요하다. 제4차 산업혁명에서는 서비스 개발이나 서비스 R&D가 크게 확대될 것으로 보임에 따라 서비스 분야의 연구개발 활동에 대해서도 세제혜택을 인정하는 방향으로 제도 개선이 필요하기 때문이다.

일곱째, 과학기술계 정부출연 연구기관에 대한 혁신이 필요하다. 현재의 출연(연)은 기술과 산업 분야별 연구개발 조직으로서 선진국 추격형 기술개발에는 큰 성과를 거두었으나, 세계를 선도하는 원천기술 연구 및 융합연구에는 적합하지 않은 조직이라는 평가와 함께 창조적 파괴가 필요하다는 의견이 대두되고 있다. 따라서 제4차 산업혁명 시대에 출연(연)은 국가적 해결이 필요한 과제 또는 사회문제, 산업혁신, 연구혁신 플랫폼, 글로벌화, 국가적·지역적 정책이슈 해결에 중심 역할을 하는 공공적 기능을 강화해야 한다. 이러한 역할을 수행하기 위해서는 현재의 기술 분야, 산업분야별 분담 조직의 한계를 넘어 융합을 촉진할 수 있는 시스템 전환이 필요하다.

이를 위해 출연(연)의 역할과 기능을 대학이 못하거나 기업이 안하는 미래 대형원천연구 및 국가·사회문제 해결형 연구로 전환하고 대학, 기업, 시민, 해외와 협력하는 연구혁신 플랫폼 구축의 허브 역할을 확대, 강화해야 한다. 그 안에서 중소벤처기업, 사회적 경제조직의 지원과 육성 역할도 좀 더 효과적으로 가능해질 것이다. 이 과정에서 조직 및 인재경쟁력 강화를 위한 보다 세밀한 설계와 연구몰입도 및 자율성 향상을 위한 연구개발 제도 개선이 필수적으로 수반되어야 할 것이다.

2. 경제혁신을 위한 정책 제안

파괴적 기술혁신으로 인한 제4차 산업혁명의 시대에서 신경제 시스템의 효율적 구축과 운영을 위한 경제혁신을 위해서는 다음과 같은 정책들이 필요할 것이다.

첫째, 제4차 산업혁명으로 시장의 글로벌화는 더 확산되어갈 전망이므로 이에 대한 대응이 필요하다. 세계 시장이 국경과 거리를 초월하여 상품의 기능과 디자인 및 소비자 취향이 글로벌화 됨으로써 인기제품의 세계시장 급속 확산과 소멸, 우후죽순식 다수 신제품·서비스의 탄생과 생명주기 급속 단축 현상이 보편화될 것이다. 우리나라의 R&D 활동 중 외국으로부터 받는 자금의 비중이나, 외국 연구자들이 한국에서, 또는 한국 연구자들이 외국에서 활동하고 있는 비율 등이 낮아 혁신 활동의 글로벌화가 진전되지 못하고 있는 것으로 나타나고 있다. 그러므로 인터넷을 활용한 전 세계 24시간 R&D 추진체제 구축, 외국 R&D 조직과 인력교류를 통한 개방형 혁신 확대, 해외 M&A를 통한 핵심기술 확보 장려, 신제품 개발에서 제조·유통·판매·사후관리의 가치사슬 전 과정으로 확대, 제조와 서비스 통합, 이(異) 업종과 융합 및 M&A, 글로벌 표준화, 플랫폼 공동 개발·구축 등 기술과 산업 전 분야의 글로벌화가 필요하다.

둘째, 융합형 서비스 산업의 육성이 필요하다. 미래 기술 및 산업구조가 초연결성과 초지능성을 중심으로 개편이 된다는 점을 인식하고, ICT와 제조업의 융합, ICT와 서비스 산업의 융합, 정보의 개방성 등을 고려한 새로운 생태계 구축이 필요하다. 이러한 연결과 융합을 관통하는 것은 데이터가 될 것이므로 데이터를 생성·활용하는 플랫폼 구축으로 산업, 기술, 기업 간의 융합 촉진과 신 비즈니스 모델이 창출될 수 있는 환경 구축이 필요하다. 플랫폼 구축을 통해 산업간 통합과 연결이 구현되도록 함으로써 산업간 융·복합 비즈니스 모델 창출 및 데이터 연계가 활발히 일어나도록 유도할 수 있다. 플랫폼 비즈니스 모델은 인터넷 서비스 시장에만 국한된 것이 아니라 다양한 분야에 적용 가능하기 때문에 장기적인 관점에서 기업들은 이러한 플랫폼 기반의 비즈니스에 대해 넓은 시각으로 접근할 필요가 있다.

셋째, 디지털 융합산업의 활성화가 필요하다. 기존 주력산업과 제4차 산업혁명 기반 기술의 융합을 통해 기존 산업의 고부가가치를 추구하고 기존 주력산업 중에서 유망 산업을 적극적으로 발굴하는 노력이 필요하다. 원거리·대량 생산 방식에서 근거리·개별 생산 방식으로의 변화, 자본과 기술의 노동대체와 리쇼어링 등 미래 제조업 트렌드에 대한 면밀한 분석이 필요하다. 문영호 외(2014)는 미래기술백서의 제4차 산업혁명과 미래산업 등에서 미래기술은 디지털 기반의 기술이 확대되고 대부분의 기존 제조업의 기술도 미래기술로 전환될 수 있다고 하였다. 미래기술은 고정된 것이 아니고 만들어질 수 있는 것이다. 즉, 기존 제조업을 '연결 융합'과 '복합 융합'의 디지털 융합으로 새로운 성장산업으로 만들 수 있는 것이다.

넷째, 데이터 융합 거버넌스 및 데이터산업 활성화가 필요하다. 제4차 산업혁명의 핵심적인 경쟁력은 무엇일까? 물론 인공지능 등의 핵심기술이 중요하지만 기술과 기기 및 매체 사이를 조용히 흐르는 것은 데이터이다. 데이터가 제대로 접목하지 못하면 융합 또한 일어나지 않는다. 미래기술들은 시간이 지나면서 범용기술이 되지만 결국은 데이터 싸움이 될 것이다. 따라서 공공데이터, 연구데이터, 의료정보 데이터 등 국가차원의 데이터관리 거버넌스를 정비해야 하고, 데이터 산업을 크게 활성화시켜야 한다. 데이터 산업의 민간 활성화를 통해서 제4차 산업혁명의 생태계가 제대로 작동하도록 해야 한다. 아울러 지속적으로 사회문제가 되고 있는 정보보안 문제를 심각하게 다루어야 한다. 미국, 일본, 중국 등은 제4차 산업혁명의 성공을 위해 데이터의 관리와 활용에 많은 인력과 예산을 투입하고 있다.

다섯째, 산업구조의 변화에 따라 기업들이 사업구조 재편을 신속하고 원활하게 할 수 있도록 획기적인 제도개선이 선도적으로 이루어져야 한다. 불황기 내지 저성장기 하에서도 기업의 사업구조 조정(restructuring)이 원활하게 추진되지 않는 것이 현실인 상황에서, 제4차 산업혁명 대비 사업구조 전환을 촉진하기 위한 정책은 매우 어렵다고 할 수 있다. 개별사업의 매각과 분사를 쉽게 할 수 있도록 관련된 제도들을 포괄적으로 개선할 필요가 있다. 외국 선진기업의 사례에서 제4차 산업혁명에 대비한 유용한 전략 대안으로서 M&A가 중시되고 있는 만큼 M&A 관련제도의 추가적인 개선도 요망된다. 특히 한국의 경우 공정거래법 상 경제력집중 완화, 지배력확장 억제를 위한 조치가 강력하게 시행되고 있는데(예를 들어 기업결합심사제도) 이러한 조치들이 대기업이나 기업집단의 신속한 사업구조 재편에 장애가 되는 경우가 있어서 양자의 요구를 동시에 해결할 수 있는 지혜를 모아 나갈 필요가 있다.

아울러 사업구조 재편의 과정에서 고용의 조정이 수반되는 경우 문제가 더욱 복잡해지는데 이 경우 당사자 간의 교섭방식이 아니라 관련 법률, 사회적 기제의 도움을 받을 수 있어야 한다. 기업구조조정촉진법과 같은 한시법, 특별법과 함께 산업경쟁력 강화를 위한 특례조치 등 법률적 기반을 정비해야 한다. 이를 위해 유럽의 사회적 대타협과 같은 사례에서 보듯이 제3자의 입장에 있는 기구나 기관의 참여가 필요할 수도 있다.

여섯째, 제4차 산업혁명의 주역이 될 신규벤처 육성이 절대적으로 필요하고 이를 위해 벤처투자의 확대가 요망된다. 신규 스타트업이 확대되도록 지원을 강화하는 동시에 독립 스타트업이 아니라 대기업이 지원하는 형태로 벤처사업이 전개될 수 있도록 사내벤처캐피탈(CVC; corporate venture capital)을 확충하도록 유도해야 할 것이다. 현존히는 CVC는 일반 제조업, 문화 콘텐츠 분야가 대부분으로서 제4차 산업혁명 관련성이 약한 만큼 이 분야에 CVC가 활용될 수 있도록 해야 한다. 제4차 산업혁명을 맞이하여 벤처투자를 포함한 전반적인 리스크 머니의 확충이 필요하다. 이를 위해 엔젤투자에 관련된 세제를 개선하고 밴처펀드 조성에 있어서 투자 촉진 인센티브를 확대할 필요가 있을 것이다.

일곱째, 중소벤처기업 지원의 혁신이 필요하다. 주지하는 바와 같이 중소벤처기업은 투자재원 부족, 우수인력 부족으로 초기 첨단 시설 투자는 물론 기 보유 시설장비의 첨단성 유지를 위한 업그레이드와 SW 업데이트도 어렵다. 특히, 다양한 제품, 소량(小量) 및 변량(變量) 생산, 적기 맞춤형 생산과 공급이 필요한 제4차 산업혁명 시대에는 기술의 급격한 발전과 제품·서비스의 생명주기 단축으로 최신 시설의 유지와 확보 부담이 매우 커질 것이므로 이를 고려한 새로운 중소벤처기업 지원이 필요하다. 예를 들면 팹리스(febless) 중소벤처기업 창업·육성지원 체제 구축이 그 해답이 될 수 있다. 팹리스 중소벤처기업 창업·육성지원 체제를 구축할 경우, 아이디어 창안 → 제품개발 R&D투자 → 생산 시설투자 → 유통·판매의 프로세스 중 생산시설투자 부담을 축소 또는 완화함으로써 창업속도는 물론 창업기업이 겪는 초기 자금 투자 부담을 획기적으로 줄일 수 있을 것으로 보인다.

여덟째, 산업 관련 각종 규제 시스템을 전면적으로 쇄신해야 한다. 기존의 칸막이를 뛰어넘는 협력과 융합을 위해서는 무엇보다도 규제에 대한 과감한 변화가 필요하다. 드론 및 자율주행 자동차의 경우 산업통상자원부, 과학기술정보통신부, 국토교통부, 국방부 등 소관부처가 각각 다른 규제를 적용하고 있고, 개인정보보호법, 생명윤리법, 의료기기법으로 인해 빅데이터, 인공지능 및 원격의료 등 새로운 시장은 열리지 않고 있는 것이 현 실정이다. 앞으로 수많은 새로운 기업, 산업 및 비즈니스가 창출될 것이나, 각종 규제의 덫으로 인해 시장 자체가 열리지 않는다면 중국 및 선진국으로 이탈하려는 한국기업이 늘어날 것은 자명한 사실이다. 각종 규제 이면에 존재하는 당사자들의 이해관계를 조정할 수 있도록 정부는 큰 틀에서 갈등 중재자역할을 수행해야 할 것이다. 정부는 제4차 산업혁명을 주도하는 기반·핵심기술 및 관련기술이 경제, 사회, 산업에 무리 없이 침투되고 수용될 수 있도록 각종 제도 및 법률·규정 등을 새롭게 재정비할 필요가 있다.

3. 사회혁신을 위한 정책 제안

파괴적 기술혁신과 신경제 시스템으로 야기될 미래사회의 소비, 일, 교육의 변화를 합리적으로 이끌어 내기 위해서는 다음과 같은 사회혁신의 정책대안들이 모색되어야 할 것이다.

첫째, 다양한 제품과 서비스에서 새로운 유형의 소비자 문제가 발생하고 기존의 소비자 문제도 발생할 수 있으므로, 이에 대한 체계적인 검토를 통해 사전 예방적인 소비자정책과 사후구제의 소비자정책 모두를 새롭게 정립해야 한다. 사전예방적인 소비자 정책으로는 ① 위해방지, ② 규격의 적정화, ③ 거래의 적정화, ④ 표시광고의 적정화, ⑤ 소비자정보 제공의 충실화 및 소비자 능력의 향상을 위한 소비자교육의 강화, ⑥ 개인정보 보호의 강화가 필요하다. 사후구제의 소비자 정책으로는 ① 소비자분쟁 해결기준의 정비, ② 피해구제 관련 법률의 제정이나 개정 등이 필요하다.

둘째, 드론, 자율주행자동차, 사물인터넷, 로봇공학, 3D 프린팅, 빅테이터, 인공지능 등 제4차 산업혁명에 관한 논의에서 공통적으로 언급되는 핵심기술에 대하여 각각의 법제 개선과제를 도출하여 관련 부처에 제공하고 해당 부처와 협업을 통해 입법에 반영되도록 할 필요가 있다.

셋째, 제4차 산업혁명의 핵심 인재양성을 위해 교육 내용과 평가의 개선이 요구된다. 미래 핵심역량인 창의성, 인성, 세계관, 글로벌 의식을 강화하기 위하여 학교교육은 창의적이고 감성적인 인성교육과 컴퓨팅 사고력(computational thinking)을 키우는 방향으로 강화할 필요가 있다. 이를 위하여 메이커교육(창조작업: '만들기' 등 체험학습)과 소프트웨어 언어교육(코딩교육)이 실시될 수 있어야 한다.

넷째, 교육방법의 개선이 필요하다. 제4차 산업혁명에 대응하기 위해서는 무엇보다 교수학습방식을 과감히 바꾸어야 한다. 학생 참여형 수업비중이 높은 국가일수록 신뢰수준이 높게 나타났으므로 강의식 중심에서 토론법, 탐구학습, 프로젝트 또는 리서치 수업, 체험학습, 그룹학습, 주제중심학습(교과초월, 범교과 학습), 브레인스토밍, 협동학습 등으로 전환되어야 한다. 더불어서 학생의 역할이 소비자에서 창작자로 전환됨에 따라 학습자에게 창작자로서의 권한을 부여하고 시스템적 사고를 창발할 수 있는 '창의적 질문이 있는 수업'을 운영할 수 있어야 할 것이다.

다섯째, 교육제도의 개선이 요구된다. 교육제도 측면에서는 학교제도, 교수역량, 평가와 입시제도, 직업교육 및 평생교육 제도를 중심으로 교육혁신 방안이 요청된다. 우선 학교 제도 관점에서 적어도 5년 이내에 전통적인 학교의 기능과 역할에 대한 조정이 요구될 것이다.

다섯째, 평생교육의 일환으로서 직업교육의 개선이 요구된다. 국민 누구나 언제든 직업교육을 받을 수 있는 유연한 직업교육체제가 필요하다. 일과 학습의 경계가 모호해짐에 따라 교육정책과 노동정책의 연계가 중요한데, 이를 위하여 교육부, 고용노동부, 지자체로 분화된 시스템을 통합할 필요가 있다.

여섯째, 음소득제(Negative Income Tax)와 소득보험제도에 대한 검토

가 필요하다. 1962년 프리드먼에 의해 확산된 음소득세는, 고소득자에게는
세금을 징수하고 저소득자에게는 보조금을 주는 조세 운영 체계이다. 아울
러 플랫폼 노동의 확산에 대한 또 다른 대응방안은 현존하는 고용보험을 플
랫폼노동에 적용할 수 있도록 하는 것이 필요하다. 비전형적 근로자의 가입
확대를 위한 가입 요건·절차의 개편, 소득보험료의 징수 방식 개편, 일부 소
득 감소에 대한 보험금 지급 등을 수용하는 방식인 소득보험제도에 대한 검
토도 필요할 것이다.

참고문헌

김문선 외 (2018), 「4차 산업혁명 시대의 기업가정신: 플러그 인」. 한국비전교육원.

문영호 외 (2014), 「미래기술백서」, 서울: KISTI.

한국과학기술기획평가원 (2018), 「혁신성장과 미래트렌드 2018 plus 10」.

현대경제연구원(2017), "주요국 정책으로 살펴본 우리나라 제4차 산업혁명 정책 수립 방향 – 차세대 산업·사회구조 구축의 체인저(Changer)로 활용 –", 한반도 르네상스 구현을 위한 VIP 보고서 17-26.

현대경제연구원 (2018), "혁신성장 구현을 위한 산업정책의 4대 방향", VIP 리포트 18-05.

황병상 (2013), 「환경과 성장」, 이담북스.

황병상·고순주·박종수 (2016), 「한국융합정책론」, 웅보출판사.

Boston Consulting group (2015), 「Man and Machine in Industry 4.0」.

McKinsey Global Institute (2013), 「Disruptive technologies: Advances that will transform life, business, and the global economy」.

OECD (2015), "OECD Compendium of Productivity Indicators 2015".

White House (2015), 「FACT SHEET: The White House Releases New Strategy for American Innovation, Announces Areas of Opportunity from Self-Driving Cars to Smart Cities」.

"

Concluding Remarks

"

연구를 마치며

이찬구

한국의 제4차 산업혁명에 관한 기획연구를 진행하면서 연구진은 제4차 산업혁명의 정확한 분석과 올바른 처방을 위해서는 기존의 기술혁신 중심에서 경제·사회·정책의 통합혁신으로 가야 한다는 사실을 다시 한 번 확인할 수 있었다. 이런 관점에서 처음 연구를 기획했던 학회의 임원진들이 고민했던 연구 질문들을 다시 한 번 생각하면서, 본 연구의 주요 내용은 다음과 같이 3가지로 제시할 수 있을 것이다.

첫째, 미래의 사회변화 관점에서 제4차 산업혁명을 해석하고 개념을 규정하고자 하였다. 이런 관점에서 우리 연구진은 제4차 산업혁명에 유행어적인 정치적 수사가 아닌 혁신과 정책 분야에서의 의미 있는 학문적 주제로서의 위상을 부여하는 작업을 수행하였다고 생각한다.

둘째, 제4차 산업혁명의 성공과 정착에 필요한 혁신을 기술혁신, 경제혁신, 사회혁신, 정책혁신으로 분류하고, 제4차 산업혁명으로 유발될 (1) 각 분야에서의 변화 양상과 파급효과를 분석하고 (2) 이에 대응하기 위한 각 분야 자체의 혁신정책 방향을 논의하였다. 이처럼 혁신연구와 정책연구가 각기 다르면서도 동일한 목표를 향해 나아가는 융·복합적 연구는 한국기술혁신학회가 추구하는 이상과 잘 부합되는 결과라고 자평할 수 있을 것이다.

셋째, 제4차 산업혁명의 성공과 정착을 위한 지식·기술혁신, 산업·경제혁신, 사회·문화혁신, 정책·제도혁신 간의 합리적이고 효율적인 연계 방안을 논의하였다. 이처럼 다양한 분야에서의 혁신의 연계방안을 모색하는 것은, 제4차 산업혁명의 본질이 과학기술과 경제 분야에만 국한되는 것이 아니라 사회 전체의 변화를 추동하면서 사회변화의 상호작용에서 핵심 요인일 수 있기 때문이다.

한국기술혁신학회는 1997년 창립 이래 2017년 말까지 20년간에 걸쳐 700여 편의 논문을 실은 75권의 학술지(기술혁신학회지)를 발간하였다. 이를 통해 기술혁신과 과학기술정책에 관련된 설명, 분석, 분류, 평가, 가설검증, 이론화, 예측, 정책 대안 제시 등의 다양한 논문이 제시되었다. 새로운 연구주제인 제4차 산업혁명에 대한 논의는 700여 편의 논문에서 주장된 기존 내용들을 조각으로 하는 커다란 퍼즐 맞추기와 같았다고 할 수 있다. 즉, 연역적·귀납적 접근이 동시에 이루어져 미세조정(fine-tuning)의 과정을 거쳐 거대한 퍼즐을 완성하는 작업과정이었다고 할 수 있다.

이러한 접근을 시도하기 위해 학회는 2017년 4월에 5개의 연구 분과를 구성하였고 많은 학회 구성원들이 각 분과에 주도적으로 참여하여 심도 있는 논의와 원고 작업을 진행하였다. 5개 분과는 제4차 산업혁명 개념과 분석틀 분과, 기술혁신 분과, 경제혁신 분과, 사회혁신 분과, 정책혁신 분과이다. 각 연구 분과는 분과장의 적극적인 주도로 연구를 수행하면서 이를 총 6회의 국내 및 국제 학술대회에서 발표하고 토론하면서 연구 결과의 지속적인 검증과 수정·보완을 수행하였다. 또한 각 분과장의 모임을 통해 본 기획연구의 전체 방향과 세부내용 등에 대한 연계와 미세조정을 시도하였다. 이 연구의 전체적인 일정과 주요 내용은 다음 〈표 1〉과 같이 정리할 수 있다.

<표 1> 기획연구 일정 및 주요 내용

주요 활동	일시 및 장소	주요 결과
연구기획 회의	2017년 2~3월 중	- 연구방향 및 추진방법 논의 　(회장, 부회장 및 운영위원장 등 참여)
연구진 1차 모집	2017년 4월	- 30여명의 학계, 연구계 전문가 참여 - 5개 분과장 선임
연구착수 보고회 및 연구진 2차 모집	2017.5.26.(금); 충남대 (2017년 춘계 학술대회)	- 연구목적, 연구주제, 연구방법 등 설명 - 현장에서 연구진 2차 모집
제1차 토론회 개최	2017.8.11.(금); UST (학회·UST·충남대 공동)	- 각 분야별 진행상황 발표 및 토론
제2차 토론회 개최	2017.8.24.(목); BISTEP (2017년 하계 학술대회)	- 분과별 발표 및 전체 분과 종합토론
제3차 토론회 개최	2017.11.2.(목); 제주 (2017년 추계 학술대회)	- 각 분과별 발표 및 지정토론 수행 - 향후 수정 및 보완 사항 집중 논의
제4차 토론회 개최	2018.3.16.(금); KAIST	- 분과별 1차 초안 발표 및 지정토론 - 각 분과 원고의 연계 방향 논의
제5차 토론회 개최	2018.5.25.(금); KAIST (2018년 춘계 학술대회)	- 최종 원고 마련
제6차 토론회 개최	2018.9.14.(금); 태국 탐마쌋(Thammasat) 대학 (2018년 ASIP 학술대회)	- 연구결과에 대한 국제적 시각의 토론 　및 검증

* ASIP : Asian Society for Innovation and Policy

　이 기획연구는 창립 20주년을 맞이한 한국기술혁신학회가 학회의 설립 목적인 융·복합 학술연구와 정책문제 해결의 성공적인 사례를 만든 것이라고 할 수 있다. 먼저, 기술혁신과 과학기술정책 분야의 중추적 학회로서 최근의 최대 이슈인 제4차 산업혁명과 관련하여 우리 학회의 역할을 강화하고 과학적 분석에 근거한 과학기술정책 수립의 토대를 마련하는 기회를 만들었다고 생각한다. 다음으로 2017년 2월부터 1년 6개월여에 걸쳐 다양한 학문 분야의 전문가들이 참여함으로써 연구자 개인의 관점을 넘어 학문공동체의 다각적 시각이 반영된 실효성 있는 과학기술정책의 제언을 선도하는 역할도 기대할 수 있을 것이다.

또한, 이 기획연구는 지난 20년 동안 기술혁신과 과학기술정책에 대한 풍부한 현장 경험으로 종합적인 이론체계를 발전시켜 온 한국기술혁신학회의 시각에서 제4차 산업혁명과 이와 연관된 여러 분야의 혁신을 조망·분석·평가하였다는 점에서 융·복합 연구의 새로운 시도라고 할 수 있을 것이다. 제4차 산업혁명은 혁신적인 과학기술의 출현과 이와 상호작용하는 정치·경제·사회·문화와의 관계에서 나타나는 새로운 현상으로, 특정 학문 분야의 이론과 방법론으로는 해결이 어렵기 때문이다. 이러한 관점에서 한국기술혁신학회는 그동안 축적해 온 학회의 모든 역량과 통찰력을 발휘하여 우리의 미래에 대한 도전적인 담론과 함께 합리적인 정책대안을 제시하고자 노력하였다. 이를 위해 한국기술혁신학회의 모든 회원들은 학회 창립 20주년과 제4차 산업혁명의 도래라는 두 개의 축이 결합되는 시점에서 학문공동체로서의 국가·사회적 책무를 다하고자 노력하였다.

마지막으로 이 기획연구는 공학, 자연과학 뿐만 아니라 사회과학과 인문학 등의 다양한 학문적 배경을 가지고 있는 한국기술혁신학회 회원들의 자발적인 참여와 이들의 집단적 지성과 혜안을 모을 수 있어 가능하였다. 2차에 걸친 연구진 모집에 참여한 총 36명이 가 분야 전문가들이 열정적으로 새로운 관점에서 관련 자료를 수집·분석하고 브레인스토밍과 숙의 과정을 거치면서 만들어 낸 연구결과를 학회에서 발표하고 토론하는 과정을 거쳤다. 이러한 과정은 그동안 각자의 모(母)학문적 배경에서 산발적·단편적

으로 수행되던 연구방법론을 통합적 혁신연구의 새로운 방법론으로 해석·
발전하는 과정이었으며, 이를 통해 산출된 연구결과는 혁신연구 또는 과학
기술정책 연구라고 하는 융·복합의 새로운 학문 분야(discipline)로 발전할
수 있는 가능성을 확인하는 계기가 되었다.

공동 연구단 (가나다 순)

구분			이름	소속·직위, 학위(대학명), 대표경력
총괄연구책임자			이찬구	충남대학교 교수/국가정책대학원장 정책학박사(영국 Manchester대) 한국기술혁신학회 이사장/전)학회장(2017년도)
1분과 (개념· 분석틀)	분과장		이장재	한국과학기술기획평가원 혁신전략연구소장 행정학박사(국민대) 전)과총 정책연구소장, 전)한국기술혁신학회장
	위원		권기석	한밭대학교 교수 과학기술정책학박사(영국 Sussex대) 한국기초과학지원연구원 감사
			김유빈	국회미래연구원 연구위원 공학박사(연세대)/과학기술정책학박사(한양대) 전)국가핵융합연구소 혁신전략부장
			김은미	충남대학교 국가정책연구소 연구교수 행정학박사(고려대) 한국기술혁신학회 학술위원회 이사(2017, 2018년)
			문영호	한국과학기술정보연구원 책임연구원 공학박사(KAIST) 전)한국기술혁신학회장
			박성욱	한국과학기술정보연구원 선임연구원 경제학박사(전남대) 전)일본 정보통신연구기구(NICT) 객원연구원
			오세홍	한국과학기술기획평가원 선임연구위원 기술경영학박사(연세대) 전)국가과학기술자문회의 전문위원
			이성국	과학기술연합대학원대학교 교수 행정학박사(청주대) 전)한국전자통신연구원 정보화기술연구소장
2분과 (기술혁신)	분과장		고영주	국가과학기술연구회 전문위원 과학기술정책학박사(영국 Manchester대) 한국기술혁신학회장/UST 겸임교수

구분		이름	소속·직위, 학위(대학명), 대표경력
2분과 (기술혁신)	위원	김대건	동서대학교 교수 과학기술학박사(고려대) (사)인문사회기술융합학회 임원
		심진보	한국전자통신연구원 책임연구원 경영학박사(충남대) 충청북도 4차산업혁명추진위원회 위원
		임은정	고려대학교 연구교수 공학박사(고려대) 전)법무법인 문성 전문위원
		최호철	한국화학연구원 정책실장 기술경영학박사(KAIST) 전)국가과학기술연구회 융합연구기획부장
3분과 (경제혁신)	분과장	최병철	한국전자통신연구원 그룹장 경제학박사(충남대) 한국기술혁신학회 운영위원장
	위원	김민식	정보통신정책연구원 부연구위원 고려대 과학기술학 박사과정수료 중소기업중앙회 ICT산업위원회 위원
		김용열	홍익대학교 교수 경영학박사(일본 Kobe Univ.) 전)산업연구원 선임연구위원
		문형돈	정보통신기술진흥센터 팀장 경영학(충북대) 한국기술혁신학회 운영이사
		성태응	연세대학교 교수 전기컴퓨터공학박사(미국 Cornell대) 전)한국과학기술정보연구원 책임연구원
		전정환	경상대학교 부교수 공학박사(서울대) 전)삼성전자 과장

구분		이름	소속·직위, 학위(대학명), 대표경력
4분과 (사회혁신)	분과장	황규희	한국직업능력개발원 선임연구위원 과학기술정책학박사(영국 Sussex대) 전)국회예산정책처 사업평가관
	위원	김진하	한국과학기술기획평가원 부연구위원 물리학박사(미국 Emory Univ.)
		이선영	구미대학교 조교수 경영학박사(호서대) 전)국가과학기술정보자문위원
		장혜원	한국교원대학교 연구교수 교육학박사(한국교원대) 전)하버드 대학교 연구원
		정도범	한국과학기술정보연구원 선임연구원 경영학박사(연세대) 과학기술연합대학원대학교 겸임교수
		최병록	서원대학교 교수 법학박사(경북대) 전)한국소비자안전학회 회장
5분과 (정책혁신)	분과장	황병상*	한국기초과학지원연구원 책임행정원 정책학박사(충남대) 한국기술혁신학회 부회장 겸 정책혁신위원장
	위원	강선준	한국과학기술연구원 책임관리원 법학박사(숭실대) 과학기술연합대학원대학교 교수
		김방룡	KAIST 대우교수 사회공학박사(일본 Univ. of Tsukuba) 전)한국전자통신연구원 책임연구원
		김서균	한국전자통신연구원 중소기업협력부장 기술경영학 박사(연세대) 과학기술연합대학원대학교 겸임교수

* 총괄간사 겸임

구분		이름	소속·직위, 학위(대학명), 대표경력
5분과 (정책혁신)	위원	석재진	국가과학기술연구회 성과확산부장 산업공학박사(미국 Univ. of Oklahoma) 연구제도혁신기획단 위원
		손주연	테크앤소셜연구원 책임연구원 행정학박사(이화여대) 전)한국과학기술단체총연합회(부설)연구소 연구원
		송환빈	한국해양과학기술원 책임연구원 이학박사(고려대) 전)한국해양과학기술원 부원장
		오길환	레오스테크(주) 대표 경제학박사(한남대) 전)한국전자통신연구원 책임연구원
		조형례	한국기초과학지원연구원 선임기술원 경영학 박사(건국대) 전)건국대학교 본부대학 강사
		최영훈	광운대학교 교수 정책학박사(미국 Syracuse Univ.) 전)한국지역정보화학회장

한국기술혁신학회 창립 20주년 기획연구 ❷

한국 제4차 산업혁명 연구
: 기술·경제·사회·정책 혁신의 통합적 접근

초 판 2018년 11월 1일

지은이 이찬구·이장재·고영주·최병철·황규희·황병상 외
엮은이 이찬구·이장재·고영주·최병철·황규희·황병상
펴낸곳 충남대학교 국가정책연구소
　　　　　 34134 대전광역시 유성구 대학로 99 생활과학대학(N14) 314호
　　　　　 Tel. 042.821.8026~7 Email. gnppcnu@cnu.ac.kr http://www.gnppcnu.org/
디자인 이성현

발행처 임마누엘
　　　　　 등록번호: 대전 중구 143호 (2002년 11월 27일)
발행인 오인탁
　　　　　 디자인연구소: 소장 김윤학, 선임연구원 이성현
　　　　　 대전광역시 중구 선화로 106 (임마누엘 빌딩 1층)
　　　　　 Email. 2536168@hanmail.net Tel. 042.253.6167~8 Fax. 042.254.6168
총 판 기니북스 www.gnbooks.co.kr
　　　　　 문의. 031.408.8811 Fax. 031.501.8811

ISBN 978-89-98694-36-4 93350 (값 15,000원)
* 잘못되거나 파손된 책은 구입처에서 교환해 드립니다.

이 도서의 국립중앙도서관 출판도서목록(CIP)은 서지정보유통지원시스템 홈페이지(http://seoji.nl.go.kr)와
국가자료공동목록시스템(http://www.nl.go.kr/kolisnet)에서 이용하실 수 있습니다. (CIP제어번호 : CIP2018034155)